国家出版基金项目
NATIONAL PUBLICATION FOUNDATION

21世纪海上丝绸之路与东盟区域旅游合作丛书
Shiji Haishang Sichou Zhilu vu Dongmeng Quyu Luyou Hezuo Congshu

广东省原创精品出版资金扶持项目
GUANGDONG PUBLICATION FUNDS

U0956738

21世纪海上丝绸之路
中国与东盟区域旅游合作研究

21Shiji Haishang Sichouzhilu
Zhongguo yu Dongmeng Quyu Lüyou Hezuo Yanjiu

■ 宋一兵　郭华　何向　著

廣東旅游出版社
GUANGDONG TRAVEL & TOURISM PRESS
悦读书·悦旅行·悦享人生
中国·广州

图书在版编目（CIP）数据

21世纪海上丝绸之路中国与东盟区域旅游合作研究/宋一兵，郭华，何向著.—广州：广东旅游出版社，2017.11
ISBN 978-7-5570-1125-3

Ⅰ.①2… Ⅱ.①宋… ②郭… ③何… Ⅲ.①旅游业—国际合作—经济合作—研究—中国、东南亚国家联盟 Ⅳ.①F592.3 ②F593.303

中国版本图书馆CIP数据核字（2017）第249846号

出 版 人：刘志松
策划编辑：官 顺
责任编辑：彭素芬
封面设计：邓传志
责任技编：刘振华
责任校对：李瑞苑

21世纪海上丝绸之路中国与东盟区域旅游合作研究
21 SHI JI HAI SHANG SI CHOU ZHI LU ZHONG GUO YU DONG MENG QU YU LÜ YOU HE ZUO YAN JIU

广东旅游出版社出版发行
（广州市越秀区环市东路338号银政大厦西楼12楼）
邮编：510180
电话：020-87348243
网址：www.tourpress.cn
印刷：广州家联印刷有限公司
（广州天河吉山村坑尾路自编3-2号）
开本：787mm×1092mm 16开
字数：200千字
印张：14
印次：2017年11月第1版第1次印刷
印数：1-1000册
定价：38.00元

总策划：朱　竑

主　编：刘志松

副主编：江丽芝　周向辰

编辑组：官　顺　厉颖卿　赵瑞艳　彭素芬　江　南　李政融

封面设计：邓传志

民心相通，和谐共建

——《21 世纪海上丝绸之路与东盟区域旅游合作》丛书总序

2013 年 9 月，习近平总书记在访问中亚四国期间首次提出了共同建设“丝绸之路经济带”的构想。2013 年 10 月，习近平总书记在访问东盟期间再次提出了共建 21 世纪“海上丝绸之路”的构想。自此，“一带一路”成为了中国国家层面乃至世界层面的大战略，影响深远，意义巨大。

《21 世纪海上丝绸之路与沿线国家区域旅游合作》丛书即是上述背景下的产物，是广东旅游出版社与华南师范大学旅游管理学院共同合作，积极响应国家战略而进行的主题出版，是从旅游的视角出发，服务于国家战略，为丝绸之路经济带的旅游发展提供创新理论和实践指导的一种尝试。本套丛书共分三辑，目前出版的是第一辑，聚焦于 21 世纪海上丝绸之路上中国与东盟区域旅游合作研究，包括吴智刚教授的《21 世纪海上丝绸之路与妈祖文化》，李琼英教授的《21 世纪海上丝绸之路与宗教文化之旅》，宋一兵、郭华、何向教授的《21 世纪海上丝绸之路—中国与东盟区域旅游合作研究》，瞿华教授的《21 世纪海上丝绸之路与精品旅游》，李爽、林德荣教授的《21 世纪海上丝绸之路与东南亚国家文化旅游》共五本。

《21 世纪海上丝绸之路与妈祖文化》从妈祖文化的渊源谈起，探讨妈祖文化对于建设 21 世纪海上丝绸之路的积极作用，东盟沿线国家所存在的妈祖文化遗址及认同，以及如何通过妈祖文化实现“一带一路”的重要战略目标：民心相通。并提出了妈祖文化的道德内涵、信仰内涵和多学科文化内涵；认为妈祖文化是寻根文化、和平文化、爱国文化、美德文化和海洋文化的集合。

《21 世纪海上丝绸之路与宗教文化之旅》以广州为起点，以海上丝绸之路为线索，介绍世界三大主要宗教在广州、东南亚及南亚沿海地区的传播，及其在长期历史发展中遗存下来的著名宗教景观，以期寻找出中国与东盟国家宗教文化的同宗同源，找出人们之间信仰的共通点，从而为中国与东盟区域旅游合作找出共通之处。

《21 世纪海上丝绸之路—中国与东盟区域旅游合作研究》以中国重要的区域旅游市场广东省为例，从旅游的视角研究海上丝绸之路上中国与东南亚地区的旅游交流活动，对于厘清广东等区域在海上丝绸之路中的文化旅游活动地位与作用、深入探讨中国与东南亚地区在旅游文化交流中的发展、特点与走向，提供可资借鉴的研究视角与方向，从旅游的视角重新审视其与东南亚地区的交流，不仅对双边的旅游业发展，同时更对双边的文化交流具有重要意义。

《21 世纪海上丝绸之路与精品旅游》以东盟精品旅游线路与营销策略为主线，分别对东盟精品旅游线路及营销策略进行研究与探讨，并对中国改革开放以来与东盟旅游合作进行了深入研究，提出了东盟精品旅游线路设计与营销的策略，从而为国内旅游部门和相关旅游者提供了决策参考。

《21 世纪海上丝绸之路与东南亚国家文化旅游》研究赴东南亚旅游的中国游客的行为特征及旅游体验，对于促进双方旅游业的发展，加强与东南亚的旅游合作，深化中国与东南亚各国的人文交流与务实合作具有重要意义。中国与东南亚很多国家历史上就以“海上丝绸之路”为途径，通过人口迁徙、贸易往来、文化交流和族群互动保持密切的社会交往，形成了复杂多元的社会网络体系，是当今中国与东南亚国家文化旅游合作的雄厚基础，在区域旅游合作过程中，中国与东南亚国家互为重要的客源地和旅游目的地。

建设 21 世纪海上丝绸之路，实现“民心相通”，达到“共商、共建、共享”之目标，是各行各业研究者当前学术建设的当务之急。作为旅游领域的研究者，本人非常荣幸成为此套丛书的总策划，也非常乐意为此套丛书的出版写几句话。

是为序。

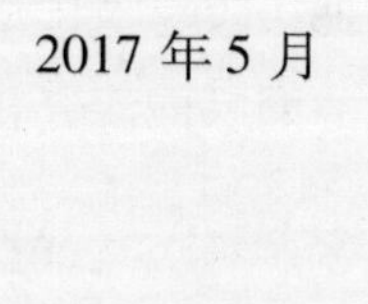

2017 年 5 月

目 录

第一章　绪论

两千多年前，亚欧大陆上勤劳勇敢的中国人和其他国家与地区的人一道，探索出多条连接亚欧非几大洲的贸易和人文交流通路，后人将其统称为“丝绸之路”。[①]“丝绸之路”一词无疑在中国的对外交流史上具有历史符号般的标志性意义。不过，“丝绸之路”的名称却并非古已有之。有意思的是，这个词的使用本身即是中西方交流的产物。曾任柏林大学校长的德国地质学家李希霍芬（Richthofen，Ferdinand von，1833—1905 年），曾经七次来到中国，在经过多年对中国地质地理状况进行考察之后，于 1877—1912 年撰写出版了《中国》一书，在这部书的首卷中，首次提出了“丝绸之路”的概念，本意是借中西方贸易交往过程中最著名的产品——丝绸，来描述这条古老的商路，没想到这个名称一出，很快得到广泛的运用。人们在这个思路的基础上不断提出更多想法来补充这一提法。而海上丝绸之路，则是长期以来中国在陆地疆域之外，与世界其他地区进行贸易往来的海上交通路线。中国的丝绸、瓷器等商品除了通过横贯亚欧大陆的陆上交通通道大量输往中亚、西亚和欧洲、非洲国家之外，实际上，一直都存在着一条重要的海上交通线，通过这条横亘于万里海洋之上的运输线，更多的源自中国的货物运往各国，远销到世界各地。也正是因为如此，在德国地理学家李希霍芬将横贯东西方的陆上交通路线命名为“丝绸之路”后，有的学者又进而加以引申，称东西方的海上交通路线为“海上丝绸之路”。“海上丝绸之路”的提法也成为独立于“陆上丝绸之路”的一个新的概念。

---

① 《推动共建丝绸之路经济带和 21 世纪海上丝绸之路的愿景与行动》，国家发展改革委、外交部、商务部，4 月 28 日联合发布。

1903年，欧洲汉学泰斗、法国著名汉学家沙畹（Emmanuel-èdouard Chavannes，1865—1918年）在其所著的《西突厥史料》中，有“丝路有海陆两道”的说法，也得到人们认可，自此，海上丝绸之路的提法也被广为接受和使用。1967年，日本学者三杉隆敏著述并发表了《探索海上的丝绸之路》一书。书中三杉隆敏直接用“海上丝绸之路”代替了一直以来人们提到的“海上陶瓷之路”。这也是日本学术界第一次正式使用“海上丝绸之路”这个提法，在亚洲地区产生了一定的影响。

纵观历史，应该说，“丝绸之路”与古代中国的玉石之路、陶瓷之路、香料之路一样，所承载的不仅是古代中国连接亚洲、非洲和欧洲的陆上与海上商业贸易的交流职能，更重要的是它已经深刻地浸润和影响到千百年来中国大地与外界的文化交流与思想交流。从这个意义上讲，与其说“丝绸之路”是一条古中国对外交往的商路，还不如说它是一条交流之路，文化之路。尤其是“海上丝绸之路”在新的历史时期的再次提出，更加彰显出这条古商路的价值。

第一节　导言

时光飞逝，人类进入21世纪，这条古老的商路在新的历史时期焕发出新的活力。2013年9月，中国国家主席习近平首次提出了建设“新丝绸之路经济带”的战略思路，紧接着，当年10月，又创造性地提出了“21世纪海上丝绸之路”的战略构想。中国国家主席习近平在东盟成员国印度尼西亚的国会发表了题为《携手建设中国—东盟命运共同体》的重要演讲。

至此，“一带一路”作为新世纪中国国家发展战略“十三五”规划的重要组成部分开始落地、成形。2014年10月24日，包括中国、印度、新加坡等在内的21个首批意向创始成员国的财长和授权代表在北京签约，共同决定成立亚洲基础设施投资银行（Asian Infrastructure Investment Bank，简称亚投行，AIIB）；同年年底，由中国出资400亿美元建立的丝路基金成立。一系列的雷霆动作之下，“一带一路”倡议备受世人关注，由于沿线60多个国家中大多数属发展中国家，被认为中国在南南合作（发展中国家之间的合作）中展现出了最大的诚意与气魄。截至2015年5月底，中国对“一带一路”沿线64个国家和地区的累计投资额达到1612亿美元，约占中国对外直接投资总额的20%。其中，新加坡、印尼、老挝这三个东南亚国家位列前三位。

在这种背景之下，作为“一带一路”战略涵盖的重要海上区域的东南亚地区再次进入人们的视线。多年以来，人们对这一地区的看法似乎还停留在十几二十年之前的认识上。1997年，始于泰国的亚洲金融危机的爆发使得在整个20世纪90年代初期、中期处于良好发展势头的东南亚地区一下子跌入低谷。一场以泰铢贬值为标志的区域性金融危机迅速向东南亚乃至全球扩展。重灾区泰国和其周边的马来西亚、新加坡、菲律宾、印尼等国家纷纷中招，几乎所有东南亚区域的国家都未能幸免。一时间，本国货币狂泻，国家外汇吃紧，生产低迷，需求萎缩，整个东南亚地区陷入困顿之中。有人感叹，曾经的世界经济“亮点”不再，并且很可能从此一蹶不振。如今，近20年过去了，人们在世界经济与政治的洪流中依然能够看到东南亚地区在危机之后不断发展、不断进取的身影。更令人惊叹的是，东盟十国在2015年岁末宣布，东盟经济共同体（Asean Economic Community）于12月31日正式成立。这意味着经济总规模接近2.6万亿美元、覆盖面达6亿多人口的全球又一大经济共同体在多年的努力之后终于落地。从这个意义上讲，这一地区的变化与发展不仅对于中国而言是如此，甚至对全世界来说都有着重要的意义。它完成了全球除北美自由贸易区、欧洲经济共同体之后的又一个以涵盖多个国家的大规模的经济共同体建设。虽然这一过程极为艰难，区域内国家发展差异很大，但最终通过经济共同体的建立使区域发展互融互通的愿景与蓝图得以实现。

从海上丝绸之路发展的历史背景中发掘区域旅游文化交流的特殊性，对中国与东盟区域的旅游交流活动进行深入研究，重新梳理出旅游文化交流活动的发展脉络，意义十分重大。同时，从学术研究的角度出发，分析中国尤其是广东省为代表的沿海地区在海上丝绸之路的对外旅游交往活动，以及与东盟的旅游交流活动的主要特点和特征，揭示中国与东盟区域旅游文化交流合作的形成机制、内涵特质与影响力，对于促进中国与这一地区的深入旅游交往也会大有裨益。

广东省不仅是中国重要的区域旅游市场，也是东南亚国家重要的旅游客源地。近年来，东盟的广东省客源市场增长很快。作为海上丝绸之路的重要起始港口与商都，广东在中国南向旅游发展中的地位非常特殊，不仅在中国与东南亚的货物贸易交流中地位重要，对双边的人员来往与文化交融也起到了重要作用。从旅游的视角研究海上丝绸之路，中国与东南亚地区的旅游交流活动，对理清广东等区域在海上丝绸之路中的文化旅游活动地位与作用，深入探讨中国与东南亚地区在旅游文化交流中的发展、特点与走向，能够提供可借鉴的研究视域与方向。旅游交流活动自古有之，但在商贸活动中，旅游的地位与作用往往被忽视了。尤其在“一带一路”已经成为国家发展战略的今天，广州作为国家南部重要的发展重心，从旅游的视角重新审视其与东南亚地区的交流，不仅对双边的旅游业发展同时更对双边的文化交流具有重要意义。

东南亚（Southeast Asia）位于中国南部、亚洲东南部，范围包括中南半岛和马来群岛两大部分。中南半岛因位于中国以南而得名，南部的细长部分叫马来半岛。马来群岛散布在太平洋和印度洋之间的广阔海域，是世界最大的群岛。

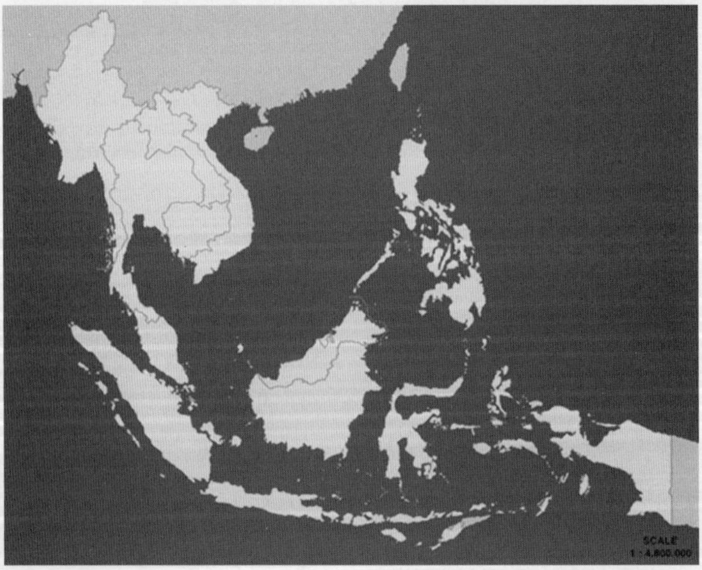

图1－1　东南亚地理位置

（图片来源：http://www.asean.org，东盟秘书处官方网站。）

东南亚作为一个地理名称，并非自古有之，而是一个在第二次世界大战后期才出现的新地区名称。20 世纪 60 年代，在美苏两大意识形态阵营对峙的国际背景下，这一地区的部分国家从本国和本地区的利益出发，开始酝酿成立相应的国际组织，以更好地维护本国和本区域的利益。并先后于 1961 年 7 月 31 日、1967 年 8 月 8 日在泰国首都曼谷成立了东南亚联盟及东南亚国家联盟（ASEAN，简称东盟，Association of Southeast Asian Nations）。今天的人们在谈及东南亚地区的时候往往以东盟为代表，这种看法不无道理。应该说，东盟作为一个区域组织是东南亚地区的当然代表。需要特别说明的是，在本书中，为研究方便，东盟国家所在区域与东南亚地区被视为同一区域。

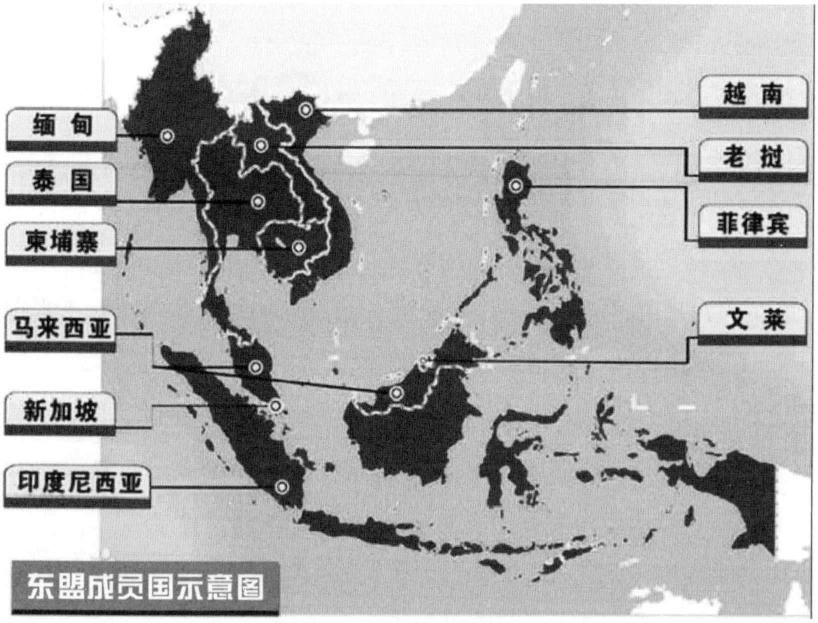

图 1－2　东盟成员国示意图

（注：上图中未包括东盟观察员国东帝汶）

（图片来源：http：//baike. sogou. com/v256693. htm，搜狗百科图册。）

中国与东南亚之间存在着不可分割的地缘关系。其中，越南、缅甸、老挝三国分别与我国广西、云南等省区陆地接壤，中国与文莱、菲律宾、印度尼西亚等国隔南海相望。

自1967年东盟区域组织成立之后，东南亚地区区域合作日益加强。以东南亚10国为主体的东盟组织在进入21世纪之后，已部分或全部实现了区域一体化，成为国际经济中引人注目的区域经济力量。中国与东盟国家的经贸联系与合作自20世纪70年代之后增长也十分迅速，旅游业日益成为双方经贸联系的重要部分。2010年中国—东盟自由贸易区的建立更是为东盟地区旅游业的发展带来了契机。中国与东盟国家的经贸合作自20世纪70年代之后增长迅速，90年代之后更甚。2000年双方贸易额达395亿美元，为20世纪的最高点。加上中国与东南亚国家之间存在的独特的地缘、史缘、文缘、亲缘关系，使得双方之间的区域合作（即“10+1”中国—东盟自由贸易区（英文全称：China - ASEAN Free Trade Area 缩写 CAFTA）的构想充满想象力。2000年11月，时任中国国务院总理朱镕基首次提出了建立中国—东盟自贸区的设想，这一建议得到东盟各国领导人的积极响应。早在2001年11月召开的文莱会议上，中国与东盟双方就已明确地表明了十年之内建成“中国—东盟自由贸易区”的愿望。这一愿望经过十年的努力，终于在2010年1月1日正式建成。中国—东盟自由贸易区按当时的人口数据，自贸区能够惠及中国与东盟十国共19亿人口，区内国民生产总值6万亿美元、贸易额达4.5万亿美元。

见表1-1，自1990年以来，中国—东盟贸易额一直以年均两位数的速度递增。东盟1990年起成为中国第五大贸易伙伴。据国家海关总署公布的数据显示，2011年，东盟又力超日本，成为中国第三大贸易伙伴，这一排名迄今未曾改变。据统计，东盟地区还是中国在发展中国家中最大的贸易伙伴。更为重要的是，中国也继续成为东盟的第一大贸易伙伴。

表1-1　中国—东盟双边贸易统计表

年份	贸易额（亿美元）	同比增减（%）	贸易伙伴排名
2003	782.52	42.9	5
2004	1058.83	35.3	5
2005	1307.70	23.1	5

（续上表）

年份	贸易额（亿美元）	同比增减（%）	贸易伙伴排名
2006	1606. 37	23. 2	5
2007	2025. 02	26. 0	4
2008	2311. 13	14. 1	4
2009	2130. 07	-7. 8	4
2010	2927. 75	37. 5	4
2011	3628. 5	24. 0	3
2012	4001. 00	10. 3	3
2013	4436. 10	10. 9	3
2014	4803. 9	8. 2	3
2015	4721. 6	-1. 7	3
2016	4517. 96	-4. 3	3

（数据来源：根据国家海关总署（http：//www. customs. gov. cn/）相关数据综合计算而成。）

可以看到，中国与东盟的贸易总量在 2009 年、2014 年、2015 年出现下滑，究其原因，与全球经济的发展有密切关联。2008 年，由于美国次贷危机的影响逐渐蔓延，很快演变为一场全面波及全球的金融危机。美国经济的巨大影响力使得这场危机给中国和东南亚国家带来了不同程度的影响。因此，2009 年出现贸易量的下滑属情理之中。而 2014 年、2015 年两年的全球经济形势持续不景气，使得经济需求出现连锁反应，美国、欧盟等发达经济体的终端产品需求下降导致中国的中端需求也出现一定程度的萎缩，东南亚地区作为产品链上的一端，自然也受到波及。另外，根据中国商务部、国家统计局、国家外汇管理局发布的《2015 年度中国对外直接投资统计公报》数据，2015 年，中国对东盟的直接投资达 146 亿美元，比上一年增长 87%，创出历史新高。原来在中国生产的企业走出国门，将工厂开到了东盟国家，虽然实际投资增加了，但贸易量出现了减少的情况。其中，中国对东盟租赁和商务服务业的投资达到 66. 74 亿美元，主要投资去向是越南、新加坡、马来西亚、印尼等地，占比达到 45. 7%。

从中国东盟相互直接投资的角度来看，中国与东盟之间直接投资额度在2006年之后发生了很大变化，由之前的稳定（东盟每年直接投资中国约在30亿美元上下）状态变为高速增长态势，2007年，东盟对中国投资将近100亿美元，2012年，这一数字上升至600亿美元，同期中国对东盟投资也接近700亿美元。从双向投资的角度看，双方合作潜力很大。东盟国家由于发展层级的不同，一些国家是具备向外投资能力的，比如新加坡、泰国、印度尼西亚等国，其经济长时期处于高速增长阶段，盈余资本也相对较丰盈，有能力对外输出资本，而且投资形式多以安全的中小企业投资为主，这对于中国的发展尤其是中西部的发展意义重大。

根据世界贸易组织的统计，20世纪全球的输出地区、次地区贸易协定已达成170多个，其中90%以上产生于20世纪的最后10年。可以认为，在经济全球化进程的推动下，区域经济合作已成为推动各国经济合作与发展的主导趋势。

在北美、欧洲、东亚三大板块经济区中，最具潜力的当属东亚经济。但从“东亚经济圈”的提出到倡导成立“东亚经济核心论坛”的三四十年时间过去了，区域经济合作一直没有突破性的进展。而“10+3”与“10+1”模式的提出使近两年的东亚经济合作进程有了明确的共识与新的起点。

中国与东盟的合作作为东亚经济圈的重要组成部分，其发展前景受到广泛关注。

旅游贸易一直在东南亚国家经济中起着举足轻重的作用。旅游业伴随着其经济的长足进步而越来越引人注目。东南亚各国和大多数发展中国家一样，在经济实力有限的情况下选择了优先培育和发展国际入境旅游市场的方式，并以其独特的人文和自然旅游资源在世界旅游版图上占据重要地位。这一地区的入境旅游人数从20世纪90年代初的2000万人次增长到2013年的7300多万人次，增长了近3倍多，发展速度很快。据统计，2015年中国接待东盟国家游客数量约为655.17万人次，中国公民首站赴东盟国家达到1709.40万人次，双方互访人数达2364.57万人次，实现了中国与东盟（10+1）领导人在第18次领导人会议上提出的到2015年底“双向旅游突破2000万人次”的目标。这

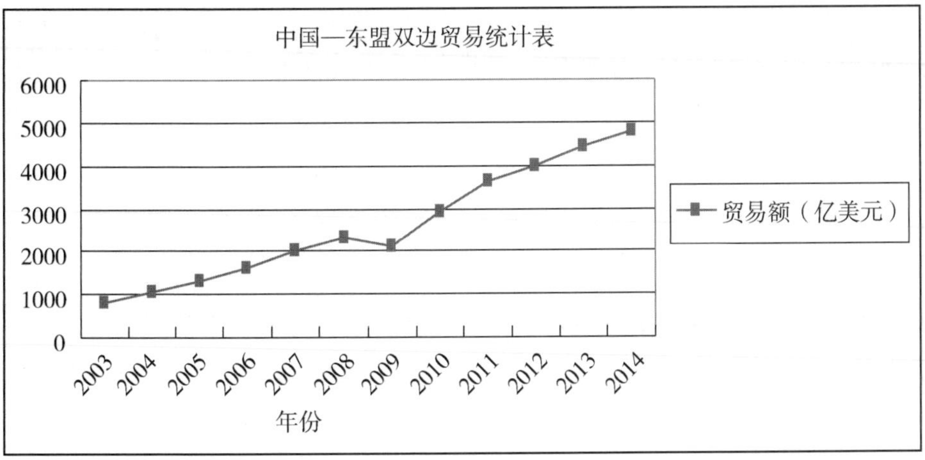

图 1－3　2003—2014 年中国—东盟双边贸易统计

种跨越式的发展，既与近 30 年来全球化背景下世界旅游市场发展的整体态势有关，也与这一地区在旅游发展方面的宏观区域政策有关。据最新的统计，2016 年，中国仍然是越南和柬埔寨两国最大的旅游客源市场，是新加坡和泰国的第二大旅游客源市场、马来西亚的第三大旅游客源市场。①

表 1－2　东南亚地区国际游客入境情况（1992—2014 年）　　（单位：千人次）

年份	1992	1993	1994	1995	1996	1997	1998	
入境人数	21,77	23,47	25,28	29,67	30,93	31,05	29,73	
年份	1999	2000	2001	2002	2003	2004	2005	2006
入境人数	34,215	39,14	41,96	43,763	38,371	49,082	51,288	56,914
年份	2007	2008	2009	2010	2011	2012	2013	2014
入境人数	62,285	65,605	65,680	73,753	81,229	89,225	102,199	105,084

（数据来源：东盟秘书处官方网站）

① 让旅游成为中国与东盟国家合作的“新支柱”，http：//www.cnta.gov.cn/xxfb/jdxwnew2/201703/t20170315_818729.shtml

和其他发展中国家一样，东盟国家大多也没有走所谓“完美”的旅游业发展之路。理论上发展旅游业的最佳路径应该是这样的：首先大力发展国内旅游，积累各方面经验，积聚发展资金，不断完善基础设施，引进和培养管理人才，进而在具备相当的旅游接待经验与旅游接待能力之后，开始发展入境旅游，获取旅游出口外汇，平衡贸易收支；最后在民众生活水平与收入得到相当幅度改善的情况下，鼓励发展出境旅游。而东盟国家和中国一样，都不约而同地选择了优先发展入境旅游的道路，采取各种方式，利用优势资源首先发展入境旅游，通过入境旅游带动相关行业的发展，获得基础建设所需资金，再将发展经验辐射到其他方面。选择这种发展模式的无奈不言而喻：作为发展中国家，无一不希望以最快捷的方式获取旅游业发展所需要的资金、技术与人才。但这种超常发展的方式也会付出一些代价。发展之初的经验欠缺与人才匮乏必然会导致接待水平参差不齐，旅游服务不尽如人意，游客满意度不能保证。在管理水平不到位的情况下，对游客投诉的处理也会缺乏经验，最终影响到区域旅游的品牌和信誉。这些代价会在相当长的一段时间内影响和阻碍发展中国家提升旅游服务的层级，也迫使采用这样超常规发展方式的国家在国际旅游竞争中处于不利的竞争地位。学者们在分析这些地区采取的营销策略时往往会扼腕叹息：怎么低价成了唯一的选择？殊不知，这种结果早在发展中国家和地区无奈地做出发展模式的选择时就已注定了。

但同其他发展中国家和地区相比，东南亚旅游业的进步和发展更为顺利。从图 1 - 4 可以看出，东南亚地区入境旅游业的进步十分迅速。无论是增长人数、增长率还是增长的延续性都呈现出以下特点：

首先是入境人数绝对值的增长呈现持续正向增长的总趋势。进入 20 世纪 90 年代以后，东南亚地区大多数年份入境旅游人数同比均有一定增幅。从 1999 年的 3400 万人次增长到 2014 年的 1.051 亿人次，增长迅猛。

其次从发展状态来看，2003 年之前入境增长起伏较大。增长率从 17.3% 到 -14.78%，落差达到 30% 以上，这其中，1998 年和 2003 年的增长数为负数，1997 年的也只有 0.39% 的微增，显现出一定的非稳定特征。而这种情况在 2004 年之后的 10 年间则相反，发展较为平稳。

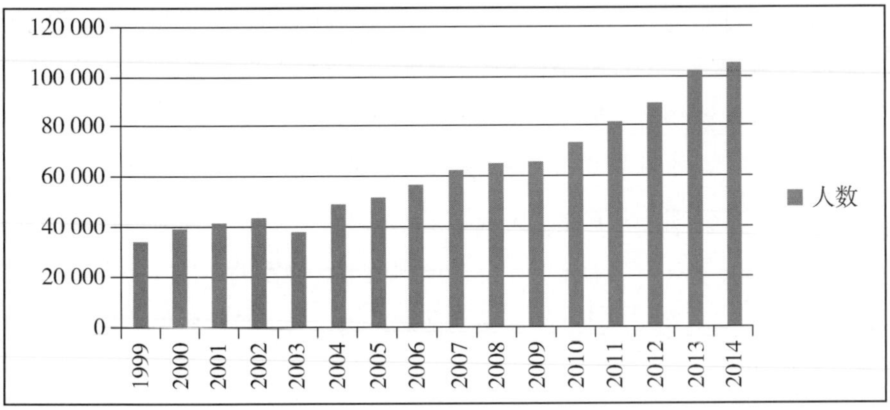

图1－4　东盟入境旅游人数（1999－2013）（单位：千人）

另一个特点是增长持续时间较长。前十二个年份的统计显示，其中两个年份出现了负增长，比例约占 16.7%（两个负增长的年份受相关因素——即东南亚金融危机、亚洲禽流感及“非典”等的影响很大。另外，2004 年这一地区又爆发了震级在 9.0 级以上、破坏力极大的地震和海啸，这场自然灾害也对这一地区的旅游业带来一定的负面影响。关于这一点，本书将在下文中有论述）。2004 年之后仅在 2008 年的全球金融危机后有短暂的回落，随后很快平稳，继续了上升的势头。

从经济发展的角度，1997 年的亚洲金融危机和 2008 年始于美国的全球金融危机给包括东南亚地区在内的世界经济都带来深刻而深远的影响。20 世纪末，由于中国出口的 55% 是面向亚洲市场，引进外资的 70% 也是来自亚洲地区，亚洲金融洲危机对中国出口及对外融资的影响显而易见。1998 年在采取了一系列措施的情况下，中国的出口仍然出现增速下降的局面。之后，由于中国政府实施了积极的财政政策，以扩大内需来带动经济增长，在金融危机之后的四年里基本实现了预定的经济增长目标，但经济的体制及结构性问题仍然存在，“入世”之后经济活动中的这些问题更加突出，2004 年面临的宏观调控与经济“软着陆”的问题则更为世人关注；东盟国家所受的影响更为严重。各国出现货币贬值、股市狂泻、金融混乱的局面，使人们甚至对“东亚模式”产生了怀疑和否定。从 1998 年开始，东盟各国相继进入复苏阶段，但其国民经济的结构性问题仍未得到很好的解决，不良贷款状况未得到根本改善，经济复苏很大程度上受到外部环境的制约。2000 年泰国、菲律宾、印尼等国再度出现货币的大幅度贬值。另外，世界经济形势也出现了整体下滑的态势。美国经济在保持了连续 9 年零 10 个月的增长后从 2000 年下半年开始放缓，网络经济的泡沫化日益显现，尤其在“9 · 11”恐怖事件之后，道琼斯指数与纳斯达克指数更是屡创新低，由于美国经济在全球的举足轻重的地位，使得世界经济的景气指数也大大降低。日本经济更是一蹶不振，日元持续贬值，使以美日为主要贸易伙伴的中国与东盟面临严峻的外部经济条件的挑战。2004 年，世界经济又有新的变化，美国经济出现向好的迹象，但由于伊拉克战争等因素的影响使得这一变化呈现不稳定的特点，美元汇率变化难以把握。2008 年，华尔街的金融巨变也给东盟国家带来很大影响，直到现在，这种影响仍然存在。同时，近年来国际石油价格的大涨幅度波动也给全球经济带来了更多变数，人们对全球经济的发展充满了隐忧。

尤其是 2016 年 11 月，美国共和党籍政治家、企业家、商人出身的唐纳德 · 特朗普战胜了民主党总统候选人希拉里 · 克林顿，赢得美国总统大选的胜利，当选为美国第 45 任总统。由于特朗普在选举过程中不断地发表各种反全球化和保守主义的言论，舆论普遍对新一届美国的政策趋势产生怀疑，认为有可能对世界经济产生进一步的影响。

不过，不容置疑的一点是，进入互联网时代尤其是移动互联网时代以来，全球经济的发展路径出现了新的变化，对旅游业带来的影响也很大。旅游业传统的信息传播方式、经营方式、销售方式乃至服务方式随着互联网大平台的出现也有很大改变。旅游企业的业态变化明显，一些依托互联网的新兴企业出现，给旅游业的发展带来了新的契机，同时，也让传统的旅游企业倍感压力。全球经济发展与进步在新的技术引擎推动下不断产生新的经济发展契机，对原有的经济模式产生挑战。

第二节 海上丝绸之路与区域旅游

“一带一路”是中国国家主席习近平在东盟国家访问时提出的倡议构想与方略。那么，这一重大的国家倡议为什么会选择东南亚地区作为它的首次提出地点？其中有无历史或现实的根源？究其原因，当然与这一地区在中国海上对外交流历史上的地位相关联。

东南亚是中国的南邻，自古以来就是中国通过海路走向世界的必经之地。在历史上，绝大多数国家早就与中国有友好往来，在政治、经济、文化上关系密切。在悠久的历史交往中，中国人民和东南亚各国人民早就结下了深厚的友情。

中国大陆海岸线全长约 18000 公里，加之在我国海域分布着 6500 多个岛屿，岛屿岸线总长也达到 14000 公里，海洋资料十分丰富。自秦汉以来，中国对外的海上交流主要集中于国土的东部与南部海域，这条通道与陆上丝绸之路一样，最初的形成也与海上贸易有关。并且与陆上交流通道一起，成为世界陆地与海洋交流的重要组成部分。这条著名的商路最早开辟于秦汉时期，从广州、泉州、福州、杭州、扬州等沿海城市出发，抵达南洋和阿拉伯海，甚至远达非洲东海岸。其中，广州从 3 世纪 30 年代起已成为海上丝绸之路的主港，唐宋时期成为中国第一大港，明清两代为中国唯一的对外贸易大港，是中国海上丝绸之路历史上最重要的港口，也是世界海上交通史上唯一的 2000 多年长盛不衰的大港，可以称为“历久不衰的海上丝绸之路东方发祥地”。①

一、丝绸的由来和丝绸文化

丝绸是中国著名的外贸产品，很早便通过中国东海与南海两条航线向外输出。这种以桑蚕丝为主、通过纺织工具织造出来的纺织品，是中国以汉民族为主的地区对人类纺织业的一大贡献，现在一般认为它从西汉开始大规模向外输出，与瓷器一起，作为中国的代表产品，在历史长河的浸润下，已然成为中国

① 海上丝绸之路的三大著名港口，人民网，访问日期 2015 - 09 - 11

的国家符号的代表。事实上，丝绸的历史与辗转输出历史还可上溯到更早的时期。以丝绸为例，由于它的织造要以桑蚕丝为基础，因此产品的产出具有地域性强的特点，而原产于中国中部的桑树在中国已有4000多年的栽培历史，尤其以长江中下游地区栽种最为广泛，是丝绸出产的重要材料来源。居住于这一地区的以汉族为主的人民很早就开始种桑树养蚕，是人民的智慧让这两种看上去相去甚远的东西在人们的灵巧双手中成为装点生活的美丽绸布。秦始皇统一岭南地区、进而统一中国之后，政权的相对稳固为丝绸的生产和输出提供了更为稳定的供给基础，交易更为频繁。这一段历史在南越王墓出土的文物中已经得到证实。当时的主要贸易港口番禺、徐闻等在世界航海史上也享有盛名，尤其是番禺，造船技术在当时的世界处于领先地位。

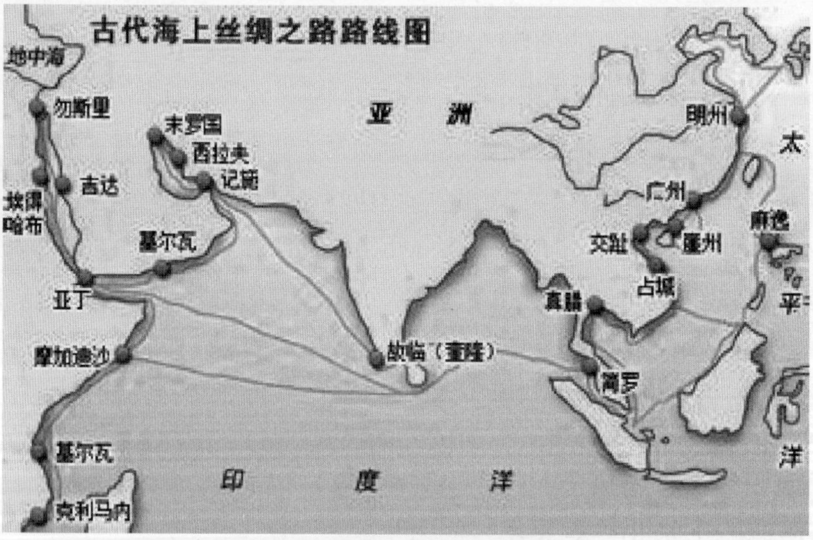

图1－5　古代海上丝绸之路示意图

（图片来源：http：//www. 51hanghai. com/thread－58012－1－1. html）

说到丝绸的起源，不同的地区都有不同却又相似的传说，公认的是在中国史前传说中就已经有它的飘然身影。

丝绸的出现与中华民族的共同祖先轩辕黄帝（约公元前2697—前2599年）有关。据传，黄帝的元妃名叫嫘祖，十分聪明勤劳，是她在一次偶然的遭遇中最早发现了蚕丝，于是便试着用它来纺线织衣，史称“嫘祖始蚕”。据《通鉴纲目外记》载，嫘祖“始教民育蚕，治丝茧以供衣服，而天下无皴瘃之患，后世祀为先蚕”。她的身世与出身也有多个版本，有传说她出生于西陵（一说今河南省西平县，一说今四川省盐亭县）。

传说一：有一次，嫘祖正在野桑林里劳作，喝水时树上有野蚕茧落下掉入了水碗，她随手折了一枝树枝想将其挑出，没想到却越抽越长，连绵不断。于是聪明的嫘祖将野蚕带回去驯育，最终发明了丝织养蚕技术。嫘祖被后世祀为先蚕，历朝历代都有王后嫔妃祭先蚕的仪式，十分隆重与庄严。祭祀活动是封建王朝的重要国事活动，王室与后宫的参与足以说明对养蚕纺织的重视。在江苏苏州盛泽镇，现在仍存有一座建于清代道光七年（1827 年）的先蚕祠，是目前仅存的祭祀蚕桑文化的祠庙，说明在清代晚期还有祭祀先蚕祠的遗风，一直到 1949 年以前，还能在江南很多养蚕地区看到一些蚕神庙，与清代的先蚕祠类似，里面也供奉着“先蚕”嫘祖。近些年，各地在弘扬传统文化的号召下也纷纷开展了一些祭祀活动。如 2016 年（丙申年）3 月 18 日，在四川盐亭的嫘祖陵祭祀广场举行了华夏母亲嫘祖故里祭祖大典。3000 余人齐聚嫘祖故里，祭拜开创中华丝绸文明的“人文女祖”嫘祖。

传说二：在苏州的民间传说中，嫘祖的传说有了其他的版本。据传，在苏州的祥符寺巷里有一座嫘祖庙，是苏州丝织业祭奠黄帝的地方。在这个传说中，嫘祖成了轩辕黄帝三个女儿中最小的一个，心灵手巧，深得民众喜爱，被民间蚕农亲切地称为三姑娘。还传说轩辕黄帝在天庭十二神兽的帮助下，最终发明了织丝的织机器，又从三姑娘梳头的篦子上得到启发，发明了织丝的重要工具——筘篾，使经线在织造过程中不再容易被割断，保证了丝的完整性，丝绸的纺织最终成为可能。这些传说虽然无据可查，但也保留了一部分史实。这种情况与其他农耕文明时代的发明一样，传说都会将其归功到史前时期的几个英雄人物，将民众的智慧凝结在他们身上，并赋予了传说无穷的想象力与创造力。据《史记》记载：黄帝生有两子，二子叫昌意，昌意后取蜀山氏女为妻，生高阳，高阳即颛顼，继承了黄帝之位，蜀人是高阳的子孙。古蜀国的第一代君主叫蚕丛，而且这个部族是以蚕为图腾的，也间接说明蚕在蜀国的重要性与价值。

传说三："蚕神献丝"的故事。在上古神话故事中，有不少关于黄帝战胜蚩尤的故事。据说黄帝为了庆祝战争的胜利，曾在大战后大摆酒宴，犒赏三军。这时，只见一个身披马皮的美丽姑娘从天空徐徐降落，她将手里拿着的黄、白两种蚕丝举起，前来献给胜利后的黄帝。黄帝见状十分喜爱，派人将蚕送给了自己的元配夫人嫘祖。在嫘祖的精心养护下，蚕种繁育很快，养蚕之术很快在民间得以传播开来。和这个传说相印证的是，《山海经·海外北经》也有记载，在北方的荒野上，生长着三棵高百丈的无枝桑树，这位姑娘半跪着爬在一棵树上，不分昼夜地吐出丝来，这片荒野后来被称为"欧丝之野"。另外，《搜神记》卷 14 中也记有《太古蚕马记》，讲述的是一个女子不能兑现承诺，后马的英灵卷起女子而去，最终在大树枝上化身为蚕的女儿的故事。这些故事之间存在着相同或相似的传说元素。

图 1－6　蚕神像

（图片来源：中国数字科技馆 http://amuseum.cdstm.cn/AMuseum/silk/rw0301.html）

其实，养蚕、丝织的发明不可能是一人一力之功，因为养蚕、织丝有着复杂的生产过程，仅就把野蚕驯育成家蚕来说，就不会是短时间内所能完成的。因此我们应该把嫘祖视为具有特定意义的女性的象征。中国古代的神多是由人升格而成的，嫘祖的原型应是最早从事养蚕或掌管蚕事的妇女。将嫘祖作为蚕神娘娘加以崇拜，大约始于北齐，盛于唐宋，沿袭至元明清。历朝最隆重的祭祀活动，就是"皇后亲桑"，即皇后亲自采桑喂蚕，以此祈求蚕神嫘祖保佑当年蚕业发达。

嫘祖是如何成为黄帝的"元妃"的？因为黄帝时代产生了许多新的发明创造，如《世本·作篇》记载"作市""作兵器""作煮盐""始穿井""作旗""作冕旒""作占日""作占月""作占星气""造律吕""作甲子""作算数""作调历""作书""作图""作衣裳"等。而中国丝绸的起源也大约在这一时期，这在考古学上是有依据的，古史上的黄帝时代，就是考古学上的龙山时代，而考古学上能够取得充分证据并加以确切断定的中国丝绸的起源时代，正是龙山时代。"龙山时代"是考古学上关于史前文化分期的一个概念，大约相当于公元前2600年到前2000年的一段时期。在这个时期里，黄河流域和长江流域各地的考古学文化都有明显的进步，具有相似的发展水平，并且相互之间有着不同程度的联系，因而被统称为龙山时代。而1958年在浙江吴兴钱山漾遗址的第2次发掘中，就出土了一批盛在竹筐中的丝织品，有绢片、丝带和丝线等。钱山漾遗址属于长江下游的良渚文化，其年代与龙山文化大致相当，正是中国考古学上的龙山时代。河南郑州荥阳县青台村仰韶文化遗址在1922年即被发现，20世纪80年代再次进行了大规模的考古发掘。人们欣喜地发现：这里出土的一块丝织品呈浅绛色，是迄今世界史前考古发掘中发现的时代最早、唯一带有色泽的丝织物。这一发现将我国织造丝罗的历史前推至距今约5600年。也就是说，最迟于新石器时代，我国先民已开始驯养家蚕，并逐渐掌握了"治丝"技术。许多学者倾向于认为，仰韶文化应该早于龙山文化。

不过丝绸的起源虽与黄帝同时，但"元妃"之类的名词却是文明时代的术语，将其置于传说中的黄帝时代，并不符合史前社会的实际，真实的情况其实是在战国秦汉之际，当小农经济成为中国农业经济的主体以后，人们开始将流传于民间的有关耕织生产的种种神话进行综合概括整理加工，使之成为系统化的传说故事。前面说过，中国古代的神多是由人升格而成的神，在男耕女织时代，主宰耕织的神也被想象成是成双配对的，因而人们为黄帝也安排了配偶，就是嫘祖，并且越往后，有关黄帝嫘祖的故事越丰富，越活灵活现，也就是顾颉刚称为“层累地造成的古史”。但是养蚕、丝织这种古人谋求生存的活动并非仅在一个地方出现，因此有关嫘祖的传说也在各地都有流传，由此也就出现了湖北宜昌、河南西平、四川盐亭、浙江杭州等中国丝绸的重要产地都有嫘祖的故事，都称自己是嫘祖故里的现象。而嫘祖文化的起源和发展史，其实是各地丝绸文化的起源和发展史。也有学者认为，北欧冰后期古气候分期的第三阶段是大西洋期（Atlantic），这一时期相当于波罗的海的滨螺海早期。这一时期的气候特征是温暖湿润，陆地上大量繁殖了喜暖的木本植物，如椴树、榆树、栎树、槲树等阔叶树，平均气温估计比现在高2℃～3℃。也使得在我国的黄河流域和长江流域地区出现了持续的温暖的气候，为桑树的种植和养蚕提供了可能的条件。甚至有人认为，早在新石器时代，我国就已经出现桑蚕丝绸的生产。

不论如何，虽然我们很难确定丝绸出现的具体年代，但有关它的起源的传说却是一直存在。或者我们也可以以一种开放的态度去看待丝绸的起源，那就是它具有多种产生与承传历史的路径，并非只是单一的发展现象。丝绸的身上承载和融合了我国丝绸纺织技术的不平凡的发展历史。这其中，当然应该包括嫘祖在内的我国劳动妇女的智慧与辛勤的汗水。

在丝绸出现之前，已经出现了罗、绮、锦、绣等纺织品。尤其是秦汉以后，成熟的丝绸纺织技术逐渐成为手工业中重要的门类，丰富了中国乃至世界的纺织品市场，也给人类的服饰文化带来了新的发展契机。大量丝织物出现，与棉织物、麻织物相比，丝织品具有更为独特的特性。

首先从质感来看，丝织物是由动物性蛋白和纤维组成的，与人体具有极好的生物相容性，与身体接触时产生的摩擦性在各类纤维中是最低的，穿着柔软飘逸，舒适感强；最重要的是散热性和保暖性也较好。由于天然的蚕丝蛋白纤维中富含多种胺基（－CHNH）、氨基（－NH2）等亲水性基团，能够在空气中吸收更多的水分或散发更多的水分，同时蛋白纤维的多孔隙纤维结构也比较利于保暖。除此之外，用现代的观点来看，丝绸更为让人青睐的优点是防晒。根据现代科学研究证实，丝蛋白中的色氨酸、酪氨酸能有效地吸收紫外线，使丝织物具有较其他织品更好的防晒功能。再从丝绸成衣的观感来看，由于蛋白纤维十分纤细，加之特有的丝织技艺，使得丝织品的手感十分光滑柔软，富有光泽，成衣后十分顺滑贴身，有很好的延伸性，加之动物蛋白纤维特有的感光性能，穿上后具有一种不同于棉麻织物的雍容华贵感，成为奢华与品位的象征。这种集舒适性与观赏性于一身的特点也是丝绸成为王公贵族争相追逐的重要原因。

除了丝绸的观赏价值，更有学者在研究丝绸的发展时注意到了丝绸的货币功能。东汉《说文解字》对货币的注解如下：货，财也，币，帛也。已经揭示了纺织品作为交易往来、流通媒介的最初属性。由于丝绸原料的珍贵和纺织技术的限制，丝绸出现后从来不是普罗大众可以随意消费的物品。我国最早的金属铸币在商代晚期出现，是用铜制造的仿铜币，在时间上要晚于丝绸的出现时间。在没有通用货币出现的时间里，实物的等价交换仍然在流通领域大量存在，用丝帛等贵重而又较轻便的物品来充当等价交换物的情况很常见。丝绸在相当长的一段时间内充当着具有公信力又相对稳定的交换物品，这一点在恺撒执政的罗马共和国就有记载。据说，当恺撒大帝身着华贵的丝绸长袍出现在罗马交际场合时，丝绸的魅力无法阻挡，全场为之惊艳不已。在很短的时间内丝绸风靡整个罗马城，成了上流社会、达官贵人争相穿着的服饰，一时间，丝绸“洛阳纸贵”。当时丝绸的市价几乎与黄金等同，12 两黄金才能买到 1 磅（约合 9 两）丝绸。

最为重要的是，即使在铜钱大量使用的时期，金属货币由于材质的原因，比重较大，不方便运输携带，长途旅行也存在不安全因素。而丝绸的轻软特性恰好克服了铸币的弱点，实际上在对外交往的过程中起到了交换货币的作用。

二、区域商贸活动中的旅游活动

从旅游活动的产生来看，商贸活动是旅游形成产业的路径之一。同时，在相当长的历史时期内，受制于人类海洋运输的技术水平，海洋运输的成本与难度使人望而生畏，人们视海洋旅途为畏途，因为每次的航行都有可能成为一次终结生命的旅程。人们想尽各种办法去趋利避害，祈求平安，沿海一带对海神的崇拜也由此产生。因此，从这个意义上讲，海上丝绸之路承载旅游的功能是进入工业文明以后的事情。这一点与现当代学者的研究和认知是吻合的。但不可否认的是，人们追求美的天性即使在旅途劳顿中也不能被掩盖，这也成为今天人们能够从这条古老的商路中追寻沿途的点滴风景与故事的缘由。

中国自古以来并没有重商的传统，相反，重农抑商是多数朝代的国策。这种政策的基础是由农耕文明的经济特点决定的。农业是国民经济最重要的部门，承担着创造绝大多数社会财富的重任。农耕活动提供了人们最基本的生活资料，农业生产的产出数量和品质直接关系着国家的兴衰存亡。因此，历代统治者都十分重视农业，把它当作维护统治的根基。于是，就会做出向农业生产的政策倾斜，采取一系列鼓励、组织和保护农业生产的措施，最大程度地让社会资源集中在农业部门，完成国家的财富积累。商周时期曾经短暂地出现过重视商业的时期，但由于商业活动的发展与农业生产产生了争抢劳动力的情况，在人口资源较为短缺的时代，对国家经济的影响是比较大的。商鞅在秦国实行变法时，就提倡“重农抑商”，西汉时对商人也采取了较为苛刻的管理，使得商业贸易的发展受到限制。法家的始祖李悝是较早提出重农轻商乃至抑商思想的人，他提出的“农伤则国贫”的观点在当时的朝代得到广泛认同，他认为农业受到损害国家就会走向贫弱，工商业危害农业会导致“国贫民侈（奢侈）”，认为手工业的发展会让人们沉迷于奢侈的生活，因此，从事手工业产品交换的商业也就不被提倡。

除去上面的经济层面的原因之外，文化的因素也不可小觑。在航海业尚不发达的时期，中国以幅员广阔的地域、丰富的自然资源屹立于亚洲东方，独特的地理位置在交通不便的朝代能够“关上大门”独成一体，自给自足，与外界交往的动力不足。对于统治者来说，能够在重视农业的同时稳住政权，自然也不会节外生枝。这种“重农轻商”的思想很大程度上对工商业的发展产生了阻碍作用，特别是在明清之后，对中国资本主义的萌芽产生了抑制作用。在这种大的历史背景之下，商业在中国的发展尤其艰辛。但无论如何，社会需要物资的流通和交换，商业的社会功用即使在最困难的时代也有为人们所需要的时候，于是，商业和商人也一直在社会的夹缝中顽强地生存着。他们不仅完成着社会对物质资料的需求与交换任务，同时也在商旅途中不断地发现他乡的风景和异域的风采，并在商业活动中以货品的形式传递着不同地域的人们对美的诠释与追求。

进入明朝以后，郑和以七次下西洋的壮举震惊了世界。当时所选用的船只不仅体积大，而且装备在当时也属上乘。加之郑和带领的船队承载更多的是传扬大明国威的交流和外交使命，使得明朝的下西洋之旅多达几万人参与。这个活动与后来的西欧海洋大国为攫取资源和财富而进行的航行截然不同。航行的商业目的并不明显，更多的是为了弘扬国威，彰显皇恩，起到对到达地（国）恩威并施的效果。七次海洋远征极大地彰显了明朝的海上实力，同时也使得这一时期海上丝绸之路的影响达到了顶峰。从现存的资料来看，郑和组织的下西洋活动绝对不只是简单的商业活动那么单纯，而是组织、安排极为缜密的综合性外事活动。乘坐的航行工具具备当时世界的先进水平，还制定了详细的航行与沿途停靠计划，参与航行的人员也经过了筛选，不仅包括商旅人员，也包括文职人员、军事人员，甚至各领域的能工巧匠也在其列，整个船队好像是现代的航空母舰一般，是一个综合性的多功能管理团队。去时满载中国的丝绸、瓷器等商品，返航时又顺便携带他国的新奇物品回国，整个过程实际完成了中国与多国的货物交流，也在与停靠点的外事活动、民间沟通甚至军事冲突中，在更广泛的意义上进行了区域间的多种交流：只不过这种交流本身在很多时候带有官方的色彩与皇家的威严。

毫无疑问，海上丝绸之路的商贸作用在很长的历史时期里占据着主导地位。

众所周知，地球表面70%以上的面积被海洋覆盖，大洲与大洲之间的连接不能完全由陆地完成，海洋自古以来就是各大洲之间人员往来与货物交流的自然屏障。人类一直在为寻找更好的海洋联系与交流工具努力，尤其是随着造船技术的进步，通过海洋运输的大宗货物也越来越多。中国与东西方国家的贸

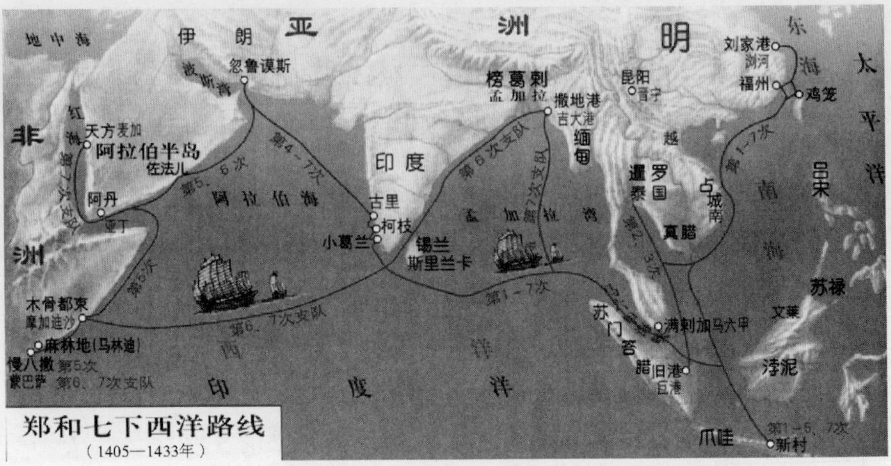

图1－7　郑和七下西洋路线图

（图片来源：人民教育出版社官网 http://old. pep. com. cn/peixun/xkpx/peixun_7_1/1s_1/8photo/q/201009/t20100928_917292. htm）

易来往，形成了当时东西方国家海洋间一系列港口网点组成的国际贸易网。进入12世纪末13世纪初，中国开始取代穆斯林在东亚和东南亚的海上优势，在东南亚直至印度洋的广阔海域里，许多港口都能看到来自中国的货船和中国商人的身影。同样，在中国，随着时代的发展，交流的地域也随着货物的运输从这些港口城市开始不断向内陆辐射。在这种背景下，人员的交流与融通也不断推进。虽然海洋运输存在风险，但运力大、到达地域广也是它的优点，因此，还是吸引了不少具有开拓和冒险精神的商人们前赴后继地奔向广阔无垠的大海，去探索更多的未知商业空间与发展空间。

今天的人们很难想象，在久远的历史长河中，那些穿行于这条古老而神秘的丝绸商路上的勇敢的探索者与先行者们，是如何在险象环生的旅途中与大自然角力，一次次成功地到达彼岸。人类追求美好事物的天性从来就没有改变。无论在多么艰难困苦的条件下，只要还有潮起潮落，花开花谢，日升月起，人们对大自然中美好而又富有生命力的事物就一定不会视而不见。商旅中的风景也会一一映入旅人的眼帘。在进行商贸活动的同时，事实上人们无法忽视每时每刻在眼前掠过的千般风景和万般民风民情，他们不仅丰富了丝绸之路商道上人们的商旅生活，更重要的是将商人们在不同地域的所观所感、所思所想随着海水带到了世界的各个角落，完成民间旅游大使的功能——每年数以千计的商人们必将在旅途中见到的风景以各种方式传播到他们所至之地，这其中既包括他们的故乡，也包括他们的足迹所达之处。从这个意义上讲，也可以说，有海水的地方，就有别样的风景，就有商人们对他乡的多彩描述。

第三节　东盟区域旅游的形成与发展

从心理学的角度来看，一方面，人们具有单一性的需要，即指人们具有对安全、平衡、和谐、和平的追求与向往，希望生活是相对安宁与可掌控的；另一方面，人们又不希望生活太过刻板和乏味，同时存在对新奇、意外、变化甚至是不可预测性事物或现象的向往和追求，也就是说同时也存在着复杂性需要。看似矛盾的两种需要说明了人们需求的多元性。长期的、没有变化的、一成不变的生活状况会使人产生审美疲劳，容易厌倦没有变化的生活；另一方面，一个人如果长期处于复杂的不能掌控的状态，又会叫人产生不安全感，进而焦虑、紧张、惶恐。根据心理学界的分析，旅游活动能够同时满足人们多样性需要与单一性需要。它能够调节人们这两种需要的平衡：既能给予旅游者安全与可预知的旅游活动——毕竟旅游活动是人们自己选择与消费的；同时异地的旅游活动又能带给旅游者完全不同往日生活的环境与文化氛围。

一、二战后东盟区域旅游的初步形成

进入20世纪50年代以后，世界结束了战争状态，开始迈向和平发展的新时期。刚刚经历第二次世界大战折磨的人们开始比以往任何时候都更加珍惜和平宁静的生活，开始选择更多样的生活方式和更多样的消费方式。由于所处纬度的关系，欧美国家的旅游者们更为青睐所谓“三S”旅游区，亦即人们所说的拥有阳光sun、沙滩sand、海水sea（波浪surf）的特色旅游资源的区域。人们习惯上将东南亚地区与位于南美洲和北美洲之间的加勒比海地区以及地处欧、亚、非三大洲之间的地中海区域称为“三S”旅游地，这些地区备受游客

欢迎。在这种情况下，区域旅游的作用开始日益凸显，东南亚地区成为全球游客尤其是欧美游客青睐的旅游地。

东南亚地区自1967年有了自己的区域合作组织——东盟之后，区域合作日益加强。进入20世纪90年代以后，一体化进程加速，成为国际经济中引人注目的区域经济力量。东盟的成立，使得这一地区的旅游合作作为经贸合作的组成部分而得到加强。进入80年代以后，在全球化与区域化进程不断加深的影响下，东盟各国日益重视本地区的区域合作以应对全球化的负面影响，东盟一体化进程基本完成。由于东盟组织的作用得以增强，东南亚国家在经济及旅游业方面的区域性合作能力也在不断增强。

我们通常说的旅游目的地，实际上是指在一定的空间范围内，以对相关旅游客源市场具有吸引力的旅游吸引物为基础，以一定的行政管理为依托而最终形成的涵盖旅游业六大要素——食、住、行、游、购、娱的综合协调发展，并能帮助旅游者实现其最终目的，成就最终旅游体验的区域。

旅游吸引物（Attractions）是旅游目的地重要的构成要素。它包含的因素有以下几类：自然风景、人造景观、人工物品、主题公园、文化遗产、特殊事件等。东南亚地区独特的自然禀赋成为最吸引旅游者的资源要素。从国家地理分布来看，欧洲、北美洲是发达国家比较集中的所在地，大多位于北半球的中高纬度地区，阳光、海滩、海水等热带气候特质所带来的终年可进行的滨海旅游活动的地区对于生活在温带、寒带的人们有着特殊的意义。随着战后世界经济的发展，这些国家的人民生活水平也得到很大提高，出境旅游的消费能力不断增强，旅游消费观念也在发生着变化。观光旅游类的初级旅游方式不断被更高层次的休闲旅游所代替，而东南亚地区的旅游资源恰恰能够满足这一部分人的旅游需求。东南亚大部分属于热带区域，气候一年四季温暖而湿润。拥有众多岛屿，是这一地区最重要的旅游资源。同时，很多国家拥有绵长的海岸线和细软的海滩，适宜开展各种滨海旅游活动，是旅游休闲的最佳目的地。这一地区的国家如泰国、菲律宾等，森林覆盖率达到70%以上，风光秀丽宜人。独特的地理气候条件使得东南亚成为世界最重要的热带植物的产地和热带珍稀动物的基地。与此同时，东南亚地区人文旅游资源也十分丰富，世界文化遗产和文明古迹众多。如享誉世界的被称为柬埔寨“王冠上的明珠”的吴哥建筑群，与印尼的婆罗浮屠、中国的长城、印度的泰姬陵并称为古代东方四大奇迹。此外，印尼的“爪哇猿人”遗址、缅甸的大金塔等都是著名的名胜古迹。东南亚的区域旅游在这种背景下发展很快。

二、中国—东盟区域旅游合作的发展

在中国与东盟的区域合作（10+1）蓝图中，旅游业也被列为重要的合作领域。比如，2005年1月，第八届东南亚国家联盟（东盟）旅游部长会议在马来西亚兰卡威岛举行，会议主要就2004年12月发生的印度洋地震和海啸灾难对地区经济的影响进行评估，并就如何重振灾后旅游业进行商讨。当时的东盟十国旅游部长与来自55个国家和地区的约1700名代表共同参与了这次会议。区域合作成为这一地区旅游发展战略的轴心，归纳起来，这种合作主要体现在以下方面：

首先，在东盟框架内设立了东南亚国家旅游业合作的最高级别的组织——东盟旅游部长会议，每年举行一次的东盟旅游部长会议在合作中起到了核心的作用。这一举措使得旅游合作制度化、机构化。此外，东盟还采取了一些协调措施，如在东盟的框架内设立各国旅游官员的联系与沟通渠道，及时了解各国旅游业现状等。

进入2010年以后，这种合作更加常态化，旅游部长会议已经形成制度。《2011年至2015年东盟旅游发展战略计划》就是2011年东盟第14次旅游部长会议的成果。2014年1月18日—20日，第13届东盟与中日韩旅游部长会议在马来西亚沙捞越州首府古晋召开，东盟十国的旅游部长及副部长、日本和韩国的相关官员出席了会议。中国国家旅游局副局长王志发也率领代表团出席了本次会议。会议议题包括区域互联互通、联合线路开发、气候变化与灾害应对、人才培训、《东盟与中日韩2013—2017旅游合作工作计划》、商签《东盟10+3旅游合作备忘录》等，并通过了联合媒体声明。王志发也向与会代表介绍了中国旅游业情况，包括中国的《旅游法》《国民旅游休闲纲要（2013—2020年）》等纲领性文件。可见，东盟旅游会议的作用正日益彰显。进入2010

年以后，这种合作更加常态化，旅游部长会议已经形成制度。《2011 年至 2015 年东盟旅游发展战略计划》就是 2011 年东盟第 14 次旅游部长会议的成果。2016 年 1 月 21 日，东盟及相关国家旅游部长在菲律宾首都马尼拉召开了第 19 届东盟旅游部长会议，中国国家旅游局副局长吴文学也率团出席了本次主题为“东盟：一个可持续发展的共同体”的旅游峰会，这次会议的主题无疑能够反映当前国际旅游业和区域旅游发展的趋势。

另外，增加旅游战略目标的联动性。各国主体的旅游客源国虽然存在一些差异，但总体上看具有趋同性。亚太地区是本地区的重要客源市场，在东盟前 10 位的旅游客源地之中，前 7 位的都是本区域国家及中、日、韩三国。东盟国家将这一地区作为主要的宣传促销区域。

新加坡就将中国、印尼、马来西亚等亚太国家作为下一步重要的旅游市场目标，泰国也将日本、韩国、中国内地、中国香港、中国台湾、马来西亚、新加坡等国家与地区列入了旅游市场的扩大区域，反映出旅游战略目标的联动性。

表 1－3　东盟前十位客源地

Top ten country/regional sources of visitors to ASEAN

国家和地区	2013 年	
	数量 单位：千人	所占比例 单位：%
东盟	43，223.6	44.1
中国内地	12，641.8	12.9
中国台湾	2，058.2	2.1
欧盟 28 国	8，652.6	8.8
韩国	4，871.0	5.0
日本	4，721.1	4.8
澳大利亚	4，294.2	4.4
美国	3，174.0	3.2

（续上表）

国家和地区	2013 年	
	数量	所占比例
	单位：千人	单位:%
印度	2，921.7	3.0
俄罗斯	2，459.4	2.5
以上总计	89，017.5	90.8
世界其他地区	8，983.1	9.2
东盟入境人数总计	98，000.6	100.0

由上面数据可以看出，中国已成为东盟的最主要客源国之一，2013 年所占市场份额已经达到 12.9%，年送客人数仅次于东盟本地区国家。与此同时，东盟旅游市场也是我国重要的旅游入境旅游市场。随着全球化进程的加快与世界经济的发展，中国与东南亚国家的经济关系在双边及世界政治经济的博弈中具有越来越重要的作用。世界旅游组织曾经预测，到 2015 年中国将成为世界上第一大入境旅游接待国和第四大出境旅游客源国，现在看来，与这两项预测的排名刚好掉了个个儿：2014 年中国已经成为世界第一大出境旅游消费国及世界第四大入境旅游接待国，国内旅游市场潜力巨大。其中，随着中国国力增长及公民收入水平变化而提升的出境旅游也令人出乎意料，出境旅游的消费能力超出了人们的预期。毋庸置疑，2010 年建立的中国—东盟自由贸易区的发展也为双边旅游业的交流与发展带来更多的契机。

第四节　国内外研究与观点

Tourism（旅游）一词在欧美 19 世纪之后才出现的，但旅游文化交流活动无论在中外都自古有之。已有学者发现，现代汉语的“旅游”一词是 1811 年从英国《牛津词典》中 tourism 一词翻译而来的。也有人认为“旅游”一词是出自我国 20 世纪 60 年代编撰出版的《现代汉语词典》，当时的解释是“旅行游览”。事实上，我国很多文学典籍已经表明，“旅游”一词的应用更早。比如，《周易》中有专门的一卦称为“旅”，“旅之时义大矣哉”，意即旅行之意。唐代孔颖达的《周易正义》较早地对此作了解释，“失其本居而寄他方，谓之为旅”，算是我国最早给旅行游览作的说明与定义了。《诗经·柏舟》中的“微我无酒，以遨以游”诗句中的“游”即指遨游之意，说明我国对于旅游活动的认识较早。丝绸之路的研究历年来都有学者涉猎，但仔细分析，却能发现其中与政治经济发展的关系。

一、丝绸之路与海上丝绸之路研究概况

事实上，国内关于丝绸之路的研究一直在进行中，但数量一直有限。据中国期刊网记载的资料，较早的研究可以上溯到20世纪70年代，研究领域主要集中于考古、历史、地理等方面。如莫任南（1979年）《关于汉代“丝绸之路”中段路线问题——与李约瑟、齐思和等专家商榷》①，80年代钱伯泉等学者对不同时期丝绸之路进行的研究，如先秦时期丝绸之路的研究等。陈炎是较早进行海上丝绸之路研究的学者之一，1982年起开始发表关于海上丝绸之路地位研究的文章②。他在《历史研究》上撰文指出，中外学者对陆上“丝绸之路”的研究较为丰厚，而对海上“丝绸之路”的研究却不够重视，因而成果不够显著③。

从数量上来看，在2013年之前，中国学者对于海上丝绸之路的研究一直存在，但并未形成热点。从1982年到2012年的三个十年间，前两个十年都没有超过两位数，进入2002年后的十年才达到100多篇。2013年海上丝绸之路战略刚刚提出，沿袭了之前的研究节奏，只有18篇。真正比较大的发展是在2014年之后，也就是中国的“一带一路”政策落地之后，达到274篇，接下来的2015、2016年两年分别为406篇、390篇，研究数量倍增。从这个意义上

① 莫任南．关于汉代“丝绸之路”中段路线问题——与李约瑟、齐思和等专家商榷［J］．世界历史，1979，5：45－49.

② 陈炎．古代浙江在海上“丝绸之路”中的地位——兼论浙江历代的海外丝绸贸易［J］．杭州商学院学报，1982，4：46－53＋76.

③ 陈炎．略论海上“丝绸之路”［J］．历史研究，1982，3：161－177.

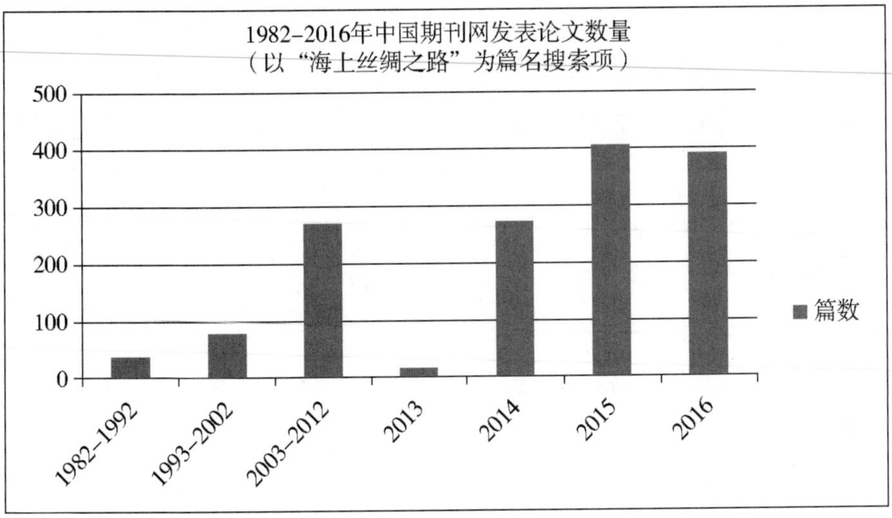

图 1 –8　1982—2016 中国期刊网发表论文数量

注：本图数据根据中国期刊全文数据库相关数据综合计算而成。

（搜索时间：2017 年 4 月 16 日）

讲，丝绸之路的研究具有契合国家发展战略的应用性和实用性，自觉追随国家战略应该是这几年学术研究的主要特点。

从研究学科与领域来看，从 1982 年至今的研究涉及 40 个领域，分布呈现不均衡状态。前十位的研究领域包括经济体制改革（500 篇）、贸易经济（133 篇）、公路与水路运输（108 篇）、交通运输经济（107 篇）、文化（106 篇）、中国政治与国际政治（94 篇）、旅游（65 篇）、中国古代史点（53 篇）、考古（51 篇）、中国民族与地方史志（50 篇）。以上搜索时间：2017 年 4 月 16 日。其中，旅游领域的研究由 2016 年 2 月 25 日搜索的 37 篇增加到 65 篇，在各领域研究数量中的排名也由 2016 年的第 9 位上升至第 7 位。

二、广州与海上丝绸之路研究

广州作为海上丝绸之路的重要港口，国内对之与海上丝绸之路关系的研究虽然较早，但一直没有形成规模或热点。研究范畴同样集中于地理、历史等学科领域，较早涉猎广州与海上丝绸之路关系研究的是徐俊鸣、郭培忠，1983

年发表在《热带地理》的文章《略论古代广州在海上“丝绸之路”的地位》[①]，对古代广州在海上“丝绸之路”的地位进行了分阶段的研究。

总体来讲，1982年至2000年的近20年间，广州与丝绸之路的研究大体存在以下特点：一是集中对广州在丝绸之路上的地位与作用的研究，大都从不同的历史阶段对广州的历史地位与作用进行了探讨，其中张难生、叶显恩的《海上丝绸之路与广州》[②]，从航道的开辟、造船与航海技术的改进、海上丝路商品结构的变化、历代王朝的政策等方面研究了海上丝绸之路的形成、发展与广州历史的关系，认为秦汉时海上丝路已经兴起，广州已经成为重要港口。二是基本确认了广州在海上丝绸之路的重要地位。张难生认为，当时的番禺（广州）“虽不是海上丝路的启发港”，但承认其在海上丝路上的转运货物的功能。关于始发港之争，学术界也存在一些争议。陈柏坚（1992年）在《广州是“海上丝绸之路”的始发港》[③] 中明确指出，依据历史文献和现有出土文物，说明广州（古称番禺）自秦汉时期即是重要的对外贸易港口，是“海上丝绸之路”的始发港。与此观点相对的是以邓家倍（2004年）[④] 等学者为代表的观点，旗帜鲜明地否定了广州港的“汉代丝绸之路始发港”说法。

进入2000年之后，相关的研究在数量上有所增加。研究内容的突出特点也较以往有了变化。除了继续探讨广州在海上丝绸之路上的地位与作用外，经济、贸易与文化的领域也开始为学者们所重视。曾昭璇（2003年）研究认为，广州是我国海上丝调之路的最早始发港和海岸城市[⑤]。马勇（2001年）在研究中肯定了东南亚国家与海上丝绸之路的重要关系：一方面，东南亚国家为海上丝绸之路的开辟做出了重要贡献；另一方面，海上丝绸之路的发展对东南亚地

① 徐俊鸣，郭培忠．略论古代广州在海上“丝绸之路”的地位［J］．热带地理，1983，3：49－56.

② 张难生，叶显恩．海上丝绸之路与广州［J］．中国社会科学，1992，1：207－223.

③ 陈柏坚．广州是“海上丝绸之路”的始发港［J］．岭南文史，1992，2：46.

④ 邓家倍，任建芬．广州不是中国汉代海上丝绸之路始发港［J］．广州社会主义学院学报，2004，1：59－64.

⑤ 曾昭璇，曾新，曾宪珊．论中国古代以广州为起点的“海上丝绸之路”的发展［J］．中国历史地理论丛，2003，2：67－78＋160－161.

区的社会历史发展产生了巨大的影响①。赵焕庭（2003年）等学者对广州在海上丝绸之路的地位问题进行了研究并产生了系列成果②③。其他学者对广州与丝绸之路的关系进行了研究。司徒尚纪（2001年）认为，海上丝绸之路的意义不仅在于其商贸、文化价值，更重要的是对我国在南海传统疆域的形成具有重大研究价值④。可以说，广州一直是中国历代政府在南部进行区域治理的重镇，对其发展历史的研究也应具有同样的价值。正如学者徐桑奕（2014年）在研究中认为，由于明清时期中央政权南海管制式微，并开始实行闭关锁国的政策，导致了海上丝绸之路不断走向衰落⑤。李萍（2000年）从对外贸易的角度探讨了明代广州在海上丝绸之路中的经贸地位⑥。其他学者也从不同的领域对广州与海上丝绸之路的研究进行了探讨。刘亦文（2002年）从丝绸贸易的角度对广州十三行的海上丝绸之路货物交流进行了研究⑦。邓其生、曹劲（2003年）则从古代建筑的视角对广州的海上贸易对建筑的影响进行了探讨⑧。李军（2005年）对宋元时期广州、明州（宁波）、泉州三大港口的发展进行了比较和研究⑨。就海上丝绸之路的研究整体来说，这一时期的突出特点是，新的研究视角、研究领域开始进入。比如，除了经济与贸易的角度之外，文化与遗产保护、宗教旅游、城市发展战略等新的研究视域开始出现。唐亚林（2008年）以方孔钱在东南亚的考古发现为切入点，探讨了中国与东南亚各国

---

① 马勇. 东南亚与海上丝绸之路［J］. 云南社会科学，2001，6：77－81.

② 赵焕庭. 广州是华南海上丝绸之路最早的始发港（Ⅰ）［J］. 热带地理，2003，3：294－298.

③ 赵焕庭. 广州是华南海上丝绸之路最早的始发港（Ⅱ）［J］. 热带地理，2003，4：394－400.

④ 司徒尚纪. 海上丝绸之路与我国在南海传统疆域的形成［J］. 云南社会科学，2001，6：72－76.

⑤ 徐桑奕. 明清时期中央政权南海管制式微与海上丝绸之路的衰落［J］. 历史教学（下半月刊），2014，6：9－13.

⑥ 李萍. 明代海上“丝绸之路”与广州对外贸易［J］. 岭南文史，2000，1：15－20.

⑦ 刘亦文. 海上丝绸之路与广州十三行［J］. 广东蚕业，2002，1：46.

⑧ 邓其生，曹劲. 广州古代建筑与海上“丝绸之路”［J］. 广东经济，2003，1：35－37.

⑨ 李军. 宋元“海上丝绸之路”繁荣时期广州、明州（宁波）、泉州三大港口发展之比较研究［J］. 南方文物，2005，1：76－82.

之间的贸易交流状况①。高乔子（2013年）②、杨宏烈（2014年）③不约而同地对南海神庙进行了研究。柳姣羽（2015年）从文化遗产保护的视角提出海上丝绸之路的海洋文化遗产保护的重要意义④。无疑这些新的研究尝试也为广州海上丝绸之路的研究提供了多样化的研究视角与空间。

更多的学者关注海上丝绸之路的文化内涵与经贸作用。根据现有研究，古代丝绸之路根据方位不同可分为陆路与海路。陆路——包括向北的草原之路、向西的沙漠—绿洲之路和向西南方向的川滇与青藏—缅印之路，海路——分为东向日本、韩国方向的海路和南向去往南中国海的海路。其中，从长安（西安）出发的西北陆路和广东福建起始的南方海路是最主要的两条路径。关于陆路的记载在《汉书》中有关于张骞出使西域的记录，海路方面也有汉使节到达印度的记载。还有学者开始涉猎海上丝绸之路的多学科研究，包括区域合作、贸易圈层、产业融合等。从区域合作来看，广西、广东两省区与东南亚的丝绸贸易合作开始为学者们所关注。刘松竹（2014年）探讨了广西在丝绸之路背景下与东盟的区域合作问题⑤，彭穗华（2014年）从海洋旅游的视角介入广东省的丝绸之路旅游合作⑥。易西兵（2016年）则通过对古代广州的对外交往历史的梳理，对广州海上丝绸之路史迹的文化内涵进行了研究⑦。他认为，广州一直是海上交通贸易的重要港口，在古代世界海上交通贸易史上占有极为重要的地位。宋一兵等（2016年）则从旅游发展的视域对广州海上丝绸之路的研究进行了阶段性的总结，并提出了依托中国南部的海洋国土制定新的旅游

---

① 唐亚林．“海上丝绸之路”与中国古代圆形方孔钱在东南亚的传播［J］．东南亚纵横，2008，1：83－86.

② 高乔子．南海神庙：广州海上丝绸之路的重要载体［J］．广州航海学院学报，2013，3：48－50.

③ 杨宏烈．“海上丝绸之路”上的保护神——广州南海神庙旅游景区规划的几点想法［J］．广州城市职业学院学报，2014，2：19－24.

④ 柳姣羽．分析广州海上丝绸之路的海洋文化遗产保护——以广州对外贸易机构为例［J］．旅游纵览（下半月），2015，10：154.

⑤ 刘松竹，吴尔江．海上丝绸之路建设背景下广西与东盟经济合作深化问题研究［J］．广西财经学院学报，2014，3：44－47.

⑥ 彭穗华．海上丝绸之路与广东海洋旅游［J］．新经济，2014，16：26－31.

⑦ 易西兵．广州海上丝绸之路史迹的文化内涵与遗产价值［J］．岭南文史，2016，2：20－25.

发展战略的思路，对这一构想的历史渊源进行了研究。①

除了较为宏观的背景研究和对策分析研究之外，也有学者将触角伸向了更为具体的研究领域。这个变化应该是进入21世纪之后研究层面最大的变化，表明学者研究已由方向性、策略性的宏观、中观研究进入具体问题的探讨领域，角度不断拓展、视角更为多元。张峰（2015年）进行了海上丝绸之路的政治经济学分析，认为由于中国经济增长的多极化发展，使得21世纪海上丝绸之路的发展必然呈现多极化趋势②，而广州在其中必然大有可为。谭秀杰、周茂荣（2015年）利用随机前沿引力模型，对海上丝绸之路的贸易潜力和影响力进行了实证研究③，毛艳华、杨思维（2015年）将贸易便利化合作与能力建设问题引入海上丝绸之路研究，视角与方法令人耳目一新④。而这些研究中广州作为丝绸之路贸易的重要港口地区，也不断进入学者的研究视野。尤其应该指出的是何国卫（2015年）的研究，将触角延伸到了海上丝绸之路的技术基础层面——船舶和航海的研究，他认为，正如已故船史学者金行德先生所说的：海船、航海和贸易是“海上丝绸之路”的三要素。其中对于船舶和航海的研究是海上丝绸之路的技术基础研究，不可疏漏⑤。何国卫在研究中特别提到了1954年出土于广州市先烈路的东汉陶船模型，显示中国拥有最早的船尾舵（拖舵）和木石碇（船锚），具有极其珍贵的文物研究价值。这方面的研究对于目前的广州与海上丝绸之路的研究是有益的多元化补充。

旅游与海上丝绸之路之间存在着天然的联系。也有学者敏锐地关注到这一问题。包括曾启鸿、蔡文静（2008年）对区域旅游合作层面的研究⑥，刘林智

① 宋一兵，温志洪．旅游视域的广州海上丝绸之路研究评述——兼论中国南向地缘旅游战略的历史渊源［J］．南海学刊，2016（4）：90－97.

② 张峰．二十一世纪海上丝绸之路的政治经济学分析［J］．青海社会科学，2015，2：66－71＋85.

③ 谭秀杰，周茂荣．21世纪“海上丝绸之路”贸易潜力及其影响因素——基于随机前沿引力模型的实证研究［J］．国际贸易问题，2015，2：3－12.

④ 毛艳华，杨思维．21世纪海上丝绸之路贸易便利化合作与能力建设［J］．国际经贸探索，2015，4：101－112.

⑤ 何国卫．论中国古代“海上丝绸之路”的技术基础［J］．南海学刊，2015（3）：8－13.

⑥ 曾启鸿，蔡文静．海上丝绸之路区域旅游合作研究［J］．经济研究导刊，2008，9：167－168.

图1-9 广州出土的东汉陶船模型

（图片来源：中国国家博物馆 http://www.chnmuseum.cn/Default.aspx?TabId=212&AntiqueLanguageID=660&AspxAutoDetectCookieSupport=1）

(2004年）对资源层面的研究[①]等。前者提出了“海丝”旅游品牌的问题，认为在跨区域的旅游合作中应重视品牌的策划与营销问题。但研究成果中专门对广州与东南亚交流的研究则很少。余思伟（1983年）的《清代前期广州与东南亚的贸易关系》[②] 是其中的代表。高乔子（2013年）[③]、杨宏烈（2014年）[④]对南海神庙在海上丝绸之路中的载体作用进行了研究，从建筑、宗教的角度对旅游景区规划的研究进行了探讨。

事实上，近几十年来中国与东南亚双边的研究成果较为丰富，研究涉及政治、经济、文化等各个领域。但是有关旅游发展的研究却非常有限。以广州为例，东南亚地区作为海上丝绸之路的重要途经区域，与广州的关系相当密切，但这种交流与沟通在国内目前的研究中基本没有涉猎。

---

① 刘林智．海上丝绸之路及其特色旅游资源开发［J］．资源开发与市场，2004，02：139-140.

② 余思伟．清代前期广州与东南亚的贸易关系［J］．中山大学学报（哲学社会科学版），1983（2）：73-83.

③ 高乔子．南海神庙：广州海上丝绸之路的重要载体［J］．广州航海学院学报，2013，03：48-50.

④ 杨宏烈．“海上丝绸之路”上的保护神——广州南海神庙旅游景区规划的几点想法［J］．广州城市职业学院学报，2014（2）：19-24.

其中，自1992年起开始有学者对中国与东南亚地区的旅游发展予以关注。这其中，对东盟区域旅游较为宏观的研究占了主体，主要包括中国与东盟的区域旅游合作，区域一体化进程中的旅游发展问题，双边合作的战略分析及蓝图设计等。王路平、宋太庆（1994年）是这一时期较早对中国—东盟双边旅游发展展开研究的文章[①]。文章提到了一个独特的视野：文化旅游圈。这也是对文化旅游研究的带有国际化视野的一个崭新问题。与宋一兵（2010年）提出的海洋旅游经济圈研究一样，从区域发展圈层的角度对中国—东盟双边的旅游发展进行了多方位的探讨[②]。朱环（2014年）以中国—东盟无障碍旅游区为切入点，提出了构建丝绸之路经济带的问题[③]，提出了通过人才纵向交叉以及对接培养，通过大国带动的方式，采取人才交换与合作培养的模式，改善区域内相关国家的旅游人才状况，也是较为新颖的研究视角。刘松竹（2014年）也针对中国与东盟贸易合作问题进行了研究[④]。王玉主（2011年）以“要约—回应”机制这切入点，对与中国—东盟经济合作关系进行了展望研究[⑤]。朱耀顺等（2011年）[⑥]、宋一兵（2004年）对中国与东盟经济合作的非传统安全因素研究[⑦]。王柏松（2011年）[⑧]、杨宏恩（2011年）对中国—东盟经济安全合作的障碍及动力因素，东亚金融危机在其中的影响等也做了相关的研究[⑨]。

总体来说，中国与东盟研究的内容与视角呈现从宏观、中观问题的研究向具体微观问题研究的趋势。近几年也开始有学者运用交叉综合的学科研究方法研究东盟与中国的区域旅游问题。胡爱清（2014年，2015年）运用迈克尔·

① 王路平，宋太庆．论南海国际文化旅游圈［J］．中国边疆史地研究，1994，2：82－87.

② 宋一兵．中国—东盟海洋旅游经济圈研究初探［J］．东南亚纵横，2010，7：16－19.

③ 朱环．“丝绸之路经济带”旅游发展对策——基于中国—东盟无障碍旅游区构建视野［J］．开发研究，2014，3：46－49.

④ 刘松竹．推进中国—东盟经贸合作的思路及对策［J］．经济纵横，2014，12：16－19.

⑤ 王玉主．“要约—回应”机制与中国—东盟经济合作［J］．世界经济与政治，2011（10）：53－72，156－157.

⑥ 朱耀顺，孙康，丁红卫．非传统安全视角下的中国与东盟经济合作研究［J］．经济问题探索，2011（6）：147－151＋180.

⑦ 宋一兵．试论非传统安全因素对东南亚旅游业的影响［J］．东南亚纵横，2004，6：42－45.

⑧ 王柏松．中国—东盟经济安全合作的障碍及动力分析［J］．探索，2013（5）：75－80.

⑨ 杨宏恩．中国—东盟经济合作与东亚金融危机后的东盟经济增长［J］．财贸经济，2011（12）：89－96.

波特的国际竞争力“钻石模型”，探讨东盟作为整体提升区域旅游竞争力的策略，对东盟区域旅游竞争力、东盟旅游合作研究进行了研究①，并从区域公共管理的角度进行了对策分析②。叶莉等（2013年）从旅游竞争力评价的角度对中国与东盟国家旅游贸易进行互动分析③。邹蓉等（2012年）从中国客源市场的视角，对海南与东盟地区的热带海滨旅游竞争力进行比较研究④。陈秀莲（2010年）以泛珠三角地区为研究对象，对中国—东盟自由贸易区运作的状况进行了研究，并据此对中国的国际旅游产业竞争力进行了分析⑤。

---

① 胡爱清．东盟区域旅游竞争力分析［J］．东南亚研究，2014（5）：35－44.

② 胡爱清．区域公共产品视角下的东盟旅游合作研究［J］．东南亚纵横，2015（4）：41－47.

③ 叶莉，陈修谦．基于旅游竞争力评价的中国与东盟国家旅游贸易互动分析［J］．经济地理，2013（12）：177－181.

④ 邹蓉，明俣．海南与东盟热带海滨旅游竞争力比较研究——基于中国客源市场的视角［J］．宏观经济研究，2012（7）：87－92＋100.

⑤ 陈秀莲．中国—东盟自由贸易区背景下中国国际旅游产业竞争力分析——以泛珠三角为例［J］．学术交流，2010（11）：119－121.

第二章　海上丝绸之路与东盟区域旅游

从2013年10月中国国家主席习近平在印尼国会提出“一带一路”倡议构想，到2015年4月中国国家发改委、外交部和商务部联合发布《推动共建丝绸之路经济带和21世纪海上丝绸之路的愿景与行动》，一个宏伟的倡议构想从提出到落地，从设想到进入实质推进阶段，仅仅用了一年多的时间，可见中国对“一带一路”国家倡议已经具有完整而成熟的方案与计划。仅仅2013年到2015年的务实且高效的运作就足以令世人惊叹。不仅说明中国酝酿这个宏伟愿景的国家能力和国家意志，也让世界看到了中国实施和推进“一带一路”倡议构想的决心。

从地缘战略来讲，“一带一路”构想的提出最初被认为是中国为摆脱战略困境而做出的西进南进策略安排。众所周知，在2012年1月，面对新的国际国内形势，美国提出了新的国家军事政治战略，重点是美国战略重心开始向亚洲转移，即后来在名称上逐渐明晰的美国“再平衡”战略。意图从军事、外交、经济和文化层面全面向西转移，其中尤为世人所关注的是军事层面的“再平衡”。并通过1951年由美国国务卿杜勒斯提出“岛链概念”——后来这个概念发展到第一岛链、第二岛链、第三岛链，其用途是围堵亚洲东岸，对中国等社会主义国家形成威慑之势。第一岛链北起日本群岛、琉球群岛，中接台湾岛，南至菲律宾群岛、大巽他群岛的链形岛屿带；第二岛链是指北起日本群岛，经小笠原诸岛、火山列岛、马里亚纳群岛、雅浦群岛、帕劳群岛，延至哈马黑拉群岛；第三岛链主要由夏威夷群岛基地群组成。这些岛链的构成，对美国而言既是其亚太战略的进攻路径，又是美国本土防御的重要屏障。可以看到，在第一岛链的构成中，东南亚国家和地区涉及其中。因此，一般的看法会倾向于认为，中国提出“一带一路”倡议主要是应对美国咄咄逼人的亚太再平衡战略，以西进的方式摆脱面临的战略压力。令世人没想到的是，中国对“一带一路”倡议做出了出乎意料的崭新解读：以全面的西进经济合作，打破政治、军事的壁垒，让和谐与发展成为战略的主轴，让沿线国家参与大规模的发展计划，共享中国经济发展与社会繁荣的红利。虽然国际、国内对中国这一战略的解读各异，但大都认为是中国未来国家发展战略的主体之一，体现出广阔的视野与穿透力，这一国家策略不仅有着经济上、政治上的考量与作用，更为重要的是借一条闻名中外的商路诠释中国愿意与各国文化交流的和平愿望与追求。

海上丝绸之路向南跨越必经的道路是东南亚地区。东南亚地区自古以来就是中国通过海路走向世界的必经之地。从“丝绸之路经济带”所覆盖的版图来看，东南亚、南亚、西亚、北非、欧洲等区域是涵盖的范围。陆地路线包括三条：一是从中国西北经中亚、俄罗斯直至欧洲；二是从中国经中亚转至西亚，穿波斯湾到达地中海；三是从中国到东南亚、南亚和印度洋。而“21 世纪海上丝绸之路”则包括了两个重要的方向：一是从中国东部、南部港口经中国南海、穿印度洋抵达欧洲，另一条是从中国沿海港口过南海到南太平洋。这条线路其中包含了对中国来说具有重要战略意义的几个海上通道：首先是太平洋通道，由中国南海至太平洋，东南亚国家是必经之地，经太平洋穿马六甲海峡，是我国出海近洋航线的重要部分。这条通道穿越越南、菲律宾、文莱、马来西亚、印度尼西亚、柬埔寨、泰国、新加坡等多个东南亚国家，这些国家几乎无一例外都属东盟。另两条通道是孟中印缅经济走廊到印度洋的通道及东北亚到北极航道。这几条通道共同构成了海上丝绸之路的重点方向与重点区域，既是中国“一带一路”倡议构想的核心区域，也是中国南向海洋战略的主要推进区域。

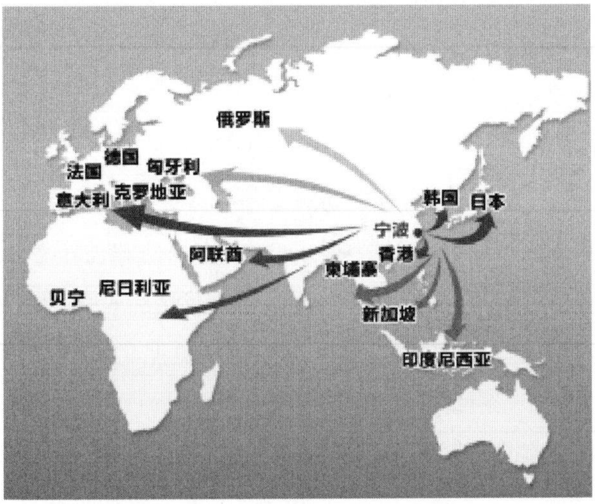

图2－1 “21世纪海上丝绸之路万里行”大型新闻宣传活动采访路线图

（注：2014年6月由宁波日报报业集团和宁波广电集团组织的“21世纪海上丝绸之路万里行”大型新闻宣传活动。http://news.hexun.com/2014－06－04/165356476.html）

第一节　东南亚地区的封建王国

毫无疑问，与跻身世界文明古国行列的古中国、古印度、两河流域地区相比，东南亚地区国家出现较晚，大约从11世纪开始，这一地区相继诞生了一系列实行封建制度的国家，为这一区域与外界的交往提供了平台保证。历史上影响较大的有吴哥王朝、阿瑜陀耶王朝、室利佛逝王国及马六甲王国等。

一、吴哥王朝

“吴哥”这个地名源于梵语，意为“都市”之意。它是9—15世纪东南亚高棉王国的都城。作为东南亚历史最悠久的国家，柬埔寨早在公元前1世纪就已建国。先后历经了扶南、真腊、吴哥等王朝。其中，以公元9世纪至15世纪的吴哥王朝（802—1431年）最为强大。据记载，苏耶跋摩二世时代（1113—1150年）国力强大，有战象20万头，版图“东到海，西按蒲甘，南抵加罗西”，加罗西即今天马来半岛东岸一带，影响力覆盖了大半个中南半岛，并创造了辉煌的吴哥文明。1432 年，吴哥王朝被暹罗素可泰王朝入侵，遂弃城逃亡。至此，吴哥王朝没落。

802 年，由阇耶跋摩二世建立了吴哥王朝，到 1181 年，阇耶跋摩七世发展至王朝最高峰。这期间，吴哥王朝的繁荣与富足对周边国家影响很大。我国元代人周达观在他所著的《真腊风土记》中详细地叙述了当地居民的社会生活、经济发展与语言文化习惯，比如周达观记载真腊“家家皆修佛事”，说明了宗教在当地人民生活中的重要性。还描述了真腊的地形、气候与物产等因素，“大抵一岁中可三四番收种，盖四时常如五六月天，且不识霜雪故也。其地半年有雨，半年绝无。”描述非常准确。更为重要的是，周达观还记载了当时居住在真腊的海外华人的状况，称他们在真腊当地被称为“唐人”，很多过来做贸易的中国人留恋当地富足的生活，不愿回国而选择了留在那里。是现存与真腊同时代者对该国的唯一记录，具有极高的研究价值。

在吴哥王朝时期，极力吸引印度教和佛教文化，并且建造一系列大规模的寺庙，吴哥的许多寺庙都反映了与宗教相关的神话主题，建造这些庙宇的目的是为了向人们提供进行宗教活动的场所。这些寺庙分布于都城内及周围区域。现存的吴哥建筑群就是后世所称的吴哥古迹。1861 年 1 月，法国生物学家亨利·穆奥为寻找新的热带动物标本，无意中在原始森林中发现了被草木掩盖的吴哥窟。这一戏剧性的发现与发掘过程更让这一古迹增添了传奇色彩。1992 年，吴哥窟被联合国教科文组织评定为世界级人类文化遗产。人们将中国万里长城、埃及金字塔、柬埔寨吴哥窟、印度尼西亚的婆罗浮屠并称为“古代东方四大奇迹”。

二、阿瑜陀耶王朝

阿瑜陀耶（英语名：Ayuttaya）于 1350 年由第一任国王乌通王拉玛铁波底创建，位于曼谷以北的广阔平原上。它是现在统治泰国的曼谷王朝之前的阿瑜陀耶王朝的故都，距今已经有了 600 多年的历史。阿瑜陀耶的意思是“永远胜利之城”或“不可战胜之城”。华人习惯称之为大城。阿瑜陀耶王朝经历了 34

代君主，历时417年，是泰国历史上最长的一个王朝。阿瑜陀耶王朝时期国家盛行小乘佛教，但对其他宗教也有包容，因此也吸引了来自各国的不同宗教的传教士。与它同朝代的法国国王路易十四曾派遣使臣到达阿瑜陀耶，这位使臣这样描述过阿瑜陀耶的秀美："尽管在浑然的天地间，寺庙是唯一突兀的雕琢，但我不曾见过比这更秀丽的了。"阿瑜陀耶曾经隶属于素可泰王朝，后因发生自然变迁，河流改道导致缺水，使得城内瘟疫横行，故而迁都到了阿瑜陀耶城。在逐渐发展强大之后，阿瑜陀耶脱离了素可泰王朝的控制，取得了独立。随着素可泰王朝的日渐没落，阿瑜陀耶吞并了素可泰，建立了阿瑜陀耶王朝。另外在同一时期，还有另一个兰纳古国（大概在如今泰国清迈、清莱等北部地区）与素可泰和阿瑜陀耶鼎足而立。受当时印度婆罗门教及高棉国的影响，阿瑜陀耶王朝注重君主集权、君权神授、君主专政，国王权力很大，掌握国土上的生杀予夺大权。但同时，国王也被要求遵守政法王的十德（传自印度），即施欲、政行、捐赠、公正、温和、除恶、戒恚（恚：生气）、不欺骗、忍耐、守法。阿瑜陀耶王朝时期，还补充创立了《刑法》《民法》《盗贼法》《夫妻法》《诉讼法》《举证法》《逃逸法》（适用于奴隶）等，阿瑜陀耶王朝取消了素可泰王朝时期的诸侯封赏制度，改而设立"府"的建制，一系列政治宗教政策使国家发展很快，对外扩张的步伐也加快。阿瑜陀耶王朝曾经一路高歌挺进，攻城掠地，于1431年攻陷高棉，结束了高棉王朝的统治，1540年，缅甸入侵阿瑜陀耶，阿瑜陀耶曾短暂失陷。到18世纪中期发展到顶峰。1767年，缅甸在进行了多达22次的进攻之后，阿瑜陀耶失守。缅甸将阿瑜陀耶全城焚烧殆尽。王朝废墟现在已被联合国教科文组织评定为一级古迹保护区，极具旅游价值。

三、室利佛逝王国

室利佛逝王国是公元7世纪中叶在苏门答腊东南部兴起的信奉佛教（大乘佛教）的海上强国。室利佛逝意为"光荣胜利"之意。中国唐代史籍一般称它为室利佛逝，简称佛逝或佛齐。宋代以后，中国史籍改称为三佛齐。唐代记载其疆域广阔，"东西千里，南北四千里远"。地处东西海上交通要冲，诸多国家的商船经过此地，转口贸易发达，包括中国、印度和阿拉伯在内的各国商队商船往来汇集于此，十分繁荣。室利佛逝王国信奉大乘佛教，是印度之外的另一个佛教中心。与中国长期保持着友好的关系，中国的许多古籍也对室利佛逝王国有过记载。据记载，671 年，中国唐代高僧义净曾取海道经室利佛逝前往印度学习佛法，并曾经在室利佛逝学习过梵语和佛教理论，他从印度取经回来后，还继续留在室利佛逝多年，从事翻译和著述工作，对中国的佛教典籍贡献很大。室利佛逝王国在 7 世纪扩张速度很快，到 775 年，其势力一度扩张到马来半岛的六坤地区，基本掌控了马六甲海峡。之后，又控制了泰国境内著名的水陆咽喉克拉地峡。9 世纪中叶从中爪哇败退的夏连特拉家族成为室利佛逝的统治者。这一时期留下了一些雄伟的遗迹，如夏连特拉的婆罗浮屠及马打兰的巴兰班南，至今仍然是印尼最为耀眼的人文旅游资源。1017 年，室利佛逝遭到注辇国（即南印度朱罗国）的进攻。此后年年征战，使得室利佛逝的国力因此受到很大削弱与损害。加之国内各属邦也出现分崩离析的状况，国内局势逐渐失去控制，半岛北部各港口为新崛起的素可泰王朝所侵夺，1377 年以后室利佛逝逐渐消亡。

四、马六甲王国

马六甲王国建于 1405 年左右，是马来半岛上的伊斯兰教王国。又被译为“满剌加国”“麻六甲”，由苏门答腊巨港（palembang）（巴邻旁）王子拜里迷苏剌创建。当年拜里迷苏剌就曾派遣使节到中国明朝通好纳贡，明成祖封其为满剌加国王，并赐诰印、彩币、龙衣盖等物，从此不再隶属暹罗。更令人惊叹的是，明永乐九年（1411 年），拜里迷苏剌亲自率队 500 余人到中国访问，陪同者有其妻子及重要大臣，后来他在中国住了一年半之久。1413 年，拜里迷苏剌在马六甲外籍穆斯林商人影响下改宗伊斯兰教，贵族官员与国民也纷纷改信伊斯兰教，马六甲随之成为伊斯兰教王国。西里麻哈剌、穆罕默德等国王也曾先后到中国访问。航海家郑和也是回族穆斯林，据记载他下西洋时曾与其他使臣多次访问马六甲，共达七次之多。马六甲至今还保存着不少郑和下西洋遗迹，据说其中的三宝井就是郑和下令挖掘的。在马六甲城内还有一条三保街。

沿着这条街，可到达著名的“三保庙”（Cheng Hoon Teng/Temple of Bright clouds），这是为了纪念1405年至1435年间七次下西洋的中国明朝三保太监郑和而建的。中国《明史》中甚至专门有“满剌加传”。此外，马六甲王国的领土变迁也很大，最初只限于马六甲地区，到室利·摩诃罗阇（1424—1444年在位）执政时期，王国走向繁荣和强大，扩建了马六甲城，领地不断向西拓展，和巴生港连接起来。马六甲的居民除了有马来人，也有大量华人。1567年，华人领袖郑芳杨建造了青云亭，是马来西亚最早的庙宇，里面供奉有中国人习惯参拜的观音菩萨、关帝、王母娘娘等，至今仍然是华人宗教活动的中心。

这些王朝成为当时这一地区的经济文化中心。虽然生产力水平发展较中国等国家低，但这些国家依然在循序渐进地完成着生产力和生产关系的发展与变革。中国自西汉以后开辟的海上丝绸之路在不断地发展的同时，东南亚区域的国家也在不断地按照自身的节奏走进吴哥王朝、蒲甘王朝，按照自身的规律发展着。中国开创的大规模的丝绸之路商务活动架起了双方贸易、文化交流的桥梁，商务活动产生的物资货物交易与人员交流对于双方的生产水平提升无疑产生了作用。客观地说，由于中国在相当长的时期内处于全球生产力发展和政治制度组织形式的较高水平，丝绸之路的交流活动对于沿线国家的经济发展水平起到了促进作用。海上丝绸之路的重要起始港口与沿岸商都，在中国与东南亚的货物贸易交流中地位重要，它们是物资及人员的集散地，船只的修建、补给地。总之，港口与商都在海上交流活动中，也对双边的人员来往与文化交融起到了重要作用。旅游交流活动自古有之，但是丝绸之路上的旅游活动往往被商贸活动掩盖了光芒，旅游活动在丝绸之路上的地位与作用往往被忽视了，值得认真挖掘与整理。

第二节　东盟的地理学概念及延伸

一、东盟组织的概念由来

众所周知，东盟是位于东南亚的10个国家的联盟组织，这个区域组织自

1967年成立以来不断扩容成员国，逐步形成了今天的规模。另外，东帝汶是东盟的候选国，巴布亚新几内亚自1976年起成为东盟的观察员国。

随着第二次世界大战后民族主义的兴起，东南亚国家也在不断探寻民族、国家发展的道路，旧的东南亚区域主义已经被新的东亚区域主义所取代。战后美国与苏联各自代表的北约、华约两大军事集团逐渐成为国际社会区域对抗的主流，冷战在全球范围展开。由此所形成的国际政治两级格局使得东南亚国家开始对区域合作有了新的认识。1961年7月31日，马来西亚、菲律宾和泰国三个国家经过多轮商议，最终在曼谷成立了东南亚联盟，这是东南亚国家联盟的前身。到1967年的8月8日，马来西亚副总理以及印度尼西亚、新加坡、泰国、菲律宾四国外长等五国领导人在曼谷举行了会议，签订了历史上有名的《曼谷宣言》，正式宣告东南亚国家的联盟组织成立。这就是后来称之为“东南亚国家联盟”（简称“东盟”）的组织。参与的五国领导人后来被称为“东盟奠基之父”。到2007年11月，东盟领导人在新加坡签署了《东盟宪章》，第二年，《东盟宪章》正式生效。

客观地说，东盟作为一个区域组织发展到今天，其目标与作用已经与成立之初大相径庭。20世纪60年代成立之时，东盟国家只是希望藉此区域组织使得自身利益得到一定程度的保障，能够在冷战时期错综复杂的国际环境中保障自身的利益安全。同时，以联盟的力量对抗区域化与全球化的影响，与外界尤其是西方保持某种平衡的战略关系。这一状况在冷战结束之后发生了很大的改变。多极格局的出现使得东盟组织在全球的政治经济格局中的重要性发生了微妙的变化，从多极格局到美国一国独大的复杂局面的演变过程中，东盟成为多个利益集团与国家组织的争取对象与战略合作方。东盟组织在世界政治、经济博弈中的权重无疑增加了。进入21世纪以后，由于美国西进政策的不断推进，以亚洲太平洋为中心的再平衡战略成为遏制中国、牵制俄罗斯的主要抓手。东盟作为域内主要的区域组织联盟，其地缘战略地位分量加重。加之菲律宾、越南等国与中国在南海领土上存在着争议，使得美国能够利用这些争议，在一些敏感问题上联络一些国家向中国发难。甚至有国家充当了美国的马前卒。南海局势出现紧张的趋势。

二、东盟的地理学概念

从地理范围来看，东南亚的地域规定却并没有那么严格。总体看来，东南亚与东北亚都是亚洲所处的次区域，前者在亚洲东南部，后者则位于亚洲东北部。从面积上讲，东南亚区域的面积要小于东北亚地区，但国家数量却并不少。世界各国习惯把越南、老挝、柬埔寨、泰国、缅甸五国称之为东南亚的“陆地国家”或“半岛国家”（BCLMV5 国）；而将马来西亚、新加坡、印尼、文莱、菲律宾五国称之为东南亚的“海洋国家”或“海岛国家”（ASEAN5 国）。

从经济体制上讲，从南到北这一地区大致呈现“南富北穷”的经济发展状况。各国经济体制差异性也较大。大致可以分为两大类：已经或基本完成市场经济转变的新加坡、泰国、马来西亚、菲律宾、印度尼西亚等 5 国，以及正在进行计划经济向市场经济过渡的越南、老挝、柬埔寨、缅甸等几个国家。换言之，本地区的国家经济状况较为复杂，新加坡早已跻身发达国家行列，而与此同时，在联合国开发计划署发布的《2014 年最不发达国家报告》中，柬埔寨、老挝、缅甸与另一个尚未正式加入东盟的东南亚国家东帝汶全都被列入了最不发达国家之列，在亚洲地区所列的 9 个国家中占了 4 个之多。

东南亚地处东经 93°～141. 5°，北纬 25°～南纬 10°，群岛区和半岛的南部区域属热带雨林气候，半岛北部山地属亚热带森林气候。因位于中国南部，明、清时期对这一带开始称为南洋。历史上，关于中国人下南洋的说法由来已久，下南洋是中国人因避祸、避灾而向东南亚进行迁徙的行为的总称，主要的迁出地是中国广东、福建两地。而迁徙的去向则包括了马来群岛、菲律宾群岛、印度尼西亚群岛，中南半岛沿海和马来半岛等地。可见，南洋的地理概念与今天的东盟十国是基本吻合的。当然，从广义上讲，南洋的地域还包含了当今的印度、澳大利亚、新西兰以及附近的太平洋诸岛。但总的来说，以东南亚地区为主要的区域。这其中有历史的原因——东南亚地区是一直以来我国沿海居民的传统迁徙地，沿海居民尤其是广东、福建两地因地域原因，与海洋的关系十分密切，习惯上迁徙的人口数量较多，一定程度上形成了传统；另一方面，东南亚区域的位置在地理上更为接近中国东南沿海地区，从航海时间上讲，较前往澳大利亚、新西兰等地所需航行时间更短。这也是技术层面的因素，毕竟，航海技术是当时远洋迁徙的限制性因素，人们不得不更多地考虑路途的远近、经费消耗的多少与是否安全的问题。

从这个意义上讲，东盟作为当今东南亚国家的区域联盟的代表，地理学概念不仅限于当代的地理涵盖，还必须结合历史上本地区的社会发展所构筑的人文内涵去理解它，方能更为全面地看待。

三、中国与东盟地区的历史渊源

其实，中国与东南亚地区的交往历史向上可以追溯到两千年前的汉代。据《史记》《汉书·地理志》等文献记载，在公元1世纪左右，中国就与缅甸、越南等国互有来往。唐代时，迁徙人数开始增多，开始有更多的中国人在东南亚各地生活、生存，他们被当地人称为“唐人”。而较大规模的人口迁徙，则是明清时期才有的事情。这种迁徙本身在中国是值得关注的事件。因为传统上中国属农耕社会，人们以土地为根本，以定居为生存要旨，除非不得已，否则人们是不愿抛家离舍、背井离乡的，更不用说离别母国去往他乡生存和发展了。以地域视角划分的文化，除了潮汕文化之外，其他诸如吴越文化、齐鲁文化、荆楚文化等均属大陆文化。或者换一个视角，以人群划分的晋商文化、客家文化、潮汕文化等，也只有潮汕文化属海洋文明之列。可以说，下南洋的人群之中，正是代表着中国海洋文化根基的那一群人。明代张燮所著的《东西洋考》也对唐代之前中国人在南洋地区的开发活动有较为详细的记载。张燮在书中所描述的“下港”即为今天印度尼西亚爪哇岛上的万丹（Bantan），还特别记录了在万丹地区有一个有千余户人家的大村子，村中多数人家是“粤人”，意即来自中国广东一带的人。据黄省曾《西洋朝贡典录》卷上《爪哇国》记载，早在北宋淳化年间（990—994年），爪哇国王（今印度尼西亚）便对宋朝推行的“王道”深表认同，并曾经主动派遣使节前来朝贡。位于加里曼丹岛北岸的文莱国“国王”也曾经派遣过“遣唐史”来中国。

进入明朝之后，郑和七度下西洋的壮举在东盟一带影响很大，郑和的每次航行实际上也承载了运送沿线各国各地区外交使节来华的任务。尤其是中国一贯奉行的非占有、非扩张的和平“王道”思想理念还是获得了这一地区多数国家的尊重与认同。在丝绸之路不断发展过程中，虽然中国在当时处于全球政治经济文化发展的中心与前沿，但不占领不掠夺的国家战略与中庸的文化内核对本地区的社会发展产生了积极的影响。这些影响的沿革与流变不仅对东南亚地区，也对整个东亚的文明进展产生了积极的作用。郑和在航行中也一直以宽厚与和平的方式处理沿途遇到的纠纷与战事，对于拓展与东南亚国家的关系产生了积极的作用。当代学界对中国历代的宗主国、朝贡制度有不同的研究与解读，但几乎都认为中国对东南亚地区从未运用国力强大的硬实力进行疆土的占领与劳动力的控制，相反，在多数朝代里，中国与东南亚国家的交往都是和谐的共赢相处模式。

由于地理的方便性，古代印支半岛的国家与中国的往来一直非常密切。因此，对中国来说，东盟的地理学概念有着更加广阔的历史背景与社会形态基础，而非人们仅仅按照现在地理学划分概念。它是中国自古以来南向海洋出口的必经之路，是通过海路走向中东、欧洲、非洲大陆，走向世界的重要通道。

第三节　东盟的政治经济学概念及发展

一、战后东盟政治体制的变化

从政治体制来看，随着第二次世界大战的结束，东南亚各国纷纷走上了民族国家的道路，在战后的几十年里，大多摆脱了殖民或半殖民的统治，完成了民族国家的建国任务。其中，最晚建国的两个国家文莱和东帝汶也分别在1984年和2002年宣布了国家的独立。其中，东帝汶是在经过多年的抗争之后从印度尼西亚独立出来的。与世界其他地区相比，东南亚国家的建国时间不长，政治体制一直处在不断的变动之中，加上社会经济发展层级差异性很大，在政治体制上也呈现出多样化的特点。目前，东南亚国家现存的政治制度大致包括以下几大类。一类是宣布实行社会主义制度与共产党统治的国家，包括越南、老挝两国。一类是议会共和制的国家，如新加坡。但新加坡的情况与西方普遍的议会制国家又有区别，那就是执政的政党一直是人民行动党，虽然有其他政党存在，但从未能够执掌政权，2015 年 9 月 12 日凌晨揭晓的新加坡大选中，新加坡建国总理李光耀所缔造的人民行动党最终获得高达 69. 86% 得票率，较 2011 年 60. 14% 的得票率有了相当的提升，是 1980 年以来该党获得的第二佳绩。一类是实行总统共和制的国家，如印尼和菲律宾。另一类是传统的君主制国家，如文莱和马来西亚，是以伊斯兰教为国教的国家，泰国实行议会制的君主立宪制；缅甸则一直是军政府统治，2016 年完成了首次的全国大选，新的民选总统产生，其政体还有待观察，但总的来说应该是属于总统制与共和制的国家。

从联盟与安全的角度来看，作为地区的联盟体，东盟的成立是区域联合的开始，20 世纪 60 年代，东盟的成立政治意义十分突出。冷战结束后世界的政治与安全形势发生了很大变化。中国与东盟双方均面临新的国际政治与安全形势。尤其是“9·11”事件之后，美国的“单边主义”政策倾向日益严重，2003 年 3 月又发动了对伊拉克的战争，世界形势更加扑朔迷离。由于民族、宗教及外部势力介入等原因，印尼、菲律宾等东盟国家内部也出现了不同程度的动荡，民族、种族矛盾引起的骚乱与恐怖主义事件层出不穷，对政局的稳定和经济的复苏产生不利的影响，一向政局较为稳定的泰国近几年也出现了北部的严重动荡事件；而中国在冷战之后面临着严峻的安全形势，一方面来自美国举棋不定的“中国政策”与遏制策略，包括 2012 年提出所谓“亚太再平衡”战略。另一方面也和周边地区的安全形势与格局变化息息相关，这其中包括日本国内形势的变化，包括《安保法》的通过、修宪问题等，还有朝鲜问题、台湾问题及与一些东南亚国家相关的南海领土问题等。东盟国家出于自身安全考虑，对中国、日本两个大国未来的发展和所起的作用抱有疑虑，因此继续维持美国军事力量在东南亚地区的存在，新加坡驻有美国的军事基地，泰国也与美国有着密切的军事联系，目前菲律宾又正与美国合作进行反恐怖军事行动，美军在东南亚地区的军事存在有加强的趋势。除了在安全上借力于美国之外，金融危机之前东盟还试图在经济上依赖日本，政治上靠近中国，实行所谓的

“大国均衡”战略。由于各大国之间的关系，包括中、日、美、俄之间及其各国与东盟之间存在着许多历史的、现实的矛盾，这些矛盾过去曾经制约了东亚的合作，而今后也有可能仍将对合作产生不利的影响。东盟的这种平衡战略本身十分脆弱。某种程度上，冷战思维还在一定的时空内存在，政治安全利益往往成为首先考虑的东西。因此，中国与东盟的合作也面临这个问题。加上一些东盟国家在南海领土问题上得到外部势力的支持与怂恿，希望将这一问题国际化以从中获益。2013 年 1 月 22 日，菲律宾依据 1982 年《联合国海洋法公约》第二百八十七条和附件七的规定，就中菲有关南海“海洋管辖权”的争端单方面提起的南海仲裁案也是值得注意与警惕的。2016 年 5 月 9 日，曾任菲律宾达沃市市长的罗德里格·杜特尔特当选为菲律宾新一届总统，他上台之后发表了一系列有利于改善中菲关系的言论，在南海岛屿问题上表示了与前任阿基诺三世不同的对华态度，中菲关系有望在杜特尔特总统任上得到改善。作为东盟国家来说，谋求以区域合作应对全球化的挑战是不错的选择。随着全球化趋势的不断加强，对各国的影响也不断显现。不可否认，全球化虽有历史进步性，却是在少数发达国家的主导下进行的，发展中国家在这一进程中面临的挑战远胜于从中获得的利益。东盟国家绝大多数属发展中国家，已经比较清楚地意识到了全球化对自身政治、经济乃至文化的影响，在积极应对的同时，也在谋求以区域合作的方式参与全球化进程，同时，以区域化合作应对全球化带来的负面影响。

由此看来，中国与东盟国家目前面临的形势是复杂多变的，这些背景的存在给双方的经济合作带来的影响是全方位、综合性的。

二、战后东盟经济的进步与发展

从经济层面来看，自 1967 年东盟区域组织成立之后，区域合作日益加强，进入 20 世纪 90 年代之后，一体化进程加速，成为国际经济中引人注目的区域经济力量。东盟一直致力推进与中国、日本、韩国的“10+3”合作，以及分别对三国的“10+1”合作。这种合作虽然有自身的战略考虑，同时也是东亚经济合作在组织建构与程序化建设方面所迈出的重要一步。1997 年亚洲金融危机爆发之后，由于亚太地区合作的主要组织亚太经合组织（APEC）在缓解危机方面不令人满意，在此之前提出的贸易自由化方案又难以达成广泛的共识，这种情况促使其成员国，尤其是一些东南亚国家积极考虑作为亚太地区合作的一个次区域组织的“10+1”与“10+3”区域合作，并力争使其更具现实性与可操作性。在当今的世界，人们发现东盟这个区域组织的内涵更加倾向于经济方面，换言之，经济合作是东盟存在于当今更加突出的体现。就区域一体化进展更为顺利的欧洲与北美来说，自由贸易区进程都是较为典型的大国推动主导型，这两个区域的经济合作层级已走向了更高的领域，尤其是在欧洲已经建成了统一的货币——欧元的情况下。东盟在经济一体化方面则有更加长久的路要走。虽然2015年刚刚落地的东盟自由贸易区协议已经签订，但由于域内国家差异较之欧洲地区还要大，因此具体的贸易细则的真正实施还有待时日。事实上，除新加坡、马来西亚等几个区域内经济发展较好的国家，包括缅甸、老挝在内的经济发展较弱的国家在很多方面尚未完全进入一体化体系。在未来的几年，如何将共同体做实、做稳、做得名副其实，也是摆在东盟国家的面前的一个课题与考验。

进入21世纪，大国博弈在全球呈现出新的形式。尤其是中国的崛起，使得全球国家间力量版图发生了深刻的变化。以GDP总量来看，2009年，中国GDP总量首次超过德国，2010年，又超过日本，成为仅次于美国的全球第二大经济体。经济总量已仅次于美国。2015年，中国GDP总量达10万亿美元，同年美国的这一数字为16万亿。就GDP总量来讲，印度尼西亚在东盟国家中拔得头筹，为1006亿美元，列全球第16位。泰国和新加坡分列27和37位，分别为412亿和277亿美元，但新加坡人均GDP最高，早已在20世纪90年代就已跨入发达国家行列。

按照美国乔治敦大学学者克莱茵在上个世纪80年代提出的综合国力方程式来分析，$PP=(C+E+M)\times(S+W)$，即综合国力为物质力量和精神力量的乘积；其中，PP（Comprehensive National Power）代表综合国力，C（Critical Mass）代表人口和领土，称为基本实体，E（Economic Capability）代表经济实力，M（Military Capability）代表军事实力，S（Strategic Purpose）代表精神力量，包括战略目标战略意图，W（Will to Pursue National Strategy）代表国家为追求战略目标而展现的意志力。各国的基于领土面积、人口、自然资源、经济科技实力以及军事力量硬实力对比在克莱茵公式中一定程度得到显现。东盟在这种硬实力的对比中不是以单个国家的力量出现的，而是以团队方式抱团，地区综合实力在这一过程中令全球为之侧目。一个横跨太平洋与印度洋两个大洋、覆盖十余个主权国家的区域联盟，其实力是各国实力的叠加，是一支令世界上任何区域或组织都不能忽视的政治、经济力量。近几十年来，东盟也深谙其中的博弈之道，充分利用东盟的力量参与国际事务和地区事务，在国际社会中的话语权明显提升。应该提到的是，上个世纪80年代末90年代初，东盟地区作为新兴工业化国家地区，在世界各国经济发展中十分引人注目，被称为“亮点”，尤其在当时日本和美国经济相对疲软的情况下，东盟地区一枝独秀，新加坡、马来西亚、泰国等国的经济增速很快，一派欣欣向荣的景象。但1997年始于泰国的以泰国货币泰铢的大幅度贬值为开端的亚洲金融危机对这一地区影响很大，各国均出现了外汇缩水、经济凋敝的现象，甚至有人认为“东亚奇迹不再”。时任马来西亚总理的马哈蒂尔曾愤怒地将矛头直指乔治·索罗斯等金融炒家，认为他们的所作所为使马来西亚的经济退步20年。

第四节　东盟无国界旅游的发展

更为重要的是，东盟一直致力于建立无国界旅游区域，这或许应该看成东盟政治经济的显性成果之一。无国界旅游实际上是随着世界经济合作的进程而提出的一种区域内旅游的崭新思路，包括建立无国界旅游的几个方面的核心要素：涉及国家海关与进出境制度，以满足无国界旅游开展的签证安排和条件；消除所有妨碍企业跨国界经营和旅游跨国界消费的不合理障碍，保障人流物流的自由进出；区域内旅游者的无国界旅游交流模式等。

一、实现无国界旅游的制度安排

实现无国界旅游首先要求能够逾越国界的限制开展旅游活动，实质上是要求参与国在旅游经济活动中让渡一部分国家主权，超越政治藩篱，使区域内的旅游活动更加方便与便捷，技术上的体现是各国海关与签证制度的配合与改变，目的是使区域内游客在旅游活动中减少因签证等限制对人员跨境活动的影响；其次是建立区域内各国配套的旅游制度，以使旅游活动在本区域内生产要素自由流动，减少交易壁垒，形成统一的区域旅游市场。目前世界上开展的最好的无国界旅游当数欧盟国家。20 世纪 80 年代开始，欧盟国家就开始致力于无国界的交流安排。截至 2013 年年底，欧洲属于申根成员国的数目已经达到 26 个。所谓申根国，是指 1985 年 6 月 14 日由德国、卢森堡、法国、荷兰、比利时五个欧洲国家在卢森堡边境城镇申根（SCHENGEN）签订了一项统一签证的协议，协议包括对成员国居民颁发统一的短期逗留签证，并统一签证的格式，称为“申根签证”。各国申请人一旦获得其中一个国家的签证，即可视为可以在签证有效期内在所有申根国家进行自由的旅行。《申根协定》同时也包括了游客必须遵循相关规定，包括如何沿途经停各申根成员国饭店等若干原则和规定。《申根协定》规定的原则使得成员国在区域内实现了跨国境旅游的自由流动，实际上实现了无国界旅游。

东盟也一直致力于建立本地区的无国界旅游圈，2006 年 7 月 25 日在东盟国家外长举行年会时，签署了一项协议，允许本区域居民免签证在成员国进行两周的旅行。2016 年 6 月 16 日至 17 日，柬埔寨、老挝、缅甸、越南和泰国五国在泰国曼谷举行了主题为“迈向共同繁荣”的五国论坛（CLMVT－2016）。本次论坛提出了五国“单一签证”和旨在实现跨境便利化的“自由边界”倡议，备受世人瞩目。根据倡议，柬埔寨、老挝、缅甸、越南、泰国五国将率先在东盟区域内实行“单一签证”的政策，与申根协定类似，五国的外国人只要持有其中一国的签证，即可畅游五国。由于这“CLMVT 五国”除泰国外，其他四国均属于东盟内欠发达的国家，能够联合提出“单一签证”政策，无疑在东盟内部引起较大反响。尤其缅甸是区域内的不发达国家，国内政局长期处于动荡状态，在区域签证合作方面竟然走了先手，令人咋舌。有人评价，五国的签证协议无疑就是东盟版的“申根协定”。由于《申根协定》在欧盟内部也并非所有国家都参与，这种“允许少数国家先行，其他国家随后跟上，或者置身事外”的“申根模式”也为东盟区域提供了合作范例。当然，“CLMVT五国”的“单一签证”协议目前尚处在提交倡议的阶段，真正要落实还需要时日，具体细则要视各国国内的具体政治、经济、安全形势而定。不能否认，与当年《申根协定》一样，允许自由的人员流动有可能为非法移民、跨国犯罪和难民迁移等开绿灯，为非法分子提供可乘之机，而目前 CLMVT 五国都存在大量的流动人口，还有相当多的偷渡移民，涉及人口贩卖、毒品制售等多个复杂问题，各国国内安全形势也不容乐观。经济方面，除泰国外，其余四国经济相对落后，属于东盟的欠发达地区，为保证国际游客的安全往来，真正实施五国“单一签证”政策尚需时日。

目前，东盟十国中的大多数国家已经签署双边协议，允许居民免签证旅游。东盟免签证框架协议将把这些双边协议组合成统一的规则。而中国也有望与东盟实现旅游签证互免，进而实现部分与局部的无国界旅游，并在 2008 年先于中国—东盟自由贸易区而先建立起双边的旅游业自由贸易区。

到 2016 年 3 月为止，已有 19 个国家或地区对持普通护照的中国公民实行免签政策，其中包括单方面免签的东盟国家印度尼西亚。还有 36 个允许办理落地签证的国家或地区，其中来自东南亚的国家有东帝汶、老挝、缅甸、泰国、文莱、印度尼西亚、越南。当然，大多数免签或落地签的国家或地区对申请进入或经过的持普通护照的中国公民有一定要求：如印度尼西亚的免签要求是从指定的机场或海港入境，允许落地签的国家或地区多数需要提供有效护照、个人照片、返程或联程机票、提前申请的移民局备案或入境许可、个人经济能力证明、酒店订单或在当地联系地址、邀请人或邀请单位相关材料、签证申请表，在指定口岸入境并交纳一定的申请费。

除了上述已有的 50 多个对持普通护照的中国公民免签或允许落地签的国家或地区外，印度尼西亚对中国游客给予了更加优惠的待遇，规定同时对持普通护照的中国公民免签与允许落地签。

二、文化与经济的因素的融合

无国界旅游区的建立需要的条件很复杂，其中文化的因素不可忽视。从表面上看，这种打破国界的安排主要是方便了区域内的旅游活动，但实质上也会对区域外旅游客流产生影响。换言之，具有统一签证制度的区域也会吸引更多的旅游客流来访，提升区域旅游竞争力。因此，看似只是各国的海关制度与签证制度的配合与调整，实际上更多涉及的是区域合作的深化问题，需要更多的相关配套制度的安排与配合。东盟国家在旅游合作中也关注到了区域合作的深层次问题，在区域一体化的过程中也采取了各种方式推进旅游合作的进行。

在这个进程中，应该首先注重增强区域旅游品牌战略的联动性。东盟地区国家在旅游业的促销方面具有良好的联动性与合作意识。各国充分考虑了在客源国市场宣传中，东南亚作为整体化的热带旅游区的一致性和关联性。在旅游业的发展日益全球化的当今世界，品牌的效应在营销活动中日益显现。重视地区宣传的关联度与延展性，致力于以整体的形象出现在世界旅游市场。在具体策略上实行组合式（或称捆绑式）的集合品牌战略，即将几个国家的产品在线路上有机组合，强强联合，既避免了一些国家（如文莱、新加坡等）由于旅游地域所限而造成的旅游停留时间难以为继的问题，又弥补了各国在资源上的缺憾。如经典的新、马、泰旅游线路就集合了山水风光、海滩风情与城市风貌等，给游客以“超值”的感觉。

同时，东盟国家还致力于建设新的区域旅游品牌。众所周知，东盟旅游资源既有同一性又有差异性，存在既合作又互补的可能，加之各国在产业发展层级上也有差异，使得品牌的传播有丰富的层次性，既能够满足初级的山水风光观光游的游客需求，又能满足包括休闲游在内的高级旅游需求。理论上讲，东盟国家要在对外旅游宣传中融合各国品牌精髓，就应该兼顾海洋旅游区域特色与人文旅游特点，实现真正的南北结合（南部岛屿所代表的滨海旅游与北部高原山地代表的陆地风光游），最终打造差异性与共性统一的区域旅游品牌。

三、无国界旅游交流模式的形成

当然，无国界旅游这一构想的建立将是一个庞大的系统工程，除了与东盟进行多边的认识与行动的协调统一外，一系列的具体步骤将是这一构想实现的基石。包括以下方面：一是多边协议的对接，从关税、签证、交通、信息、安全等诸多方面进行协调；二是在考察签证免签实施情况的基础上，建立某种新的、成熟的多边旅游交往模式。应该说，建立无国界旅游区域是构建区域旅游经济一体化的重要一步。这意味着消除所有妨碍跨国界旅游消费者的不合理障碍，为各参与国创造平等的旅游促销机会。这种合作的基础必然是在区域政治经济合作达到一定规模与程度之后才能进行，因此，东盟近五十年的区域化进程也可以说是区域政治经济不断融合的过程。

另外，东盟国家还依托东盟区域内建立应对各类危机的合作机制，能够以联盟的力量快速地应对危机形势，对局势进行较为准确的判断，并开展实施危机预案，包括迅速对于危机状况进行分析与评估，协调各国的措施与行动步骤，沟通各方信息。由于这一地区在旅游市场的形象具有整体性与一致性，关联度高，以整体区域形象作营销规划与危机处理更为符合本地区特点。因此，东盟地区应加快建立本地区旅游业可持续发展的科学战略与规划，充分运用东盟这一区域性组织的作用全面提升本地区旅游危机处理实力。

第五节　海上丝绸之路与东盟沿线旅游

探讨海上丝绸之路与旅游的关系是个十分有趣的话题。试想，一条商路与旅游的联系在哪里呢？如何能将自古就已有的商业活动与现代性极强的旅游活动联系在一起呢？这需要从现代人对于旅游的认识谈起。

上文中提及的唐代孔颖达在《周易正义》说“谓闲暇无事于之游”，实际上就是从一个侧面说明了我国的祖先对旅游的认识，那就是在闲暇时间进行，而且是去往“他方”，说明了旅游的异地性，这个认识与现代人的认识也是吻合的。很长一段时间以来，就学术界对旅游的本质属性的研究而言，基本上认为异地性、休闲性（指非营利，不以谋生和盈利为目的）、暂时性是其特点。然而，随着近几十年来全球旅游活动深入、广泛地发展，一些新的旅游现象不断涌现，使得人们对于旅游活动的认识也在不断拓展。比如，其中对于“非营利”性特征的认识，现代的商务活动本身是否具备旅游活动的性质？会展活动、因商贸活动而伴生的旅游活动是否也具备旅游活动的性质？对现象的认识的深化导致了对事物本质属性的变化。自古有之的对于旅游的看法在现当代发生了改变。现代学术界较为普遍认同的对旅游属性的认识是，强调旅游活动的需求属性，即以满足人们的物质与精神需求为目的，具备异地性、文化性、综合性，是一种社会经济活动，而不再强调其中的“非营利性”。这种认识的转变是我们探讨海上丝绸之路与沿线各地旅游活动的基石。在这种认识形成和认可之前，人们基本上没有从旅游活动的视角去看待这条自古有之的海上丝绸之路。而正是认识到旅游活动的“伴生性”，可以在某种主要的活动之中伴随产生，犹如在商务活动中会产生旅游活动的需求与现象一样，我们也应该正视在海上丝绸之路的商务活动之中的旅游事件与旅游活动。

在漫长的历史长河中走过无数以政务、商务活动为主要目的的人流与货物流，丝绸之路上究竟发生过什么？人们在远离故土的漫长旅程中以什么样的情怀与心境看待眼前流逝而过的他乡风景？在枯燥而危险丛生的没有现代交通工具相助的旅行中会有短暂或经常的对于异国、异地他乡的欣赏与观察吗？就人类的认识本性来看，这种可能性是完全存在的，并且具备时间、空间的双重条件。一方面，由于交通工具的限制，海上丝绸之路在交通上主要依赖中型或大型的木质商船，航速与现代带有动力系统的轮船有差距。在长达数日乃至数月的旅途中，从中国东部或东南部沿海港口开出的商船往往装载了大量的货物，吃水线低，航速较慢，人们在船上的活动空间有限，船外的风景往往成为长途航行中唯一可看的风景，尽管大部分沿线风景只是单调枯燥的一望无际的大海。另一方面，在海上丝绸之路的航线上，虽必然穿过东海、南中国海的大量岛礁，但对于商船来说最重要的是沿线停靠的港口。这些港口对于长线运输的商船来说是十分宝贵的补给地，商船必须在这些区域完成粮食、饮用水、燃料等生活、航行必需品的补充。在长时间的航行之后，人们往往会被岸上多彩的陆地风景所吸引。郑和七下西洋无疑是航海史上的壮举，1998 年，美国《国家地理》杂志评选出了1000 年来世界上最有影响的航海家，在 30 多位入选的人士之中，亚洲仅有 1 位，那就是郑和。2000 年，美国《生活周刊》又评选出了千年全球百位名人，入选的 6 位中国人中，郑和居首位。下面，我们不妨以郑和的壮举为例，来分析一下航行中的旅游元素。

一、郑和下西洋中的旅游联想

首先我们不妨来看一下郑和七次下西洋的时间。虽然近年的研究对其中几次航行的具体时间还存在争议，但由于郑和的行为是一种政府行为，是得到当时最高的统治者所支持与认可的，大部分航行有当时的官方记载，因此一般认为这些记录是真实的和可信的。

表2－1　郑和下西洋时间表

时间及人数 次别	出发时间	回国时间	所用时间	船载人数
第一次下西洋	永乐三年六月十五 1405年7月11日	永乐五年九月初二 1407年10月2日	2年零 3个月	2.8万
第二次下西洋	永乐五年九月十三 1407年10月13日	永乐七年七至八月 1409年7～8月	约1年零 10个月	2.7万
第三次下西洋	永乐七年九月 1409年10月	永乐九年六月十六 1411年7月6日	1年零 9个月	不详
第四次下西洋	永乐十一年十一月 1413年11月	永乐十三年七月初八 1415年8月12日	1年零 9个月	2.76万
第五次下西洋	永乐十五年五月 1417年6月	永乐十七年七月十七 1419年8月8日	1年零 10个月	不详
第六次下西洋	永乐十九年正月三十日 1421年3月3日	永乐二十年八月十八 1422年9月2日	1年零 6个月	不详
第七次下西洋	宣德五年闰十二月初六 1431年1月	宣德八年七月初六 1433年7月22	2年零 6个月	2.755万

注：本表为作者根据相关资料综合计算而成。

从上表可以看到，郑和先后七次下西洋所需时间最短的为一年半，最长的时间，即最后一次出行，郑和客死印度西海岸古里的第七次下西洋，耗时约2年半。这样的旅程，这样的时间跨度，在现代旅游者看来简直是不可想象的。那么，我们可以合理判断，在这种长程的旅行中，郑和与他的船队必然会遭遇许多我们难以想象的事件，或凶险，或艰辛，或有趣，或乏味，这些共同构成了旅途的经历。这本身即符合现代人对旅游活动的认知：经历（experience）是形成旅游感知的主体。今天我们来探究东盟沿线国家在海上丝绸之路中的旅游活动，其意义更多的是发掘各种民间性质的商务活动或国家组织的国务活动中（如郑和下西洋就是典型的国家行为），旅游作为人们在此过程中必然遭遇的现象和经历，它们和这条商路之间存在着怎样的关系与联系，它们又在多大程度上影响到参与活动的人们对整个航程的认识，这些认识又在哪些方面影响了对于这一地区的文化的感知。通过典籍，我们可以发现一些有意思的事件存在于郑和下西洋的过程中。

图2-2 《天妃经》卷首有关郑和下西洋插图描摹复原图

首先是这七次远洋航行的氛围。据记载，在长达28年的航行中，真正意义上的战争只有3次。除一次是涉及区域小国的政权更迭之外，另外两次都是防御性的。这些战争与长时间的航行相比绝对是属于出现频率极少的小概率事件，整个航行的气氛是和平的、平稳的，是以商业活动为主体的和平之旅。陶瓷、丝绸等是中国最为有吸引力的产品，在郑和下西洋的官船上是必不可少的货品。这样，起程的时候船载陶瓷与丝绸，同时，郑和作为走出国门的臣子自然也会为皇帝带出很多中原大地的礼品。而航行沿线的物产也十分丰富，回程的时候带回沿线各国的奇珍异宝，包括香料、染料、宝石等。当然，现在仍然有学者坚持认为，贸易不是郑和的主要目的，因为每次几百艘船、几万人的出行很显然不是最经济的商业贸易航行。诚然，作为国家行为的下西洋举动，如果仅仅将以货易货作为最终目的自然是太过狭隘，但不可否认的是，贸易也好，旅游也罢，在这个过程中都实实在在地发生了。

值得一提的是，郑和在航行中贯彻了宽容和平的路线，以德报怨，收获了不少沿线各国的敬佩与青睐。最著名的是在郑和第三次下西洋期间，锡兰山国王亚烈苦奈儿“负固不恭，谋害舟师”，最终被郑和识破并生擒。而这个极不友好的国王在被带回中国后仍然受到礼遇，最终被遣返回国。这一事件与永乐九年（1411 年）满剌加国王拜里米苏剌的大规模朝拜活动相映成辉，成为美谈。

图 2-3　郑和画像

一生致力航海事业的郑和也在航海过程中终结了生命。1433 年（宣德八年），已经 62 岁的郑和第七次率队航行，后因操劳过度，在归国途中积劳成疾，在印度古里（今卡利卡特）不幸病逝。郑和如战士般完成了他的使命，最后死在了他的战场上。

下西洋的举动也为大明王朝收获了更多的各国朝贡。麒麟（长颈鹿）是当时中原大地罕有的动物，第四次下西洋之后，当时东非肯尼亚地区的国家几个月之后送来了麒麟，中国人一直认为这是最吉祥的动物。在之后的每次航行中，郑和还承担了护送各国使臣朝贡的任务，来去的郑和船队中不乏各国使臣。中原大地也开始陆续收到了狮子、金钱豹、长角马、骆驼、鸵鸡、麾里羔兽等珍禽异兽，丰富了中华大地的动物宝库。

二、中国与沿线国家的交往

前文谈到，中国与海上丝绸之路的多个国家都有着密切的交流与往来，其中与中南半岛上的国家交往最为密切。

首先来看一下我们的南方近邻越南。东南亚文化研究者大多认为，越南与中国双边交流是最为活跃与长久的，这种交流对双方的经济与文化都产生过有益的影响。《大越史记全书·鸿庞纪》是以汉字写成的越南史书，其中大量使用了来自中国的史料。其中可以看到有关越南起源的记载："黄帝时，建万国，以交趾界于西南，远在百粤之表。尧命羲氏宅南交，定南方交趾之地。禹别九州，百粤为扬州域，交趾属焉。成周时，始称越裳氏，越之名肇于此。"

从农业生产的角度看，越南对中国农业发展的贡献首推物种的传播。这其中最为重要的是耐旱稻谷的传入。从越南中部重要的农业地区——中部占城地区传入的这种稻谷种丰富了中国稻米的生产。这种稻谷种在中国出现旱灾的时候贡献很大。到宋朝时期已经由江浙闽一带开始推广到长江、淮河流域一带，甚至更北的区域；另外，在中国农作物中占有重要一席之地的甘薯（又称红薯、地瓜等）也是从越南传入的。最早记载于东汉杨孚所著的《异物志》，"甘薯似芋，亦有巨魁，剥去皮，肌肉正白如脂肪，南人专食以当米谷。"明确说明了甘薯的粮食功用。西晋嵇含编撰的《南方草木状》是我国现存最早的植物志，记载了生长在我国广东、广西等地以及越南的植物，其中，上卷草类二十九种，中卷木类二十八种，下卷果类十七种和竹类六种，共计八十种。书中并有生物防治的记载。这中间就有对甘薯的记载："甘，盖薯蓣之类，或曰芋之类，根叶亦如芋，实如拳，有大如瓯者。皮紫而肉白，蒸鬻食之，味如薯蓣，性不甚冷。旧珠崖之地，海中之人，皆不业耕稼，惟掘地种甘，秋熟收之，蒸晒切如米粒，仓贮之，以充粮糗，是名粮。”其后在《齐民要术》《群芳谱》《本草纲目》等古籍中均有对甘薯的记载。这种富含淀粉的食物在中国受到人们的喜爱和欢迎，也成为中国粮食种类中重要的成员。同样，中国的铁器制造技术、丝绸纺织技术、造纸印刷术也先后通过海路或陆路传入越南，对越南的社会经济发展产生了很大作用。另外，中越两国在建筑、武器、医药等方面也有广泛的交流，包括技术人员的流通与交流，这些都对两国在这些方面的发展做出了贡献。

更为重要的是，由于陆地毗邻、海路连通的关系，中越的交往较之其他国家拥有更加便利的条件。汉字很早就已经传入越南，在越南，拥有很高汉学造诣的人不在少数。13 世纪，越南开始有了本国文字“字喃”，即南国的文字，就是以汉字为基础创造的。据传越南陈朝的阮诠首次采用字喃书写《祭鳄鱼文》，得到陈朝皇帝的赏识。从此，字喃得以逐步推广，并在胡朝（1400—1407 年）和西山阮朝（1788—1802 年）时期曾经短暂地作为国家正式文字。不过，由于字喃这种文字难写难认，外形臃肿，没有能够得到广泛的使用。在之后的很长时间，汉字一直是越南最主要的表达与记载工具。汉字一直沿用到法国统治越南的整个时期。当时的上层社会把汉语汉字视为高贵的语言文字，许多官方的文件均采用汉字来书写。直到今天，许多中国的古典书籍在越南流传很广，如中国传统的章回小说《三国演义》《水浒传》《红楼梦》为很多越南人所熟悉，其中的人物和典故也被人们如数家珍般在生活中提及，说明中国的文字、典籍对越南影响很大。也有很多越南人对中国的诗词歌赋有很深的造诣，甚至能够使用汉字表达思想与感情。

老挝与中国的云南省有着 860 公里的边界，双方交往的条件得天独厚。中国与老挝的交往也上溯到公元 3 世纪初。法国著名汉学家伯希和曾撰写《扶南考》，其中认同了中国文字史料对东南亚历史的重要性：“吾人所知此古国之古事，只有中国载籍可考。”英国著名的东南亚历史专家 D. G. E. 霍尔在《东南亚史》中也指出：如果没有中国历朝正史中有关资料，东南亚许多重要国家的早期历史会“一无所知”。老挝邻近云南，在三国东吴时被称为“堂明”

或“道明”。东吴黄武六年（227 年），那时在中国官方典籍中已经有了“堂明国”朝贡的记载。唐朝时与老挝交往颇为频繁，而且关系良好。大约在中国唐高宗时期，北半部的陆真腊将国都建在文单城（今老挝万象），又称文单国。文单国曾先后四次向唐朝派遣使者，每次都获得了高规格的接待。宋元两代中国老挝两国的来往相对较少。但进入 14 世纪中叶，中国发生朝代更迭，明朝取代元朝，开始了对中国的统治。据《明实录》和《明史·老挝传》等史籍的记载，明朝时期，老挝土司向明朝入贡达 30 多次，是云南省管辖的土司中入贡数最多者，而“老挝”一名也始见于《明史》。据史籍记载，从明初至明末万历年间，老挝的朝贡不曾间断过。老挝主要的贡品为当地的土特产，如驯象、象牙、犀角、香料、金银器等。明朝也以对等的态度“回赐”物品，主要包括丝、罗、棉等各类丝织品。明朝官方还会命沿路土司关照老挝贡使并进行护送。同时，明王朝也多次派遣使节访问老挝，《皇明职贡图》卷一记载老挝人“知耕种，勤纺织，其近在普洱府东界外者常入内地贸易”。而老挝出产的乳香、西木香、乌爹泥、鲜子、诃子和树头酒等物产也为中国人民所喜爱。老挝特产花卉兰花曾经被移栽至扬州，备受关注，当时记载前来观赏的人很多，“人争来看，门几如市”。中国的酿酒术、养蚕术及纺丝的方法也随着这种交流传入老挝，丰富了老挝人民的生活。

明朝末年，由于澜沧王国被缅甸东吁王朝侵占，丧失了独立权，导致中国与老挝的交往中断。直到清代，北部的琅勃拉邦国（又称南掌国）又开始了与中国的交往。据《清实录》记载，从雍正七年（1729 年）到咸丰三年（1853 年）的 124 年间，清王朝一共正式接待了来自南掌国的使臣 19 次。老挝居民笃信佛教，佛教在中国也盛行久远。老挝的佛教与云南的南传上座部佛教有相似之处，因此交流较多。由于佛教的传播，佛像、佛经也成为两国政府之间互相馈赠的物品。

到清朝咸丰年间，由于中国老挝两国都遭到西方殖民者的入侵，导致双方的官方交往中断。但民间的往来却从未停止过，傣族、哈尼族、瑶族等民族的边民在两国边境线两侧村寨相望，鸡犬之声相闻，交流活动频繁，即使战乱也没能阻隔这种民间交流。

中国与柬埔寨的交往也十分久远。作为东南亚最早的古国之一，柬埔寨有2000多年建国史，早在公元1世纪时就已建国。在中国，对柬埔寨的称呼也不断变迁：汉时称为“扶南”，隋朝及之后的唐代初期称为“真腊”，中唐时称为“吉蔑”，元代时称“吉孛智”（或甘孛智），明代万历以后称“柬埔寨”，泰人、越人、华人称其为“高棉”人。《旧唐书·真腊传》（卷197）记载：“南方人谓真腊国为吉蔑国。”《新唐书·真腊传》（卷222下）又载：“真腊亦曰吉蔑，本扶南属国。”元代周达观所著《真腊风土记》中说：“其国自称甘孛智。”《明史·真腊传》（卷324）中更是记载了柬埔寨国名称呼在中国的变迁：“其国自甘孛智……万历（1573—1619年）改为柬埔寨。”

扶南是第一个出现在中国古代史籍上的东南亚国家，也是出现频率最高的国家。中国正史最早提到扶南的是《三国志吴志（卷47）·吴主传二》，其中记载：“吴主赤乌六年（243年）十二月，扶南王范旃遣使献乐及方物”。《三国志吴志（卷15）·吕岱传》中还有记载，吕岱曾“遣人从事南宣国化，暨缴外扶南、林邑、堂明诸王各遣使奉贡”。交州刺史吕岱所遣派的使者，为从事朱应及中郎康泰二人。据考证朱应可能撰有《扶南异物志》一书，可惜没有流传下来。这应该是中国最早派往柬埔寨的使臣。此后，《晋书》《宋书》《南齐书》《梁书》《陈书》《南史》及以后一些中国的古籍史书中，均能发现关于扶南的记载。当时的扶南国已经能够修造用于水上航行的大船了，与各国的交往也不断增多。《梁书·扶南传》中记载：“蔓勇健有权略，复以兵威攻伐旁国，咸服属之，自号扶南大王。乃治作大船，穷涨海，攻屈都昆、九稚、典孙等十余国，开地五六千里。”说明当时的扶南不仅是陆权国，而且是控制了中南半岛的海权国。能够组织起这种大规模的海上远征，在东南亚历史上是罕见的。《梁书·扶南传》曾对扶南国的疆界进行了这样的描述：“在日南群之南，海西大湾中，去日南可七千里，在林邑西南三千余里，城去海五百里，有大江广十里，西北流东入于海。其国轮广三千余里，土地洿下而平博。”其中的大江是指澜沧江下游的湄公河，自西北向东南流入大海。这个疆界与现今柬埔寨的疆界相去甚远。晋代与扶南国交往较多，也传出了不少的趣闻轶事。西晋时，西晋武帝泰始初年，扶南国王曾遣使纳贡，西晋武帝太康年间，再次遣使纳贡。东晋时，扶南国王竺旃檀于也渐于东晋穆帝升平初年，遣使奉表贡献驯象，从未见过大象这种动物的晋朝皇帝大为吃惊，认为“殊方异兽，恐为人患”，竟又以“此物劳费不少”为由，下诏让扶南使臣携带这个庞然大物返回了扶南。

从五代到隋唐，扶南国一直和中国的各朝代保持着交往关系。唐代前期，扶南分为两个部分，南部叫水真腊，北部叫陆真腊。至唐代中期，陆真腊和水真腊合并疆域包括现今老挝、越南的一些地方。一直到元代，中国与真腊（后叫占腊）地区都保持着来往。元朝周达观的《真腊风土记》是今天知名的记载当地风土人情的著作，也是这一阶段双方人员交往的产物。

暹罗是中国对现东南亚国家泰国的古称，《元史》称之为暹国。早在远古时代，在今泰国的领土上便已经有了人类生息繁衍的踪迹。早在西汉平帝元始年间（公元1—5年），朝廷曾派使者远航，由印度绕行，途经暹罗湾时到达过现今泰国的南部，这是较早的中国与泰国官方交往历史。民间的贸易交流应该还要早一些。东汉至隋唐，泰国也与当时朝廷有政治联系。当时的盘盘国曾经多次遣使到南北朝各朝廷，送来的礼物包括有象牙、画塔、舍利，以及沉檀等各种名贵香料。自唐宋到元明时代，中国与泰国一直保持着密切的关系，泰国中部堕罗钵底国在唐朝时也曾经派遣使者来到都城长安，交换国书，送来了象牙、火珠、白鹦鹉等礼物，返回时则带去了堕罗钵底国向唐朝要求的良马和铜钟等礼物。另外据记载，中国第一次正式派出使者访问泰国地区应该是在隋朝的大业三年（607年），使臣带着大批礼品出使当时的赤土，即现在的泰国南部宋卡地区，受到隆重接待。赤土国王也命王子携带文书和金芙蓉冠、龙脑香等礼物随船回访中国，一时盛况空前。

宋朝时中国与泰国有着频繁的贸易关系。当时从泰国地区到福建泉州的航线上商船往来密切，交往频繁。到元末明初，从真腊分裂出来的“罗斛国”（即阿瑜陀耶（大城）王国）征服了“暹国”（素可泰王国），1296年，周达观作为元朝使团成员出使真腊（柬埔寨），写了著名的《真腊风土记》。在这部书中首次用“暹罗”来称呼泰国地区的国家。

第三章　海上丝绸之路上的“国际旅游共同体”

20 世纪 90 年代初，爱德华·卢特沃克、理查德、索罗门、卡尔罗·让等人的“地缘经济学理论”一经提出就得到学者关注，被认为是对传统的地缘政治学说研究的拓展与深化，甚至还有学者认为，由于经济因素的作用已上升为主要的地缘发展要素，事实上地缘经济已经取代了地缘政治。在新的世纪里，政治对峙与军事对抗已让位于经济关系与经济利益的博弈，成为全球关系的主流与发展趋势。当然，更多的学者坚持认为，地缘经济因素与地缘政治因素同时在世界发展中发生作用，地缘经济既不从属于地缘政治，也不会完全取代地缘政治。

人们将因地域上的连接而产生的经济关系称之为地缘经济关系。这种关系在区域旅游上的表现尤其值得我们关注——区域旅游活动的进行和完成本质上就是基于地缘的连接与连通。那么，基于地缘关系的区域旅游有什么特点？与传统的经济合作关系是否存在差异性？国际旅游活动已经存在大半个世纪，那么，是否可以用“国际旅游共同体”的概念概括已经存在的国际旅游交流活动？这些都是本章关注的重要问题。这些问题的提出与解决对于正在进行的海上丝绸之路的旅游合作有着重要的意义。

第一节　基于地缘关系的区域旅游合作

自 20 世纪 90 年代以来，世界经济进入加速发展的时期。在蓬勃发展的浪潮中，新经济的迅猛发展十分引人注目。随着全球化的影响不断加深，全球化进程也不断加快，越来越多的国家和地区被这种浪潮所裹挟，主动或非主动地进入到这种发展大势之中。世界经济全球化的高级形式无疑是经济的全球化，带来生产要素在全球范围内快速流动，并使得世界经济空间格局也发生了巨大的变化。在这样的背景下，区域经济合作也取得了突飞猛进的发展，对世界经济产生了巨大影响。

一、全球化发展的变迁与地缘经济合作

全球化是20世纪全球经济社会发展中的重大事件，是全球社会生产力和科技发展的客观要求和必然结果。它的概念与定义种类多样，一般认为包括了全球经济、文化、生活方式、价值观念、意识形态等各方面的全球交流与融通。不可否认，全球化给各国的经济发展带来了契机，各国可以更加充分地利用外资，资本的全球流动障碍减少，科学技术和管理经验也得到更大范围的传扬。对发达国家来说，能够为大量的剩余资金找到投资渠道，提高资本获益的可能，同时又能够转移淘汰的产业，提升本国产业层级，更重要的是能促进本国金融市场的完善，一举多得；而对急于寻求经济发展资金、获得管理技术的发展中国家来说，也能较方便地获得发达国家的转移资金，发展国内工业，并帮助解决剩余劳动力就业问题，同时也有利于发展中国家金融发展，对国家的经济转型有益。在这样的背景下，一时间，全球化得到大力追捧，全球化的浪潮席卷全球。

与此同时，全球化所带来的问题也十分突出。从经济层面来看，全球化无疑加快了社会财富的增长，但发达国家左右了国际经济的“游戏规则”，带来利益分配不均衡的问题，拉大了南北贫富差距，使得南北矛盾更加突出。资本的自由进出对规章制度建设相对匮乏的发展中国家来说，会带给银行金融系统较大的压力，银行呆账、坏账率加大，增大了各国经济运行的风险。尤其对处于弱势地位的发展中国家来说，全球化对各国的经济主权和经济安全带来挑战。即使在发达国家里，由于采用高新技术或产业转移带来了经济结构的升级变化，也使相当数量的中低层劳动力和广大民众的就业机会受到损失，失业率增加。在这种情况下，形形色色的贸易保护主义出现。另一方面，全球化过程

中对资源的不当索取使得各发展中国家的环境问题频出，可持续发展受限，从而导致社会不满。从社会政治层面来看，少数发达国家借全球化之机实行单边主义，向其他国家强行推行自己的价值观、社会制度、经济制度。经济全球化对这些国家的影响已远远超出了经济领域，涉及政治、文化、道德等领域。从全球化与发展中国家的关系来看，全球化不仅仅影响各国之间的经济利益和经济关系，更影响和涉及更为复杂的政治制度、意识形态和文化观念等领域的冲突，塞缪尔·亨廷顿所言的“文明的冲突”问题凸显。甚至有人认为这些冲突是恐怖主义产生的温床。2008 年，全球性的金融危机对世界经济带来了大面积的影响。

在这样的背景之下，“去全球化”趋势开始出现。2006 年，日本著名管理学家大前研一在他的《无国界的世界》一书中就曾形象地指出了全球化的精髓：国家边界开放，世界变小；贸易发展，跨境投资上扬，国际移民增加，全球交流网络联系紧密。近些年来出现的“去全球化”现象则刚好与大前研一的总结相反。当今世界出现了贸易保护主义抬头，全球贸易缩水，经济增长放缓和失业率上升的情况，许多国家的民族主义情绪激烈，反移民情绪抬头。

中国快速发展应该是经济全球化的结果，换言之，全球化进程的加快也同时带来中国的崛起与繁荣。从全球化的角度来看，虽然中国的发展动力来自自身的改革动机，但经济的发展也借助了全球化带来的外生增长方式。也就是说，全球化带来的外生增长方式对中国经济发展的影响远远大于由于自身积累而产生的内生发展模式的影响。但与此同时，全球化也导致了中国崛起的先天性基础问题和发展的矛盾性，这些问题在区域旅游的发展上也有体现。

二、地缘经济与区域旅游合作

区域旅游活动在地缘经济中占很大比重。这是由于旅游活动在世界经济活动中十分活跃，而且地缘经济的便利性使得旅游活动在具备地缘优势的地区发展得更为全面。

学术界一般认为地缘经济具有以下特点：一是强调国际经济关系的地缘性。即使是在现当代社会，人类在地球上的各种活动也受到地理条件的限制，包括国家或地区在不同地理环境中的活动，总体来说，一个区域和其他国家之间的合作与经济活动总是趋向于选择相邻地区或空间距离更近的区域。二是出现区域化和集团化的趋势。以美国为首的北美经济集团、以德法为首的欧洲经济集团以及以日本和新兴的中国为首的亚洲经济集团成为全球经济发展的三个主要区域经济集团。三是跨国公司和跨国企业成为地缘经济中最有活力的因素，区域间的经济活动主要由它们完成。

第二次世界大战结束之后，饱受多年战争苦难的各国人民开始享受和平的阳光，旅游活动逐渐成为人们和平时期的重要的生活方式之一。分析起来，二战之后国际旅游业的井喷式的发展除了旅游活动发展的自身的规律之外，与大型宽体喷气式飞机的出现是分不开的。尤其是对于跨境的远程旅游活动，飞行器之外的任意一种交通工具都无法承担这样的任务，能够承载百人以上甚至更多的人进行长距离飞行无疑只有喷气式飞机才能完成。交通工具的改善让远程的国际旅游交往活动有了更好的发展契机。以中国为例，区域旅游的概念在中国的提出是20世纪90年代以后的事，目的是更好地对中国区域旅游的发展开展理论和实践活动。实质上也是借鉴国际区域旅游的发展经验来应对国内旅游的问题。区域旅游得以发展的前提条件，是区域内存在旅游的内在需求。区域旅游涉及多个参与主体，一段旅游活动的完成需要首先帮助游客进行空间的位移，交通无疑是实现游客空间移动的技术性载体。

除此之外，区域的管理问题也成为区域旅游发展的制约性因素。在国际区域旅游领域，经济的发展与人们的可支配收入、可支配假期等对跨境旅游的影响很大，但更为基础的条件是区域的行政管理与区域间的进出机制问题。对于涉及进出境的旅游活动，各国相关的海关政策成为重要的影响因素甚至是可以“一票否决”的条件。另外还有一个因素是市场的形成与分割问题。区域间旅游活动的形成与发展既有历史因素也有现实因素影响。需要说明的是，现在国际旅游市场为方便统计，传统上分为六大旅游市场，即欧洲市场、美洲市场、非洲市场、东亚及太平洋市场、南亚市场以及中东市场。而一个真正成熟的区域旅游市场的形成则受到很多因素的影响和限制。

近年来，区域旅游研究逐渐成为学者们关注的重点领域之一。在旅游实践中，区域旅游的价值主要在某一特定区域内，通过合理的区域旅游发展策略，开发、发展、提升该区域所能带来的旅游效应，为该区域的旅游经济整合与发展提供借鉴与参照，进而提升整体区域经济发展水平。任何一个重大国家战略的制定都有其历史的沿革和现实的因由。“一带一路”构想的提出，最初被认为是中国为摆脱战略困境而做出的南下、西进地缘策略安排。虽然国际、国内对中国“一带一路”倡议的解读各异，但大都认为这必将是中国未来国家发展战略的主体构思之一，其他的战略从格局上都将从属于这一战略构想。

地缘经济战略的实施必然有其相应的地缘经济活动，同时具备时空拓展的可能性。近几十年来中国东盟双边贸易的发展将这种可能性变成了现实。而“一带一路”战略的提出使得中国与相关国家的地缘经济关系得到更为广泛的关注。

第二节　国际旅游共同体的提出与建立的基础

“共同体”作为一个基本的社会学概念，其内涵与外延也在当代得到了扩展。一般认为，共同体（Community）一词从社会（Society）概念中分离出来，作为一个基本的社会学概念，最早可以追溯到德国社会学家菲迪南·腾尼斯，他在1887年发表了《共同体与社会》一文，文中将共同体界定为：拥有共同事物的特质、相同身份、相同特点的感觉的群体关系，是一种基于自然基础、历史基础和思想积淀的联合体。本意是具有共同生活方式的生活共同体，腾尼斯的这种表达凸现出认知中的血缘、感情和伦理因素，血缘共同体或亲缘共同体、地缘共同体和精神共同体是其表现形式。后来，波普兰（1979年）将Community定义为社区、社群以及在行动上、思想上遵照普遍接受的道德标准与社会准则而聚合在一起的团体，并认为其表现是具有共同利益的、平等和睦的关系联合体。

随着社会经济的发展，共同体的概念面临解体与重构，共同体概念不断被嵌入到新的语词中，如政治共同体、经济共同体、科学共同体、学习共同体、职业共同体等，越来越多地进入各种层次和类型的团体、组织乃至民族和国家的视野。在我国，旅游共同体的概念尚未单独提出，多数研究者将其放在经济共同体或利益共同体范畴进行研究。

一、共同体概念辨析与认知发展

共同体（Community）一词翻译成现代汉语有两种译法，一为共同体，二为社区，中国自20世纪80年代起开始进行社区建设实践，社区问题一度成为学术研究的热点。在很多研究中，共同体与社区的外来研究引用往往很模糊，甚至交替使用，一定程度造成了今天同一个英语单词在认知上的不确定。仅从字面分析，“社区”研究的视角更为中观或者微观，从研究角度来看，将Community仅仅理解为社区无疑缩小了研究范畴，这个概念本身所具有的深远内涵被弱化、淡化了。从国际研究状况上看，这种情况也一定程度存在，主要表现为对Community概念的认知差异。有学者做过统计，迄今为止，学术界对于共同体的定义五花八门，多达140多种。“一般来讲，共同体通常被描述为两种类型，一是地域性类型（如村庄、邻里、城市、社区等地域性社会组织），二是关系性类型（如种族、宗教团体、社团等社会关系与共同情感）；其中，共同体的关系性类型显得愈来愈突出。”（李慧凤等，2010）

首先来看地域性类型的描述。马克思曾经指出，“我们越往前追溯历史，个人就越显得不独立，从属于一个较大的整体”，对个人自由的重视与追求是近现代人类社会公民社会发育的结果。事实上，在人类社会很长的历史时期内，马克思的“个人从属于整体”的论述是适用的，尽管这种从属本身对应的是不同的“整体”——比如，家族、宗族、村落或社区等等。在这种类型中，人们对于共同体的理解更多地是从家族、邻里、城市、村庄等拥有共同活动的物质空间与疆域的视角入手，对这种类型特质的群体展开研究。这与前文提到的基于地缘关系而产生的经济学理论有着内在的关联性。本质上，这种描述是基于地缘范围进行的，在研究中这种认知能够便于确定研究范畴，理清研究问题的线索。因为，无论是用何种研究范式进行研究，都必须明确研究对象的概念边界与范畴。这也是多年来学者们尤其是我国的学者更多地是将这个概念放在社区范畴进行的一个原因。

随着社会实践的发展与认知的进展，Community 的概念内涵与外延不断拓展。在一些学者看来，以自然地域、血缘关系和情感联系为特征的社区研究，主要分析群体间合作、交流、习俗和宗教等，社区突出表现为以家庭、村落、小镇和城市为中心的群体，更多的是基于现实的自然的状态进行，没有更高层次的升华。这一研究思想与上个世纪的中国经济社会发展状况大致吻合，即在刚刚吹响经济变革的号角之际，人们的观察立足点只能是较为微观或者中观的事物，经济社会在社会财富急剧增长之下，呈现出渐变的特征，这个过程时间较长。而与之相适应的，学者认知与学术研究的深度也在此过程中有待拓展。

从本质上讲，地域性类型的社区或共同体是属于“人情社会”或“礼俗社会”的范畴。礼俗社会是费孝通在《乡土中国》一书中提出来的一个概念。这部书是根据费先生 20 世纪 40 年代在西南联大和云南大学所讲授的“乡村社会学”课程的内容辑录而成。它从社会秩序维持的角度提出的礼俗社会的概念，是相对于法理社会而言的概念。书中指出：“传统是社会所积累的经验。行为规范的目的是在配合人们的行为已完成社会的任务，社会的认为是在满足社会中各分子的生活需要。”他认为，礼俗社会的形成主要来自教化的力量，“礼并不是靠一个外在的权力来推行的，而是从教化中养成了个人的敬畏之感，使人服膺；人服礼是主动的。”

这种类型与上面提到的关系性类型有根本的区别。这主要表现在以下三个方面：一是维系的基础具备自然属性。群体的形成由于自然地域的因素影响，成员的关系依靠宗族、血缘、亲缘等自然因素维系。二是交往模式不具有现代公民社会交往的特点。体现为成员间的交往是亲密无间的，传统式的，交往的规制方法与宗法、氏族礼法相关联而非现代社会的律法；更为重要的是，地域性类型的边界清晰，与外界有着泾渭分明的界线，逾越者无论是由内而外还是由外而内，都不为这种类型所接受。这种类型的共同体基于自然条件而设，传统的社会交往方式与模式在其中发挥着重要作用。这种类型利弊各半。在当今社会基于这种类型的社区和联合体虽然不能完全遵循现代社会设立的礼法制度，但在一定条件下却能够有效地解决区域内存在的问题，甚至有可能在解决激烈冲突方面存在某种优势与便利。

表 3－1　共同体的两种不同类型的差异

	地域性类型	关系性类型
维系基础	具备自然属性	具备社会属性
交往模式	不属现代公民社会交往	现代公民社会交往
交往规制	传统的宗法、氏族、礼法	现代契约与伦理
边界范畴	边界清晰，具有排分性	跨越边界，没有排他性

再来总结一下关系性类型。这种类型是基于共同的种族、宗教信仰、社会团体等社会关系与共同情感而建。这种对于共同体的理解超越了地域的限制与边界，是基于情感认同、精神认同与价值认同的群体。虽然在组成上与地域类型有共同点与交叉之处，比如，地域类型也受宗教价值观的影响，但其形成的渊源与关系性类型有着本质差异，更多的是受到地域条件的影响而形成的家族、宗族、村落与居住地的共同观点，而非现代意义的在平等教育理念下形成的个人世界观和价值观的选择。因此，有理由认为，关系性类型有着较地域性类型更广阔的社会认知基础，其交往模式更符合现代社会公民交往的特质。更为重要的是，与传统的礼法、价值观与宗法伦理相比，现代契约与伦理拥有更加文明与进步的伦理道德与政治法律基础，在共同体运行与规制方面更容易提出为各成员所认可的条例与要求。

根据以上论述可以认为，对共同体概念认识的不断深化对于区域合作有着重要的意义，有利于将人类自工业文明以来获得的共同价值观的成果在区域协同合作尤其是旅游合作上进行充分体现。

二、国际旅游共同体建立的基础

或者我们可以借鉴腾尼斯对共同体的定义来界定国际旅游共同体，即拥有共同的旅游活动特质、相同身份、相同特点的从事旅游活动的群体关系，是一种基于自然基础、历史基础和思想积淀的国际旅游业联合体。这种联合体具有地缘关系的可连通性。

旅游在现代社会发展进程中的作用十分独特。它既是一种社会经济现象，又是一种社会文化现象。因此，旅游的发展也必然会随着社会经济和文化的发展变化而改变着。旅游业表象背后所折射的一定是这一区域的社会经济与文化传统的本质问题。本质上，国际旅游业对区域协同的要求更高，现代国际旅游业的快速发展受到社会因素、文化因素与经济因素的多重影响。从这个意义上讲，相应的社会、文化与经济基础在国际旅游共同体的形成中必不可少。

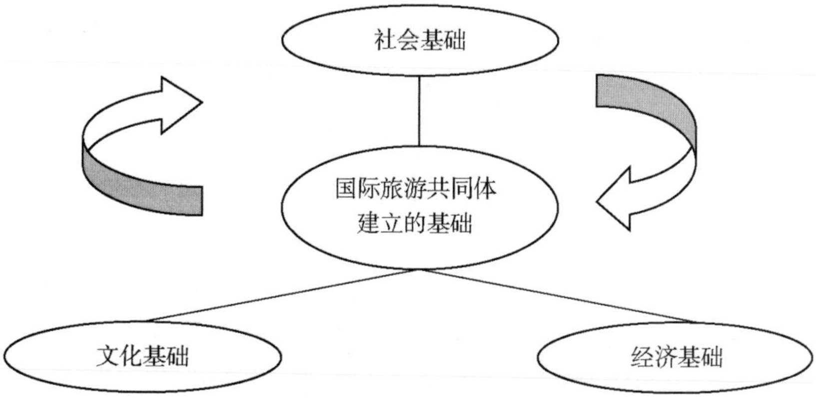

图3－1　国际旅游共同体建立的基础

首先来看国际旅游共同体建立的社会基础。二战结束之后，国际环境发生了根本的变化，和平与发展需求成为世界的主流。虽然在1947年至1991年之间，冷战的阴云一直笼罩世界，以美国为首的北大西洋公约组织代表的资本主义阵营，与苏联为首的、华沙条约组织为代表的社会主义阵营之间的政治、经济、军事领域的争斗与对峙时有发生。但总的来说，世界大战的风险降低，出现了相对和平与安宁的社会环境。在这种情况下，全球经济的发展也因此具备了良好的外部的条件，加之同时期科学技术水平不断提高，人民的生活水平在战后得到了很大改善。旅游活动产生的两大基本条件——闲暇的时间与可支配的收入开始在许多国家产生。经历过战争苦痛的人们比以往任何时候都更加珍惜和平宁静的生活。旅游活动的需求因素和动机因素同样具备。不过，国际旅游业的发展还有一个特殊的要求，那就是能够在短时间内完成较长距离的游客的位置移动。虽然喷气式飞机早在二战期间就已出现，但真正实现民航飞行则是在英国设计了世界上第一架喷气式民航客机“彗星”号，并于1949年完成首次飞行之后。从那以后，人类航空史进入了喷气机时代。适时推出的大型宽体喷气式飞机使得大量的、远距离的人员运输成为可能。而旅游活动也在社会发展过程中逐渐成为人们能够接受的消费活动。国际旅游业的发展在这样的背景下呈现井喷的发展态势。

国际旅游共同体建立的文化基础也十分重要。众所周知，文化具有最广泛、最具人文意味的内涵，被认为是人类社会物质文明与精神文明的总和，属于社会历史现象的总和。一种文化现象的产生必然与一定的社会历史时期和相应的地域相联系。国际旅游共同体是能够完成完整的跨区域旅游活动的联合体，共同体内部具有相同或类似的文化积淀，因而区域文化体现为特定区域的文化传统，这种传统源远流长，独具魅力，能够长久传承而且至今仍在发挥作用。文化包括了独特的民俗、生态、宗教、传统、习惯等文明表现。能够产生和形成共同体的区域大多在历史发展方面具有某种相联系或共同的脉络，甚至相当长时间的交集存在。能够产生和孕育相似的或相近的民俗和社会风范，宗教传统也有共通的地方，在旅游交往活动中能够产生亲切感与亲近感，形成旅游心理学所诠释的“旅游吸引力”的一种形式。

再来看经济基础。随着世界经济的快速发展和各区域内部社会结构的变迁，旅游目的地和旅游客源地的需求和利益也出现分化和多元化。从经济学的层面来说，就产生了产品供应与产品消费的协同问题，即如何协调规制旅游产品各生产要素之间的关系，规范各方利益与需求，保持区域旅游发展的可持续性。从旅游供求关系上来看，一方面，旅游客源地提供旅游消费者，出现旅游产品的购买需求；另一方面，旅游目的地及其交通沿线提供食、住、行、游、购、娱等旅游服务及相关产品，完成旅游者的各种旅游需求。在这个过程中，旅游活动所需要的生产和消费过程较之其他实物产品更加复杂。由于这一地区存在密切的经济交往活动，使得旅游活动的开展有着完整而成体系的企业活动基础。加上旅游产品存在无形性，其生产与消费同步，因而对提供各种旅游服务的部门和企业的协同性有着更高的要求。这是国际旅游共同体存在的物质基石，如果不为社会交往和社会消费所需要，共同体的存在也就失去了意义。

第三节　中国与东盟：海上丝绸之路上的国际旅游共同体

海上丝绸之路战略的提出和实施为中国与沿线国家的旅游交流活动提供了更广阔的舞台。诚然，这个舞台涵盖面非常广泛，旅游活动只是其中的一个部分。但旅游的社会属性与文化属性告诉我们，旅游是现代社会人们完成自我价值认定与自我价值提升的重要消费途径，旅游理应在海上丝绸之路战略中发挥更大的作为。海上丝绸之路是个包容性极大的概念，能够为沿线旅游活动的开展提供无尽的创意与想象空间。中国与东盟应该成为这一空间内璀璨的明珠。

一、海上丝绸之路战略与国际旅游共同体

首先来看海上丝绸之路战略的核心要旨。21 世纪的“海上丝绸之路”战略是中国“丝绸之路”战略的重要组成部分。其战略核心是：依托中国与东盟国家自由贸易区的建设，将中国和东南亚国家的临海港口城市联系起来，进而辐射到沿海及各区域内部。战略的整体构想是加强中国与中亚国家、东南亚国家及其他沿线国家的联系，推动中国同海上丝绸之路沿线国家的合作，整合和提升沿线地区经贸水平及各项社会生产力的发展水平，最终实现区域内国家和地区的共同繁荣和发展。“海上丝绸之路”也是中国国家海洋战略的重要组成部分。2013 年 10 月，中国国家主席习近平在东盟成员国印度尼西亚的国会发表了题为《携手建设中国—东盟命运共同体》的讲话，被认为是中国政府的“一带一路”倡议文件形成的一个重要文献。随着国家实力的增强与海洋权益意识的提升，中国比以往任何时候都更加关注海洋权益与海洋经济的建设。尤其在当今复杂的政治经济环境之下，充分利用经济外交等柔性手段发展同周边海洋国家的经济贸易关系，建立互利共赢的国家之间的关系，从根本上改善目前面临的战略困境，为今后中国的发展营造良好的周边经济环境与国家安全环境，建立稳固的战略后方，尤其是避免与域外大国发生直接的战略冲突，冲破所谓几大岛链的围堵，实现国家的真正意义上的长治久安。

海上丝绸之路的建设与中国—东盟国际旅游共同体存在战略契合点。这一契合首先体现在融通与沟通模式上。“沟通”与“联系”是“海上丝绸之路”与国际旅游共同体的共同关键词。根据“海上丝绸之路”设想的合作模式，有效依托已有的区域合作而进行，即将中国—东盟自由贸易区的建设与运作作为合作的基础，在基础设施建设、交通、能源合作、农业、旅游等领域开展广泛的全方位的经济合作和交往。而旅游活动十分特殊，需要完成游客身体的位置移动、多个景点（区域）、多个部门协调配合才能完成，是所有产业之中对人流、物流、资金流、信息流的传输要求最高的行业，一旦旅游活动开始进行，便是区域融通与交流中最活跃的部分。没有沟通与交流的旅游活动是不存在的。而且海上丝绸之路因素的介入也将会拓展沿线区域的旅游活动的半径与纵深，为旅游交流提供更为广阔的社会认知空间与文化想象空间。其次，中国与东盟国家在安全与发展观上存在契合点。自20世纪80年代开始，中国一直坚定地实行改革开放政策，这是中国和平发展战略最重要的体现。尤其是在1991年之后，冷战格局解体，中国很快与东盟建立了对话伙伴关系。这一切与东盟国家奉行的合作安全观或均势安全观没有冲突，在一定的历史时期还成为双方进一步合作的战略契合点。1997年，东南亚金融危机爆发，东南亚国家的经济遭受了严重打击。在危机时刻，中国政府又率先承诺人民币不贬值，不通过货币贬值刺激出口，使得东南亚国家的经济免除了雪上加霜的危险，大多数东盟国家对此表示了好感和信任。

2001年中国加入WTO（世界贸易组织）之后，为了打消东盟国家对中国出口产品的顾虑，由当时的中国政府总理朱镕基首先倡议，中国和东盟签署自由贸易区协议。2002年中国和东盟在柬埔寨首都金边签署了《中国东盟全面经济合作框架协议》，紧接着，2003年中国又签订《东南亚友好合作条约》，成为首个与东盟签署这个条约的域外大国。由此可见，中国与东盟国家之间在安全合作上存在共通之处，这是国际旅游共同体建立的战略基础和支撑。

二、国际旅游共同体产生的可能性分析

在亚洲建立一个统一的国际旅游共同体具备历史的和现实的可能性。首

先，亚洲的共同体之梦由来已久，不能否认已经产生的共同体实践与共同体想象的作用。业已存在的为建立共同体而进行的探索与追寻过程十分宝贵，将为国际旅游共同体产生提供难得的思想财富与社会认知准备。事实上，多年以来，共同体的话题在亚洲地区甚至东亚地区一直为人们所关注，很早就有人开始从本地区的角度提出亚洲区域联盟的问题。由于亚洲的社会历史宗教情况非常复杂，牵扯面很广，与欧洲的状况有很大差别，在短时间内谈论亚洲联盟的问题是不现实的，因此对于区域联盟的设想主要放在东亚地区。

“东亚共同体”当然是建立在参与方拥有共同利益和共同认知的基础之上的，基于地缘关系的东亚各国通过长期的相互磨合，最终完成一体化进程而建立的区域联盟体。事实上，在东亚建立一个贸易共同体的想法由来已久，从20世纪40年代开始，东亚的日本便产生了在东亚建立“大东亚共荣圈”的设想，并不惜为此悍然发动了侵略战争。日本希冀凭借其卓然于亚洲的军事、经济和政治力量，建立亚洲一体化的区域合作，彰显日本的实力。当然，这一想法随着日本在太平洋战争中的失败而结束。

20世纪90年代初，“关税与贸易总协定”多边贸易谈判在少数发达国家的把持下进展十分缓慢。面对全球化进展加速的局面，当时的马来西亚总理马哈蒂尔·穆罕默德（Mahathir Mohamad）提出，东亚国家应该联合起来应对全球化与世界经济一体化的考验。1990年12月，在“关税与贸易总协定”乌拉圭回合谈判陷入僵局之后，马哈蒂尔倡议成立“东亚经济集团”（East Asian Economic Group，EAEG）。马哈蒂尔的倡议是东亚联合的第一次大胆构想，但在当时的历史条件下并未得到其他国家的广泛支持和反响。因此，他的倡议一直并没有得到实质性的进展，而是一直都处于构想阶段。虽然“马哈蒂尔倡议”搁置下来了，但这个倡议从主权国家的角度明确提出了东亚合作的创意与设想，即提出了作为区域组织成员的东盟与中日韩三个东北亚国家的可能合作模式。有学者认为，后来的东盟+1与东盟+3合作实际上践行了“马哈蒂尔倡议”的精神与内核。到了2009年12月，日本邀请时任中国国家副主席的习近平对日本进行正式访问，当时的日本首相鸠山由纪夫再次提出了建立东亚共同体的想法。或许，中日两个东亚大国未来的合作与博弈中会为东亚的新型合作找寻一条不同既往的道路。当然，鸠山首相提出的“东亚共同体”全然不同于以往的想法，最重要的变化是成员扩展到了东南亚各国、南亚的大部分地区，中日韩三国在这种构想中是核心的中坚力量。

国际共同体的另一个现实的可能性是成熟的区域共同体的存在与影响。随着全球化与区域化的进程加快，尤其是成熟的区域联盟的发展，给在世界区域经济版图上属于“后发”的东亚地区很深的启发。尤其是欧盟的发展，给了东亚地区更大的遐想。1993年11月1日，欧共体1991年签订的《马斯特里赫特条约》正式生效，欧洲联盟正式成立。至此，欧洲三大共同体纳入欧洲联盟，标志着欧共体从经济实体向经济政治实体的成功过渡。尤其是2002年1月，欧盟的统一货币开始正式流通并进入国际金融市场，使得欧盟这一区域组织的影响达到顶峰。

在本世纪初，欧盟如日中天的发展让人们十分乐观，当时人们很难去设想，欧盟在大力扩张之后会出现如此之多的社会、政治和经济问题，也没有完全预想到“去全球化”趋势下欧盟的核心成员英国会在2016年最终完成“脱离欧盟的全民公投”。英国的这一动作会对今后欧盟及全球带来什么样的影响还很难评估，但可以肯定的是，由于英国的退出而产生的“多米诺骨牌”效应，将损害欧洲一体化进程，削弱欧盟的实力，同时也给愈演愈烈的“去全球化”的浪潮增添了助力。

三、中国—东盟国际旅游共同体建立的基础

中国与东盟近年来的各项合作与交流活动十分频繁。双方已互相成为各自重要的贸易伙伴，中国作为全球第二大经济体，现在已成为东盟最大的贸易伙伴。据统计，2015年中国与东盟地区双方旅游互访人数超过2000多万人次。与此同时，2016年中国与东盟贸易总额已达到近5000亿美元，双方的贸易依存度较高。东盟与中国双方商定，要力争在2020年将双边贸易额翻一倍，达到1万亿美元。

在国际社会运行过程中，共同体的实践已经经历了一段很长的历程。上文中提出了国际旅游共同体的概念并加以探索与分析，讨论了共同体发展的历史

背景与理论基础，希望能够帮助我们更好地审视中国与东南亚国家之间的旅游关系。下面将从区域内外部的环境条件、区域文化与社会心理以及区域化与全球化的关系三个方面来分析中国—东盟建立国际旅游共同体的基础。

先分析中国和东盟各自面临的内外部环境条件。从外部条件上看，中国和东盟面临相似的发展环境。世界旅游市场正在东移，中国和东南亚地区各自都具有旅游业发展的先天优势，完全有能力吸引世界各国的游客到访。区域内与区域外的旅游人流一直源源不断地向本区域涌来，成为旅游业发展的可贵的客源基础。更重要的是，随着人们对世界经济发展认知的不断升华，中国与东盟各国也都做好了迎接旅游财富、发展旅游产业的准备。

内部条件是事物发展重要的内在推动力量。在建设中国—东盟国际旅游共同体的过程中，“一带一路”战略的提出为这个设想增加了助力。近四十年的改革开放历程使中国迅速成为国际社会中令人瞩目的力量。从经济领域开始的全面革新让古老的中国焕发出新的生机。随之而来的政治、军事变革也全面推动，深刻地改变了中国人的生活水平与行为方式，尤其是消费行为的变化，使旅游产业在中国的蓬勃发展有了坚实的社会基础。20 世纪 80 年代之前，旅游在中国的社会中是个稀罕的名词。多数民众在相对匮乏的生活之中没有机会享受旅游的乐趣，用旅游经济学的观点来看，当时中国民众的生活水平很低，不能满足旅游动机产生的条件，尤其是可自由支配的收入有限，闲暇时间也不多，中国没有大众旅游产生的土壤。经过几十年的努力，中国的发展变化很大，旅游业也在经历了国内游、入境游的发展历程之后，迎来了出境旅游的黄金时代，旅游服务贸易成为第三产业中重要的门类。在中国，几乎所有的省、市、自治区、直辖市、计划单列市都将旅游作为自己的重要或支柱产业，对旅游产业给予了从未有过的重视与扶持。中国人也越来越将旅游活动作为生活水平提升、消费能力提升的重要标志，旅游活动也正在由初级单纯的观光、探亲游逐渐向度假休闲游、深度游转变。总之，中国目前正处于旅游发展的爆发式增长期，虽然面临旅游产业结构调整的问题，但发展势不可挡。从这个意义上说，中国旅游业的发展迎来了绝佳的发展时期，天时、地利、人和的条件一应俱全。

与中国的情况很相似，东盟各国也都面临着同样的内部发展契机。一方面，各国希冀以旅游产业为支点，发展各国的第三产业，推动国家经济发展。新加坡、泰国等旅游业较发达的国家希望提升旅游产业的层级，完成产业的升级换代，并用以带动旅游业相关产业的发展；而东盟的其他国家，尤其是柬埔寨、缅甸、老挝等旅游业欠发达国家，更是希望将旅游业作为提振国家经济、解决民生就业等问题的途径，在政府规制与政策协调上给予旅游业很多的发展空间与优惠条件。另一方面，旅游产业强大的带动作用也在不断刺激各国企业参与到旅游业的发展当中来，成为区域活动开展的重要的支撑力量。

区域文化与社会心理的分析是国际旅游共同体建立的又一个重要条件。邵峰（2008）在对东亚共同体建设可能性进行分析时认为，“心理需求大而物质条件不充分”，东亚区域内部情况很复杂，发展程度各异，虽然各国大多表现出了对建设东亚共同体的愿望，但现实的物质条件还不具备，因此在现阶段谈论共同体建设是雷声大、雨点小，实质化的进程难以推进。但是，国际旅游共同体与全方位的共同体建设有所不同：它并非全方位的区域合作，只是区域合作的一个方面，即区域旅游合作。这种合作当然需要一定的物质条件作为支撑，但并非需要万事俱备才可能进行。相反，由于旅游合作本身也可选择不同的合作层级进行，国际旅游共同体的建立能够作为全方位区域合作的先行棋率先进行，既可以在进程中逐渐完善原先所不具备的物质条件，也能够在合作中发现问题，改进现有的条件。

也有学者对中国与东盟之间存在的文化与价值观差异心存担忧。他们认为东盟地区的文化差异性太大，民族、种族复杂，世界三大宗教伊斯兰教、佛教、天主教等在这里都有根深蒂固的存在，要完成与这样多元化区域的合作很困难，缺乏共同的文化基础。这种看法看似有一定道理，实际上是只看到了差异性的一面，而没有看到共同性的一面。诚然，中国与东盟国家的确存在文化差异，但区域文化中的共同点也源远流长。首先，中国与东盟各国同属蒙古利亚人种，经过漫漫历史长河的浸润，民族融合，相互来往，交流增多，史缘、亲缘关系深厚；宗教的因素虽然复杂，但在长久的发展历程中，各宗教之间多数时候能够和平共存，历史上发生宗教冲突的时间非常之少。更为重要的是，虽然中国与东盟有着不同的宗教文化传统和现实社会民情表征，但归根结底东方的哲学和价值观深入民心。以儒家学说为代表的东方价值观是一种有别于西方价值观的，以家庭与血缘为重要纽带的世界观与人生哲学，表现为一种独特的亚洲价值观，即社会与国家高于个人，重视家庭的存在和作用，国家尊重个人但同时认为和谐比冲突更有利于秩序，最重要的是，亚洲价值观提倡各宗教和平共处，相互尊重。在《东盟政治安全共同体蓝图》中，东盟各国将“社会文化共同体”作为一个重要的蓝图指标提出来，并明确指出了东盟社会文化共同体的目标，那就是，建设以人为本、有社会责任感的共同体，持久提升东盟人民的团结，维护东盟国家整体性。同时，社会文化共同体致力于构建身份认同，建设和谐包容的社会，提升人民福利和生活水平。

在2004年第十次东盟首脑会议上通过的《东盟社会—文化共同体行为计划》中对共同体的特征有以下的描述：（1）超越宗教、种族、语言、性别和社会文化背景障碍，每个人都平等地享有各种发展机会；（2）充分培养人的潜能，使每个人都能参与世界竞争，这对其福利和尊严至关重要；（3）通过处理贫困、和平等问题，以及给予那些可能会受到凌辱、忽视和歧视的脆弱群体——儿童、青年、妇女、老人、残疾人以特别关爱，来坚持社会和分配的公正原则；（4）保护环境和自然资源，使其可持续发展，为后代留下遗产；（5）公民社会为政策选择提供依据；（6）人民身心健康，生活在和谐与安全的环境中；（7）东盟公民通过历史联系和文化遗产的共同体意识相互交往，通过共同的地区认同结合在一起。[①]

儒家文化是中华文明的精髓，是中华文化的主流价值观和思想观念。儒家文化博大精深，孕育生长在中国，发扬光大也在中国，但影响力则遍及亚洲乃至世界。儒家学说的代表人物孔子、孟子等被中国乃至亚洲和世界奉为思想的先驱与文明的传播者，他们的学说与思想影响广泛。从这个意义上讲，中国和东盟地区在许多文化特质上具备同质性，在社会风俗、文明习惯、文化艺术等方面相联相通，而这些都是现代旅游的文化吸引物，是形成区域联合体的基石

① The ASEAN Socio－Cultural Community Plan of Action. http：//www. aseansec. org/16832. htm

所在。儒家学说的价值理性和工具理性将成为中国与东南亚建立国际旅游共同体的哲学基础与社会心理认同基础。

最后来看区域化与全球化的关系问题。东盟区域组织的建立是东南亚国家应对全球化的扩张，增加区域内国家团结，提升各成员国在国际事务中话语权的重要举措。近十几年来，由于欧盟和北美自由贸易区的建立和发展，人们大都认为，全球化尤其是经济全球化已成为世界发展的趋势，不可阻挡。不可否认，全球化加快了各国生产社会化和国际化的进程，极大地促进了社会生产力的发展，但同时存在的文化霸权主义和经济霸权主义也加剧了世界经济和政治的动荡和不稳定，加大了发展中国家和发达国家之间的贫富差距，使经济社会发展的不平衡性进一步扩大。相应的，区域化是弱小的国家和区域应对全球化负面影响的重要途径。发展中国家包括东盟国家在内，无不希望以区域联盟的力量来应对全球化的巨大影响，保持文化和经济发展的独立与稳定。2008 年金融海啸爆发以来，全球主义出现了减弱的趋势，被称之为“去全球化”（De-globalization），具体表现为世界经济出现了外资大举撤出、贸易额大减、保护主义抬头、国际劳工返乡潮等现象愈演愈烈，多个外向型经济体面临崩溃。加之国际恐怖主义与民族种族冲突加剧，一些地区如中东、非洲地区还出现了难民潮，严重影响了周边国家的社会生活，令这些国家十分头疼。在这样的背景之下，建立一个有历史承传和文化渊源的区域旅游产业共同体，一定程度上能够在全球化和区域化之中找到一个平衡点。加之旅游活动的空间位移的要求，区域性的旅游活动既能充分发挥中国与东盟的各自优势发展旅游业，又能规避全球化交流带来的诸多弊端。

当然，必须得承认，国际旅游共同体是从属于国际共同体的一个概念，其特殊性并不能让我们忽略共同体共性的存在。共同体在全球化进程中出现的问题也一定会在旅游共同体中有所体现，正如学者张锡镇（2007）所言：“历史上，东南亚从来不是一个相互联系的整体”“东盟是维护东南亚国家团结联合的黏合剂，成功地将一盘散沙的小国、弱国凝聚成了十国的大东盟”。东南亚仍然有一些国家对中国存在疑虑，担心崛起的中国会恢复在古代历史上曾经有过的朝贡体系。与多重特征的东盟建立旅游共同体也会遇到这样或那样的困难。但诚如前文所分析的那样，中国与东盟之间的旅游交流正在不断深入，旅游合作方式呈现出多元化的态势。从全球的角度来看，中国和东盟政治经济形势相对稳定，“以和为贵”的社会民众心理根深蒂固，为双边的旅游交流活动带来了可贵的发展契机，国际旅游共同体的实践有其重要的价值。

旅游活动最能彰显和平时期人们对自由幸福生活的追求。国际旅游共同体顺应了民众的需求，值得关注与推进。

第四节 “海上丝绸之路”倡议的反响与回应

“一带一路”是中国政府郑重提出的国家倡议。这个倡议涉及国家多，地域跨度大，沿线情况复杂。有人形容这个倡议好似“天方夜谭”，意即难以实现。无疑，倡议能否得到顺利实施，不仅与中国自身的战略实施能力有关，当然也离不开区域和沿线国家的积极响应。

一、东盟国家的反响与回应

新加坡南洋理工大学拉惹勒南国际问题研究院的学者林庆瑞、李明江曾对此问题做了一些总结和研究。他们将东南亚及南亚国家对中国的“21 世纪海上丝绸之路”倡议的反应和态度进行了分析归类，认为目前大致有以下三类态度：一是持高度积极态度。这类国家包括柬埔寨和老挝，它们同中国的联系紧密，并从中国的投资中受益良多，令其成为海上丝路倡议的支持者。这类国家还包括南亚的孟加拉国、马尔代夫和巴基斯坦。第二类国家持积极态度但有所保留。东南亚国家中的印度尼西亚、马来西亚、新加坡与越南对这一倡议持有谨慎的热情态度，但具体情况又有很大不同。比如印度尼西亚，这个东南亚最大的国家一直雄心勃勃，希望将国家建设成为“海上轴心”，发展强大的海军与海洋经济，尤其是在渔业、石油和天然气方面和中国进行合作。第三类国家的态度审慎，可以说态度中立或者说模棱两可，对中国倡议的态度可以说是公开中立。这类国家包括东南亚的缅甸和菲律宾，南亚的印度和斯里兰卡。它们都对海上丝路所体现的地缘政治意味表示关切，其国内问题也令这些国家未能全心全意地支持这一理念。两位学者认为除了经济利益的考虑，国内政治环境以及地区地缘政治因素也是影响各国对中国倡议反应的主要因素。他们的分析不无道理。2014 年，在广西南宁召开了第十一届中国—东盟博览会。本届博览会的主题是共建 21 世纪丝绸之路。中央政治局党委、国务院副总理张高丽在开幕式上就这一主题发表了演讲。应该说，这一倡议得到了较为广泛的回应。我们可以回顾一下各国的表态：

开幕式上新加坡表示热烈欢迎中国的倡议，期待与中国密切合作。新加坡总理李显龙表示："中国就进一步促进中国—东盟经济合作提出了一系列倡议，包括中国—东盟自贸区升级版建设，成立亚洲基础设施投资银行和共建 21 世纪海上丝绸之路。新加坡对这些倡议表示热烈欢迎，期待与中国密切合作，并就相关细节做进一步的探讨。"

老挝国家主席本扬在开幕式上表示，将共建 21 世纪海上丝绸之路作为本届博览会的主题极具开创性。他说："我对此次中国—东盟博览会'共建海上丝绸之路'的主题表示高度赞赏，我认为这一主题极具开创性，对加强中国与东盟地区各国间的合作具有重要的作用。海上丝绸之路的开通将给中国与东盟各国间的贸易、投资、文化、交流，乃至双方人民之间的友好交往带来极大的便利。"

泰国副总理兼外长他那萨在开幕式上表示，中国与东南亚国家的经贸往来及繁荣发展在很大程度上依赖海上互联互通。他说："我们对'共建 21 世纪海上丝绸之路'的倡议表示欢迎。我们希望能够看到东盟与中国能进一步加强在海上事务的合作，这是因为中国和东南亚的经贸往来以及繁荣发展在很大程度上都依赖于海上的互联互通。"

率团参加东盟博览会的印尼贸易部副部长巴育·里斯纳穆尔西表示：以海上合作为基础的互联互通对印尼来说非常有吸引力。"印尼是一个海岛国家，这种以海上合作为基础的区域内部互联互通对于印尼来讲非常有吸引力，这对印尼与中国两国的发展也会产生积极影响。所以印尼对这一倡议（建设 21 世纪海上丝绸之路）非常有兴趣，愿意同中方一起共同探讨实现这一目标的具体计划和措施。"

参加本届博览会的马来西亚前驻华大使、现任马中友好协会会长马吉德表示，共建21世纪海上丝绸之路一定会造福中国和东盟各国。他说："我认为这是一个创新性的倡议。它重现了中国与海上丝绸之路沿线其他国家之间的贸易历史。我认为，这有利于增强双方在经贸、文化、人员、投资等领域的交流。我相信'共建海上丝绸之路'一定会造福于中国和东盟各国。"

出席博览会开幕式的缅甸副总统年吞表示，海上丝绸之路将为东盟国家与中国在众多领域推进合作和友好关系创造新机遇。他说："我们认为，海上丝绸之路将为东盟各成员国与中国在众多领域推进合作和友好关系创造新机遇，特别是在基础设施建设和文化交流等领域创造更多的机遇。这也将有利于加强丝路沿线东盟国家和中国之间的经济联系，促进双边贸易和投资，打造中国—东盟自由贸易区升级版。我们对中方所提出的建设海上丝绸之路等倡议表示欢迎。"

2015年7月，越共中央总书记阮富仲对中国进行正式访问，取得圆满成功。阮富仲表示，越南正积极研究参与21世纪海上丝绸之路建设。另外，越南的学者对于双方在"一带一路"的合作也多持乐观态度。2016年6月，越南外交学院院长阮武松（Nguyen Vu Tung）在清华大学主办的第六届"世界和平论坛"上表示，"一带一路"倡议是中方提出的减少双方"信任赤字"的重要解决方案。"这对于解决我们两国之间信任缺乏的问题，也将是个有利的工具。"可见，大多数东盟国家表达了对共建21世纪海上丝绸之路倡议的积极态度，至少在政府层面如此。但由于各国面临的国内局势和国际局势各异，对于倡议也表现出不同的态度与想法。应该说，站在各自国家利益的角度，各国态度不同无可厚非。但是，我们也应该看到，无论是出于哪种考虑，人民追求幸福安宁生活的愿望是一致的。而21世纪丝绸之路战略正是践行和平发展与进步的重要倡议，我们应该有信心、有决心同时要有耐心去争取更多的支持。这种支持应该来自包括东南亚国家在内的所有域内、域外国家，共同走向繁荣和平之路。

二、其他域外国家的反响与回应

美国的反响与回应。美国无疑是世界上最重要的国家。中国最重要的对外关系中几乎每个领域中都有美国的身影。美国以其强大的政治、经济、军事、文化实力在东南亚地区也有着重要的影响，加之多年的经营和大量的投入，东南亚国家在安全上对美国的倚重十分明显。因此，虽然美国并非21世纪海上丝绸之路的沿线国家，但在全球经济政治格局中作用巨大，对东南亚国家的影响也非常大，对共建21世纪海上丝绸之路倡议的态度应该予以重视。

事实上，早在2011年，时任美国国务卿希拉里·克林顿在印度发表演讲，第一次明确提出“新丝绸之路”计划。后又将这个有关中亚、南亚的国家政策命名为“新丝绸之路计划”。其后美国又召集相关国家举行了多次会议，积极推动该计划。但由于后来国务卿换人，这一计划被搁置了，没有太多后续的进展。

据说希拉里当时将“新丝绸之路”定义为“一张能将这个长久以来因纷争和政治隔离而被撕裂的地区重新整合在一起的经济和运输网”，强调这一计划的联结和整合功能。尤其在中亚地区，形成一个连续的以基础设施建设为龙头的建设计划，将中亚、南亚国家连成一体，重心是将阿富汗打造成连接中亚、南亚地区的枢纽，促进这一地区区域经济一体化，推动市场化进程，让这一区域国家真正进入到美国的全球经济体系。更为重要的是，通过大力投入铁路、高速公路、油气管道、电网水网气网等基础设施建设，让这一区域国家朝向良性发展之路，从根本上消除阿富汗等地的恐怖主义根源，解除美国长期以来的最大安全顾虑。美国在当时也提出了各国共同参与的意念，甚至提出让区域内国家共同分享“过渡红利”。并强调，美国将在这一计划中发挥主导作用，虽然在地理范畴上美国不属于域内国家，但仍然有充分的理由担纲领导国家之职。原因有以下几点：一是美国具备强大的国家实力，能够将各国组织到一起并发挥作用。二是这一地区情况复杂，纠缠着历史、现实的各种矛盾，几乎所有周边国家之间都存在着复杂的民族、宗教冲突，难以调和，美国虽然是“域外大国”，但有能力领导各国，协调各种矛盾，让“新丝绸之路计划”能顺利进行。三是美国在这一地区利益重要，尤其是阿富汗地区，一直是美国关注的重点，被认为是全球恐怖主义的策源地之一，美国必须发挥领导作用，才能维护国家安全利益，彻底打击恐怖主义。最后一个原因最为敏感，这一地区在冷战时期曾长期是美国和前苏联争斗的战场，在美国全球战略中地位特殊，以“新丝绸之路计划”将这一区域纳入自身的发展体系中，解决长期以来困扰美国的能源问题、资源问题和安全问题，是一个一举多得的战略。

从以上分析可以看出，美国的“新丝绸之路计划”与中国的“一带一路”计划看似有战略重合的部分，但本质上有着不同的重心与发展策略。战略重合点主要在发展区域的设定上，美国“新丝绸之路计划”所涵盖的地区与中国“丝绸之路经济带”的陆上部分有重合的区域，但中国的计划更将中东与欧洲的国家也纳入了“丝绸之路经济带”，倡议构想更加宏伟。尤其是“21 世纪海上丝绸之路”建设的提出更是将太平洋、印度洋的广大区域内的国家纳入发展计划，共同分享中国改革开放的成果，气魄更大，倡议方针更具针对性。更为重要的是，中国的这一倡议是以区域内国家共同发展、共同繁荣为目标，以基础设施建设为切入点，以国家的信用为支点来进行，没有停留在口头承诺上，而是很快将倡议落在了实处：2014 年 12 月 29 日，丝路基金有限责任公司在北京注册成立并正式开始运行，首期资本金 100 亿美元。丝路基金是由中国外汇储备、中国投资有限责任公司、中国进出口银行、国家开发银行共同出资，依照《中华人民共和国公司法》，按照市场化、国际化、专业化原则设立的中长期开发投资基金，目的是重点支持“一带一路”发展进程中所需要的投融资服务。2015 年 12 月 25 日，亚洲基础设施投资银行正式成立，“这是一个政府间性质的亚洲区域多边开发机构，重点支持基础设施建设，成立宗旨在促进亚洲区域的建设互联互通化和经济一体化的进程，并且加强中国及其他亚洲国家和地区的合作，也是第一个由中国倡议设立的多边金融机构。”

与美国的“新丝绸之路计划”相比，中国“一带一路”倡议最大的不同在于，中国是“一带一路”计划的域内国家，计划的推行与发展与中国的国家利益息息相关，中国与“一带一路”上沿线的国家是同气连枝的命运共同体，最重要的是，中国无意输出自己的价值观与经济体系，与沿线国家的关系是平等协作的关系，而非领导与被领导的关系，中国不是站在区域外指手画脚的国家。美国的计划则已经有学者分析是借“新丝绸之路计划”提人权问题，输出美式价值观，其本质是“以经济支持换政治变革”、意在输出“美式民主”。美国希望将“新丝绸之路计划”上升为地缘政治经济战略，谋求美国在这一地区的经济社会发展中的主导权，这一意图即使在美国国内也有反对的声音存在。

基于以上分析，美国对于中国的“一带一路”倡议的反响较为复杂。一方面，美国认为自身最大的威胁主要来自中亚及南亚的恐怖组织等非国家行为主体，因此中国在这一地区还不能构成对美国的威胁，换言之，中国与美国的战略利益在这地区并不冲突，认为中国的战略与“新丝绸之路计划”在多个方面能够展开合作，尤其是经济、文化等领域。另一方面，美国对中国的计划也充满了疑虑。美国基于全球竞争和地缘政治的考虑，认为“一带一路”倡议拓展了中国外交空间，即陆上从亚洲东部拓展到了欧洲大陆，海上由太平洋拓展到了印度洋，是中国借“一带一路”倡议与美国“亚太再平衡战略”进行的一种抗衡，目的是在相关区域推行一体化战略，避免激化与美国在中亚、南亚、中东等地区的竞争与对抗，基于此，美国应注重“一带一路”倡议带来的对美国在这一区域的影响力的削弱。

再来看其他国家的反响。俄罗斯是“一带一路”沿线最大的国家，它的反响也比较复杂。一方面，俄罗斯认为自己是丝绸之路建设的重要参与者，承认这一计划有助于中亚经济发展，能够深化中俄两国的战略合作。尤其是目前俄罗斯面临北约东扩的强大压力，自身经济也由于能源价格的下降困难重重，中国的“一带一路”倡议一定程度上能让俄罗斯有更多的发展机遇。应该说，俄罗斯在国家政策的层面对“一带一路”表达了支持的态度。2015年，中俄两国还签订了“欧亚经济联盟”与“丝绸之路经济带”合作宣言，俄罗斯对“一带一路”计划带来的经济贸易方面的合作非常重视。但另一方面，俄罗斯国内也有不少人对中国的这一计划表现出顾虑。这种顾虑主要表现在以下几方面：一是认为中俄两国在经济、能源等领域存在竞争性，担心中国的快速发展会削弱俄罗斯在这一地区的传统影响力，尤其对于俄罗斯远东地区的人口比例失衡深感忧虑。此外，中亚地区被称为是俄罗斯的“后花园”，俄罗斯担心中国的发展会影响俄罗斯在这一地区的利益。

应该说，俄罗斯的态度与南亚及中亚国家有相似地方。印度、蒙古等国家均表达了对中国“一带一路”计划的谨慎欢迎，虽然存在疑虑，但在无法阻止中国开展这一计划的情况下，认为自己的国家应该尽可能地参与其中，最大限度地从这一发展战略中获益。

欧盟作为“一带一路”计划中最大的区域联盟组织，在中国推出“一带一路”计划之后的反响稍显迟缓，至今没有做出深层次的、正式的回应。有人将之分析为学者和民众对这个倡议还不太了解，进入程度不够；另外一个原因是，在欧洲大陆的舞台上，倡导区域合作的计划或方略很多，“一带一路”倡议在众多的计划之中不够突出。加之欧盟本身即是区域合作实践的排头兵与践行者，对其他区域合作计划不太经心也有些道理。当然，这些分析都有其道理。2015 年 4 月，马达里亚加 - 欧洲学院基金会这个欧盟最重要的智库举办了名为“丝绸之路复兴背后的涵义”的一个研讨会，有八十余人参与了研讨，包括欧盟官员、学者、记者等人士。会上提出了“一带一路”是什么、“一带一路”想干什么、“一带一路”能否建成等问题，并进行了激烈的探讨与争论，这种研讨能够帮助欧洲更好地理解“一带一路”计划。欧洲对中国这一倡议的主要疑虑还在于对计划本身目的、架构与进程安排上，担心其与现行的欧盟的区域合作架构有冲突，或会对现有的合作机制造成影响。尤其在中东欧地区，这一地区也是中国计划中最终与西欧相连的结合地区，非常敏感、复杂。欧盟希望“一带一路”的建设要按照市场化和国际规则进行，尤其对项目治理、劳工标准、环境标准及可持续发展等问题十分关切。

相较于一些基于地缘政治考虑的区域共同体来说，国际旅游共同体与“一带一路”计划的和平共赢的宗旨是吻合的，也一定程度能够弱化这一计划的地缘政治因素，让区域沿线各国将关注点更多地放在和平发展与经济合作上。旅游合作的跨区域特点也使国际旅游共同体在“一带一路”计划中能够展现出更多的合作性和包容性。旅游活动是和平的交流和消费活动，不具有排他性。中国与东盟国家应该、也有条件成为国际旅游共同体理论的践行者。

第四章　利益相关者视角的东盟区域旅游合作与发展

“利益相关者”一词最早的提出被认为可以追溯到1929年，据说来自美国通用电气公司一位经理的就职演说。1959年约翰霍普金斯大学（Johns Hopkins University）教授安蒂思·潘罗斯（Penrose）在当年出版的《企业成长理论》一书中提出了“企业是人力资产和人际关系的集合”的观念，利益相关者理论的构建开始有了雏形。此后的几十年间，学术界对利益相关者的研究并没有更加深入地推进。论及利益相关者理论（Stakeholder Theory）的真正形成，则必须提到美国学者R. 爱德华·弗里曼。1984年，弗里曼出版了《战略管理：利益相关者管理的分析方法》一书，明确提出了利益相关者管理理论。弗里曼认为：“利益相关者是指任何一个影响公司目标完成或受其影响的团体或个人，包括雇员、顾客、供应商、股东、银行、政府，以及能够帮助或损害公司的其他团体。利益相关者概念引发了有关战略管理即公司如何制定正确的发展方向的新思维。”这一概念与理论的提出极大地挑战了以股东利益最大化为目标的“股东至上理念”，至此，“利益相关者理论”与“股东至上理论”成为20世纪60年代以来企业理论学界最为重要的两大理论。

由于利益相关者理论提出了一套完整而系统的分析框架，分析者可以据此将所有影响特定活动的利益群体或个人考虑在内，勾画出各种形式的组织与相关群体的关系，并通过理性地处理这些关系、改变参与规则形成“共赢”的合作方案，所以“利益相关者”这一术语被广泛运用于政府、社区、城市、社会团体、区域乃至社会政治与经济的各个层面。

第一节　中国—东盟区域旅游合作中的利益相关者

从利益相关者的视角审视中国与东盟的区域旅游合作，是一个全新的视角。

从当前利益相关者理论的发展及其在区域开发实践中的应用来看，这一理论因其自身在开发与管理模式上的广阔适用性而对旅游发展产生影响，人们开始意识到利益相关者理论在可持续发展理念、区域旅游管理方略乃至社区旅游发展实践中所产生的在认识上的递进与阶梯作用。由此，该理论在旅游发展中的重要性与可操作性可见一斑。

有一些研究者依据利益性质、关系强度和影响力三个维度将区域旅游合作中的利益相关者分为三个层次：

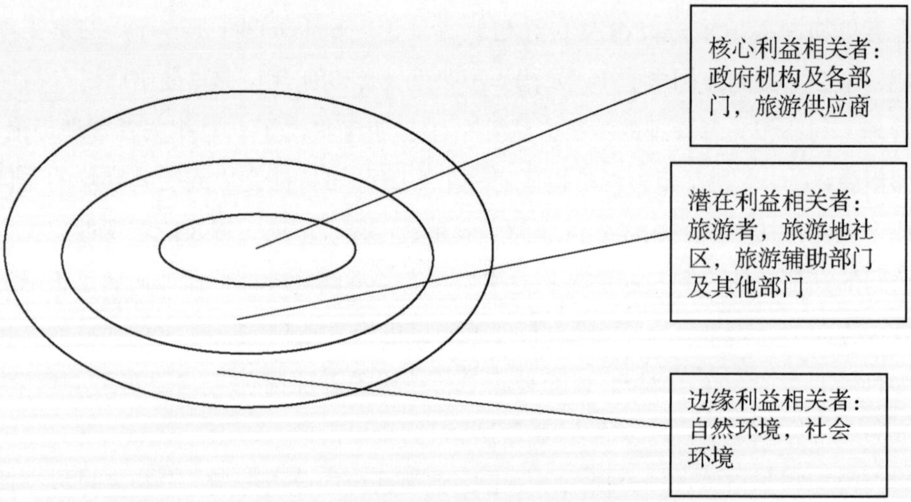

图 4－1　区域旅游合作中的利益相关者

在这样层次划分中，核心利益相关者是旅游地政府机构及相关各部门，以及当地的旅游供应商。在中国与东南亚区域旅游合作中，中国与东盟各国政府及相关政府部门，各国旅游供应商属于核心利益圈层，这也是一般理解中最为令人关注的、显性的、明确的利益方；随着旅游业的发展和进步，人们逐渐发现，有一个利益圈层在旅游活动开展中起着重要的作用，属潜在的利益相关者，包括旅游活动的主体——旅游者，旅游地社区以及所有参与旅游服务的辅助部门和其他部门等，包括中国和东盟各国的旅游地居民、社区和其他参与旅游活动的企业。企业的覆盖面很广，涵盖了卫生、医疗、通信、环保等领域。边缘利益相关者的认识是人们对活动认识的升华的体现。由单向地向自然环境、社会环境索取，到将环境列为边缘利益相关者，体现了基于利益相关主体的理论的不断完善与拓展，也囊括了作为世界“3S”旅游地的东南亚地区的所有自然旅游资源与人文社会资源构成的环境利益相关者。

综合以上分类，我们认为在东盟区域旅游合作中至少应充分关照各地政府、旅游企业、社区居民、旅游者和非政府组织五种主体的利益和意见。

一是中国—东盟旅游合作中各国政府的主导作用。

萨缪尔森说过：“政府的具体经济职能有三个作用：即效率、平等和稳定。”具体到区域旅游合作，政府则至少应履行决策、协调、规划与投资等四方面职能。目前，东盟国家之间的经贸合作日益紧密，旅游流动愈加频繁，我国“一带一路”的战略构想更是为深化东盟区域内旅游合作创造了良好契机，中国与东盟旅游合作已成为中国—东盟自由贸易区合作的重要组成部分。政府层面应由中国与东盟国家在共同利益和地区认同的基础上构建跨国无障碍的旅游合作高层决策与协商机制，在地区旅游服务设施建设、出入境管理、航线开辟、旅游产品开发、旅游市场营销、应急机制建设、旅游人才培养等多个方面深化合作，使中国与东盟多国都能通过区域内旅游合作与发展获得“贸易创造”、投资增长、规模经济等多方面效益，实现区域内经济互补，进而提高多国在多边旅游、相互投资、承包劳务等领域合作的成效。

近年来，中国和东盟各国政府通力合作，重视从两个方面改善旅游合作环境。一方面加强和完善基础设施建设，突出解决中国与东盟国家之间的交通互连问题，共建中国—东盟海上通道、陆路通道和空中通道；另一方面突出解决出入境管理措施便利化问题，争取区域内更为宽松、开放、便利的出入境管理与签证政策。2015 年 3 月颁布的《推动共建丝绸之路经济带和 21 世纪海上丝绸之路的愿景与行动》中明确提出，要“推进与周边国家的国际运输通道建设，打造大湄公河次区域经济合作新高地”的发展思路。虽然区域合作中存在很多问题，面临诸多困难，尤其在水资源分配、大坝建设、航道安全、打击犯罪合作、食品安全等方面各国之间还存在矛盾与冲突，但事实上，湄公河区域的各项建设一直在进行中。越南也在规划建设万象—北汕（老挝）—清水（越南）—河内高速公路建设项目，已于2016年下半年完成设计方案。根据两商议中的建设方案，河内—万象高速公路将经过清水口岸，拟建设6车道，一期工程建设4车道，总长750公里，设计时速80至120公里。到2016年底，中越两国规划的这条越南—南宁—香港货运直通车已开通；计划到2017—2018年底，公路物流还将逐步扩展至老挝、泰国、马来西亚、新加坡等东盟国家，实现双边的物流的互联互通。

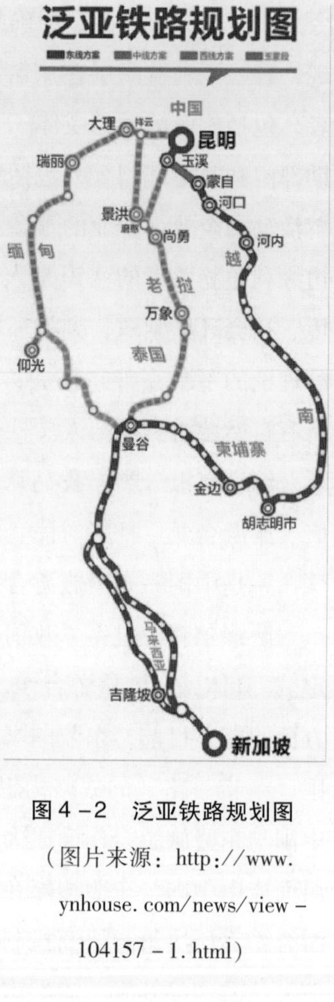

图4－2　泛亚铁路规划图
（图片来源：http://www.ynhouse.com/news/view－104157－1.html）

这里主要以泛亚铁路（Trans-Asian Railway，TAR）为例进行说明。2006年，筹划了近50年的泛亚铁路网计划经过艰苦谈判最终得以落地：包括东南亚国家在内的亚洲18个国家于2006年11月10日在韩国釜山正式签署《亚洲铁路网政府间协定》，确定修建亚洲北部、南部、南北部和东盟4条铁路干线，目标是构建连通横贯亚洲大陆的铁路动脉，从而促进亚洲地区的共同发展和繁荣。

根据协定，亚洲国家将建成总长度为8.1万公里的泛亚铁路干线，该路线将连通南北，成为连接中国和东盟国家的桥梁。据估计，泛亚铁路中国—东盟段全长约5000公里，连接中国南部、泰国、柬埔寨和越南等国，最南端为新加坡。总投资额约150亿美元，仅辅线就将耗资约18亿美元。现在泛亚铁路云南段东线已全线通车，西线昆明至大理已通车，西线国内段广通至大理铁路扩能改造工程也已顺利完工。众所周知，铁路是运输量大、运输成本低廉的运输方式，对于连接中国西南与中南半岛两大地区的交流来说，发达的铁路网是旅游交通很好的选择。这一区域多数地处内地，公路与铁路是运输的主力军。山地与高原构成了中国西南地区与中南半岛陆地部分地形的主体，就运输量与快捷安全性来看，铁路运输将在未来的交通中成为重要的方式。2014 年 12 月，中国和越南两国的铁路通道已全线贯通，2016 年 8 月，中越快速铁路防城港至东兴段规划选址的专家论证会在南宁召开。该项目属于规划中的中越铁路南通道的中国境内段，也是广西参与“一带一路”建设、加快中国（广西）—东盟基础设施互联互通规划建设的重要项目之一。另外，中老铁路通道玉（溪）磨（憨）铁路建设也在全面推进，截至 2016 年 7 月份，这个项目已累计完成投资 36.2 亿元人民币，占总投资的 7.2%。2016 年 8 月，中越、中老国际铁路通道的枢纽站云南昆明的玉溪西站主体工程竣工，建筑面积 1.2 万平方米，设有列车到发线 10 条，站台 5 个，最高聚集人数 2000 多人。预计该站到年底正式投入使用。待中老铁路通道建成后，玉溪西站向内可连通全国的铁路网，向外可辐射越南、老挝等国，成为中国与东南亚铁路交通的重要枢纽。

在这条跨区域的铁路动脉的修建过程中，各国政府无疑是行为的主导者、协调者与受益方。修建这条大动脉的过程十分漫长和艰难，除了技术与投资因素外，政治因素也往往左右铁路的进程。从政治层面来说，政权的更迭经常成为修建过程中的变数，以中国—泰国之间的铁路建设来说，因泰国军政府在 2014 年 5 月政变而一波三折，举行了多轮会谈之后还充满变数，十分令人头痛。中泰高铁是中国倡导的泛亚铁路网的重要组成部分，也是泰国政府更新日益老化的铁路网络计划的一部分。这条总长 873 公里的铁路呈“人”字形，将把泰国东北部重要口岸廊开与邻国老挝接壤的边境地带，与泰国东部的马达普港与拉勇工业区衔接起来，并经老挝连接中国西南城市昆明与泰国。投资方面，据《曼谷邮报》报道，泰国政府认为中国提出的利率不合理，太高了，要求这个项目给出的利率不能超过 2%。双方在贷款问题上存在分歧，投资不能确定，在一定程度上推迟了中泰铁路建设的时间表。令人高兴的是，经过两国政府的磋商，2016 年 9 月，中泰高铁的合作框架终于达成协议。泰国将承担全部建筑费用，中国则将为相关技术系统提供资金。中泰铁路的首段铁路将从泰国曼谷延伸至东北部呵叻府，总长 253 公里，工程定于 2017 年 9 月展开。工程将耗资 1794 亿泰铢（约 358 亿元人民币）。

另外，还有一个技术方面的因素也不能忽视，那就是铁轨的宽度问题。东南亚国家大多数使用的铁轨轨距为 1000 毫米，属于窄轨；而中国则和世界上多数国家一样，采用的是轨距 1435 毫米的标准轨。

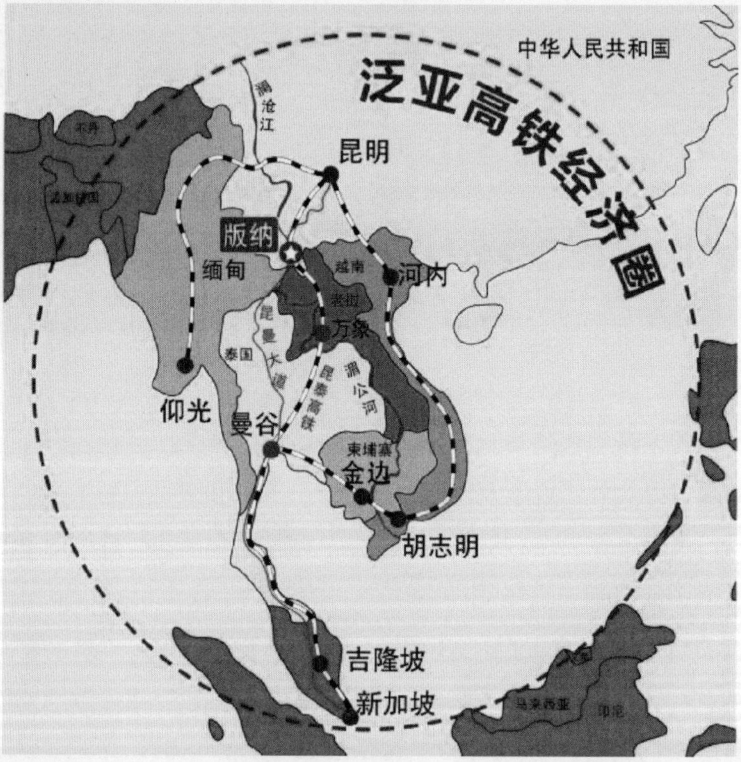

图 4 -3　泛亚高铁经济圈

（图片来源：凤凰旅游 http://ly.2500sz.com/travel/zx/gn/2017 -3 -17/3086486.shtml）

二是构建中国—东盟区域旅游合作信息平台，整合多国旅游资源与产品开发信息，并为游客提供咨询、预订、服务、管理、救援等一条龙服务。方式方法上可以灵活多变，利用政府的、企业的、民间的多支力量形成合力，推进旅游企业为主体的区域旅游合作信息机制的建立。利用已有的旅游目的地信息系统（DMS），实现资源的交叉整合，形成区域信息沟通体系。这其中，中国与东盟原有的信息平台应该得到充分利用，以之为基础，将各区域的信息平台进行有效的联合与整合，最终形成更大范围的信息连通。2009 年第 12 次中国—东盟领导人会议期间，中国政府和文莱达鲁萨兰国、柬埔寨王国、印度尼西亚共和国、老挝人民民主共和国、马来西亚、缅甸联邦、菲律宾共和国、新加坡共和国、泰王国和越南社会主义共和国等东盟 10 国共同签署了《中华人民共和国政府和东南亚国家联盟成员国政府关于建立中国—东盟中心的谅解备忘录》，要求各缔约方据此建立一个信息和活动中心，2011 年 11 月初，在中国—东盟领导人会议上正式揭牌成立了“中国—东盟中心”。这一中心在其职责中明确提出，中心的首要职责是：成为信息、咨询和活动的核心协调机构，为中国和东盟的商务人士和民众提供一个关于贸易、投资、旅游、文化和教育的综合信息库。中国—东盟中心总部设在北京，并将在今后不断拓展中心覆盖面，力争在东盟各成员国和中国的其他地区设立分中心。

广西南宁市 2011 年启动中国—东盟区域性信息交流中心建设已经纳入《南宁市区域性信息交流中心建设规划》，成为城市发展总体规划的重要部分，这项由政府主导、企业参与打造的，包括“一站式”政府门户网站在内的中国—东盟综合信息门户平台已经在 2015 年初步建成，已经开始在东盟与广西的信息交流融通中发挥作用。2016 年 7 月，又一个中越跨境电子商务交易平台成功运营，当月成交订单就达 670 笔，总交易金额 90420 元人民币。这是由广西东兴市百岸网电子商务有限公司研究开发的电子商务平台，由中国银行和越南西贡商业银行开展跨境支付合作，可通过银联在线、通联支付、和平支付和跨境支付四种方式进行支付，也可通过网上银行支付，利用 MasterCard、VISA 等清算功能进行实时资金清算，免除了汇率风险，首次实现了中越两国企业和个人直接使用本国货币支付跨境电子商务交易。另外，由中国和东盟十国经贸主管部门及东盟秘书处共同主办、广西区政府承办的中国—东盟博览会

（CHINA-ASEAN Exposition 简称 CAEXPO），从 2004 年以来，也已经举办了十三届，成为中国—东盟区域经济合作的一个重要平台。2015 年 11 月中国商务部与东盟十国商务部长在马来西亚首都吉隆坡举行会议，正式签署了中国—东盟自贸区升级谈判《议定书》，内容涵盖货物贸易、服务贸易、投资和经济合作等各个领域，尤其在跨境电子商务、贸易便利化和服务贸易等方面均取得了重要突破。这一设想在云南省政府的推动下，2016 年 7 月 4 日，中国—东盟自由贸易区商务门户网站（升级版）正式上线。网址为 http://www. cn - asean. org/，是经中国—东盟经济合作部长级会议批准的唯一官方网站。这些信息平台将给中国—东盟双边的跨境电子商务活动，包括旅游活动都将带来深远的影响。

二、中国—东盟区域内跨国家的旅游企业合作

企业之间的合作是区域旅游实质性合作的重要形式。倡导旅游企业跨地区的兼并、收购和联合，采取合资、合作和战略联盟等方式实现跨国家、跨区域旅游企业重组，争取形成一批代表性的大型区域旅游企业集团。积极推进以旅游企业为主体的中国—东盟区域旅游合作信息机制的建立，加快推进大型旅游信息服务公司的建立，实现中国与东盟区域旅游目的地、旅游产品、旅游者、旅游企业、旅游服务人员等多方面信息与数据库的有机连接。

值得注意的是，由于旅游企业具有追逐经济利益最大化的天然秉性，有时难免会发生企业与旅游者、居民之间的利益纠葛。因此也应充分关注旅游企业经济利益的调整问题，通过某些经济调控手段尽可能实现旅游企业之间的合理利益分配。为鼓励企业更多地投入到区域内合作性运营活动中，政府可考虑对旅游企业给予一定形式与幅度的补偿，包括直接补偿和间接补偿。直接补偿是指政府以财政补贴或价格优惠形式直接给予旅游企业以利益，如增加财政拨款、实行减税免税，使之减少损失，增加收入。间接补偿是指政府以信贷或其他形式为旅游企业的生产经营创造条件，如发放低息小额贷款、提供技术指导培训等，使这些旅游企业能够通过自己的生产经营活动减少损失，增加收入。

三、区域旅游合作中各国居民的参与地位

作为旅游目的地吸引物中各国文化与社区展示部分的构成要素，各国居民一般都会因旅游的发展而被动地投入各种经济成本和社会成本，包括土地资源被占用、生活方式发生改变、文化传统遭到破坏、生活费用增加、环境污染等，但这些成本大部分是无形的，容易被忽略和掩盖。所以在过去的几十年中，政府、旅游主管部门和以规划师为代表的精英一直是影响旅游决策的主要单位和群体，这使得旅游发展与社区、地方民众相脱离，社区居民没有获得应有的补偿或权益，从而衍生出许多问题，甚至可能造成居民与旅游者、政府的对立。强调和提升各国社区居民在旅游业发展中的参与地位，加强对居民参与意识与参与能力的培育，不仅有利于构建和谐的社区发展环境，促使目的地文化向旅游文化资本的快速转化，更能推动国家乃至区域整体发展目标与旅游业发展目标的融合。因此，在区域旅游合作与发展过程中应进一步拓展各国居民的参与空间，使其在政府、旅游企业的引导和帮助下担当建议者、计划者、执行者、管理者、监督者、受益者等多元角色，这样才能更好地体现合作的“互利共赢、惠及民生”理念。

四、提供更具便利性、高品质的跨境旅游产品

近年，中国与东盟国家的游客互动日益频繁，数据显示，2012 年中国赴东盟游客达 732 万人次，较十年前增长了 2 倍有余，中国已成为东盟区域的最大客源国，而与此同时，中国对东盟游客的吸引力也逐年上升，仅广西一省区的东盟游客数量每年都以约 20% 的速度增长。这种日益频繁的双向流动不仅与各国丰富独特的旅游资源、比邻而居的地缘联系及历史悠久的传统友谊有关，更与设施、服务质量的提升有关。旅游者的核心追求是高质量高品质的体验和经历，在此过程中的跨境便利度和服务品质是影响其体验结果的关键。东盟十国旅游部长签署的《2011—2015 年东盟旅游发展战略计划》重要目标即是对区域外游客实行“一签游东盟”，目前中国、泰国、新加坡等多国旅游目的地政府也将诸如“最大程度地满足和取悦旅游者”作为主要的政策目标，

确立了旅游资源开发的需求导向原则，并致力于建立旅游资源合理利用、旅游产品合理供给的市场协调机制，这些都体现了对旅游者利益要求的尊重。

五、非政府组织的服务提供与政策倡导功能

非政府组织的服务提供是一个复杂问题。主要是指 NGO（Non-Governmental Organizations，简称 NGO）能够以资金支持、技术援助、教育培训等方式为各个旅游社区带来更多的福音；政策倡导则与区域政府的参与相关，政策倡导意味着 NGO 可以通过建议、研究咨询等方式参与到区域旅游发展政策的制定中，进而对目的地的社会、经济、政治等层面的政策形成影响。除了将旅游者、旅游企业、政府、社区居民等核心利益相关者纳入协作的框架内，在条件成熟的情况下，还可适当引入第三方力量。而在众多第三方力量中，又以 NGO 的作用尤为突出。它们在区域旅游合作中往往能够发挥两大功能：服务提供与政策倡导。这些具有非政府、非营利特性的机构或部门，通过运用自身的特殊资源和能力为利益相关者提供各种专业性服务，能够更好地满足不同利益相关者的特殊需求，从而有效地弥补了政府组织、市场机制力量的欠缺。

此外，区域旅游合作过程中也应注意充分发挥专家的“智囊”作用。早在 2001 年 3 月，中国—东盟经济合作专家组就在中国—东盟经济贸易合作联合委员会框架下正式成立，并围绕中国加入世界贸易组织的影响及中国与东盟建立自由贸易关系等议题进行了充分研究。在旅游协作过程中各国政府则应积极吸纳这些学者及专家机构的参与，建立旅游专家库，与旅游规划管理、资本运作、酒店经营管理、旅游公关策划人才等方面的专家学者形成合作伙伴关系，定期或不定期地就旅游合作与发展的重大问题进行研讨、提供咨询，并由学者对区域旅游发展政策及其进程进行学术评估，实施生态保育，以控制各种可能的负面影响。2015 年 12 月 20 日，广西大学在南宁举办了第一届“中国—东盟非政府组织（NGO）研究论坛”，这是依托南宁作为中国—东盟博览会永久会址的地缘优势以及一些高校相应的 NGO 研究学术队伍基础而组织的非政府组织的研究论坛，学者们就中国与东盟社会组织交流与合作、合作的契机、困境与模式以及中国—东盟项目合作式、平台中心式和联盟关系式等问题

进行了交流，提出了许多有益的建议和主张。

第二节　利益相关者视角下的中国—东盟区域旅游合作

由于区域旅游合作中各利益相关者的利益表现错综复杂，在特定环境下存在彼此依赖和牵制的关系，为避免其相互之间的非合作博弈行为，各国政府应合力为利益相关者们提供良好的沟通与合作平台，促成多赢目标的达成。Yuksel 等曾指出，尽管在旅游业发展实践中的协作是费时和困难的，但它“长期内可以避免冲突成本，政治上更合理，并能够建立利益相关者的知识库和能力”。协作可广泛存在于政府部门与旅游企业之间、政府与旅游者之间、居民与旅游者之间、居民与旅游企业之间等，协作的领域则包括旅游产业政策的制定、国家旅游形象的定位、旅游资源的开发与产品创新、旅游促销等。这种建立在协同效应基础上的旅游合作模式将从更大程度上满足各利益相关者的利益要求，达到“帕累托最优”：即充分利用有限的人力、物力、财力，优化资源配置，争取实现以最小的成本创造最高的效率和最大的效益。

一、区域旅游合作主体

区域合作组织是区域内的多元主体为了实现公共利益，运用谈判、协商和调解等方式管理区域内某类公共事务，解决某一领域公共问题而设立的组织。按照布哈里斯（Buhalis，2000）① 对旅游目的地的定义：“一个特定的地理区域、被旅游者公认为是一个完整的个体，有统一的旅游业管理与规划的政策司法框架，也就是说由统一的目的地管理机构进行管理的区域。”这个得到广泛认同的概念明确了旅游目的地区域的管理主体，那就是当地政府及其相关的各政府职能部门，而非其他，是当然的利益主体。而旅游供应商是旅游活动的实际参与者和执行者，与政府承担不同的管理职能，也属当然的利益相关方。

---

① Buhalis, Dimitrios. Marketing the competitive destination of the future Tourism Management [J]. 2000, 21 (1): pp. 97－116.

显然，中国与东盟区域旅游的合作与发展牵涉到各区域内的不同利益主体。Sautter 和 Leisen（1999 年）① 所提出的旅游业利益相关者经典谱系图中指出，旅游业的主要利益相关者包括政府部门、旅游企业及员工、游客、当地居民、竞争者及国家商务链上各环节，规划或发展一旅游目的地时应通过访谈或其他社会调查方法收集和了解利益相关者对旅游规划与管理政策、措施的态度和看法。

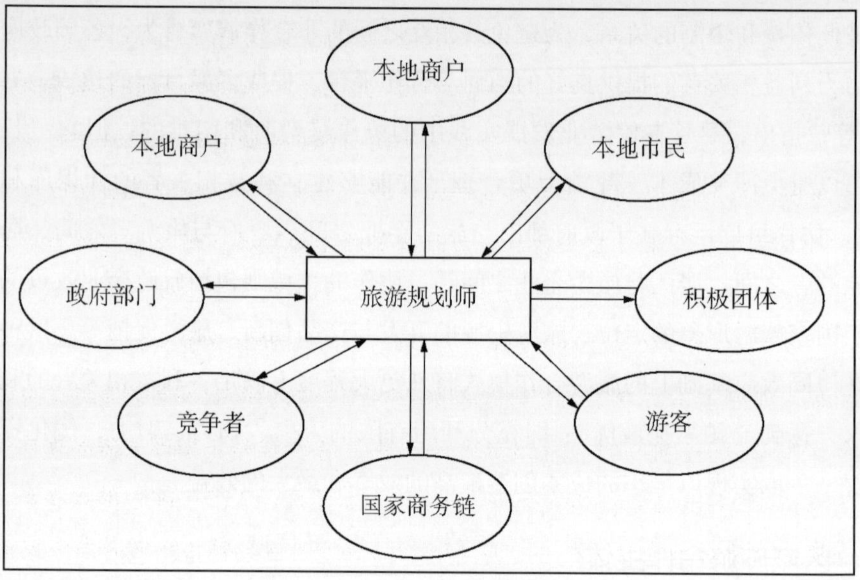

图 4－4　旅游业利益主体图

根据中国—东盟区域旅游合作的现实需要，设立一个统一管理与统筹双边利益方的机构十分重要，比如，设立统一的中国—东盟旅游合作发展委员会（如图 4－5）。委员会由各利益相关者包括政府、旅游企业、各国居民、旅游者和非政府组织的主要代表构成，采用“圆桌会议”的方式来形成合作的重大决议，鼓励各利益相关者在参与旅游公共政策制定和执行过程中的互惠与合作，各利益相关者在平等的基础上通过沟通交流、对话合作、谈判协商达到利

① Sautter E. T.，Leisen B. Managing Stakeholders：A Tourism Planning Model［J］. Annals of Tourism Research，1999，26（2）：312—328；. 转引自：张伟，吴必虎. 利益主体理论在区域旅游规划中的应用——以四川省乐山市为例［J］. 旅游学刊，2002，17（4）：63—68。

益的整合。目前东盟的旅游部长会议制度一定程度解决了东盟区域内的旅游合作问题，东盟区域外的合作管理也亟待加强。

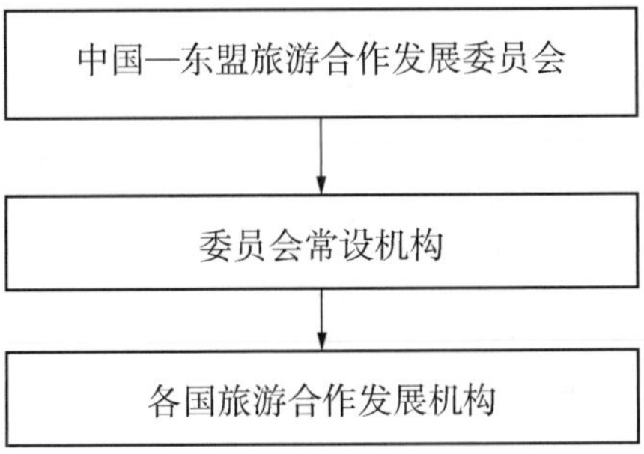

图4－5　中国—东盟旅游合作发展委员会架构

二、区域旅游合作进程

根据 Gray（2000 年）所提出的观点，协作（collaboration）是“与一个问题相关的关键利益相关者就这个问题的未来制定共同决策的过程”①。“当涉及某一领域的一群独立利益相关者使用共同的规则、规范和制度采取行动或制定决策，进入到互动的过程中，协作就产生了”②。各利益相关者协作的结果是促成旅游合作伙伴关系（tourism partnership）的形成，这种合作伙伴关系表现为“致力于旅游发展的各种利益相关者的协作性努力，这些利益相关者在共同商定的组织层次及确定的地理区域内就旅游发展事项进行决策并开展活动，运用共同的规划、规范与制度参与到互动的过程中”（Long，1997）③。客观地

① 转引自 Selin S. Developing a Typology of Sustainable Tourism Partnerships [A]. Bramwell B., Lane B. Tourism Collaboration and Partnership: Politics, Practice and Sustainability [C]. 2000. 原文为“as a process of joint decision making among key stakeholders of a problem domain about the future of that demain”

② 转引自 Bramwell B., Lane B. Collaboration and Partnership in Tourism Planning [A]. Bramwell B., Lane B. Tourism Collaboration and Partnership: Politics, Practice and Sustainability [C]. 2000.

③ 引自 Long P. Researching Tourism Partnership Organizations: From Practice to Theory to Methodology [A]. Murphy P. E. Quality Management in Urban Tourism [C]. Chichester: Wiley, 1997. 原文为“the collaborative efforts of autonomous stakeholders from organizations in two or more sectors with interests in tourism development who engage in an interactive process using shared rules, norms and structures at an agreed organizational level and over a defined geographical area to act or decide on issues related to tourism development”。

说，利益相关者之间的这类协作与伙伴关系（Collaboration and Partnership）往往会给区域旅游的发展带来许多潜在的益处（如表4-1），当然也会存在一些问题（如表4-2）。

表4-1 旅游规划中协作与伙伴关系的潜在益处

Table Potential Benefits of Collaboration and Partnership in Tourism Planning

·各种利益相关者参与其中，这些利益相关者都受到旅游发展多方面的影响，通过协作介入旅游变化与发展的过程中。 ·决定权与控制权分散于多个利益相关者中，从而有利于民主。 ·多个利益相关者的参与能够提高政策的社会认可度，从而使政策的执行与实施更加易于开展。 ·共同工作将形成更为建设性而非敌对性的态度。 ·受旅游发展直接影响的各群体会把他们的知识、态度和其他能力带到政策制定的过程中。 ·一种创造性的协同作用会在共同工作中产生，进而可能形成更大的创新和更高的效率。 ·伙伴关系能促进各个利益相关者从其他合作伙伴那里学习工作知识、技巧和优势，提高他们的团队互动与协商技巧，进而促使协作更为成功。 ·参与政策制定的群体对于政策的具体实施有更强的责任感。 ·政策的协调性及不同利益相关者行动的相关性将得到提高。 ·对于影响资源可持续发展的经济、环境和社会问题将得到更充分的考虑。 ·如果非经济议题和利益被囊括到协作框架内的话，人们将提高对这些非经济议题和利益重要性的认识，这又将扩展所提供的旅游产品的范围。 ·所有利益相关者所拥有的资源都具有公共池塘性（pooling），从而提高其使用效率。 ·当各个不同的利益相关者都介入到政策制定的过程中，所形成的政策更具有灵活性，对当地的环境和变化的条件更具有敏感性。 ·非旅游类型的活动也会得到鼓励，从而为特定社区或地区奠定更为广泛的经济、雇佣和社会基础①。

应该说，东盟各国正是在旅游合作中看到了这种潜在的利益，对于旅游规划中的协作问题十分重视。东盟的“尊重各国相对独立”的原则也使得这一

① Bramwell B., Lane B. Collaboration and Partnership in Tourism Planning [A]. Bramwell B., Lane B. Tourism Collaboration and Partnership: Politics, Practice and Sustainability [C]. Channel View Publications, 2000, P7.

合作有了实质化的基础，正是由于规划的决定权与控制权分散到多个利益相关者中，从而有利于民主决策与深度合作。由于多个利益相关者的参与，使得在东盟内部能够提高区域政策的社会认可度与民众理解度，从而使东盟的各项旅游产业政策的执行与实施更加易于开展。以文莱为例，由于国土面积有限，旅游活动纵深受限，它在自己的旅游宣传活动中不是孤立地宣传自己国家的旅游产品，而是经常将文莱仅仅作为旅游线路中的一环，与相邻的印尼、马来西亚的线路旅游结合起来展示自身，也收到了较好的产品宣传效果。因为他们深知，文莱作为单独的旅游目的地吸引力有限，游客很难将其作为独立的旅游产品进行消费。

表 4－2　旅游规划中协作与伙伴关系的潜在问题

Table 2 Potential Problems of Collaboration and Partnership in Tourism Planning

· 在某些地方，对于某些问题，只有有限的几个传统利益相关者参与政策制定。 · 合作伙伴关系的建立只是一种形式主义（“window dressing”），他们并不处理实际的利益问题。 · 有益的冲突（healthy conflict）可能会被抑制住。 · 协作性的努力程度将受到各利益相关者对额外的工作时间、领导权力、行政资源等的要求的影响。（意即：要求越多，努力程度才会越高。笔者注） · 实施者们可能不太习惯于减轻自己的权力去与不熟悉的合作伙伴或以前的敌对方共同工作。 · 那些拥有更少权力的利益相关者可能会被排除在协作性工作过程之外，或对整个工作过程施加较小的影响。 · 在协作框架之内的权力可通过较高效的政治技巧传递到特定的群体或个人身上。 · 某些关键群体可能对与其他群体一起工作不感兴趣或不积极，他们希望依靠他人的力量来实现合作利益。 · 一些合作者声称自己将从合作关系中撤离，对其他合作伙伴实施威胁，从而达到通过自己支持的提案的目的。 · 通过民主选举程序加入到协作中的政府可能会放弃某些原则以保护“公共利益”。 · 随着协作机构复杂性的不断增加，各利益相关者所承担的责任将变得非常模糊。 · 协作将增加未来的不确定性，因为由多个利益相关者所提出的政策比由一个中心权威机构提出的政策更加难以预测。 · 各个协作的利益相关者之间相关联的利益和联合行动可能阻碍创新。 · 寻求共识的需要不利于个性化的发展。 · 将大批的利益相关者纳入政策制定过程中，既耗钱又耗时。

（续上表）

·不同利益相关者介入政策制定的过程十分复杂，很难使他们都平等地参与。 ·在政策制定过程中可能存在分裂现象，对政策执行的控制也会相应减少。 ·某些协作方的权力可能过于强大，导致垄断现象的产生。 ·某些协作性机构已无法发挥任何作用①。

（资料来源：Bramwell B.，Lane B. Collaboration and Partnership in Tourism Planning［A］. Bramwell B.，Lane B. Tourism Collaboration and Partnership：Politics，Practice and Sustainability［C］. Channel View Publications，2000，P9.）

合作伙伴关系的建立只是一种形式主义的问题，在东盟内部也有体现。由于地缘旅游的限制与政局的影响，一些利益相关方实际上在区域合作中利益斩获不明晰，由于发展层级差异大，不同利益相关者介入政策制定的过程十分复杂，很难使他们都平等地参与。在某些领域和某些问题上面，只有有限的几个传统利益相关者参与政策制定的情况在东盟也不能避免。现实合作中，信念协作性的努力程度会受到各利益相关者对额外的工作时间、领导权力、行政资源等要求的影响，一些利益相关者的话语权缺失，甚至某些关键群体可能对与其他群体一起工作不感兴趣或不积极，他们希望依靠他人的力量来实现合作利益。比如东盟旅游中的一些产品发布问题，珊瑚礁往往是滨海旅游的一个亮点或噱头，多数国家愿意大力推出此类产品。但不排除个别国家由于自身资源发育阶段的原因，或是以环境保护的理由采取有限制地发布此类产品的售卖。这样，很可能导致一些旅游规划的合作者声称自己将从合作关系中撤离，对其他合作伙伴实施威胁，从而达到通过自己支持的提案的目的，使协作增加未来的不确定性。更有甚者，各个协作的利益相关者之间相关联的利益和联合行动可能阻碍区域旅游创新的发展。东盟区域旅游的现状较为复杂，发展不平衡，这种潜在的问题时时存在。在政策制定过程中可能存在分裂现象，导致对政策执行的控制也会相应减少，这些问题应予高度重视。

① Bramwell B.，Lane B. Collaboration and Partnership in Tourism Planning［A］. Bramwell B.，Lane B. Tourism Collaboration and Partnership：Politics，Practice and Sustainability［C］. Channel View Publications，2000，P7.

为最大限度地发挥协作的正面作用而避免过多问题的发生，应注意秉持协作过程的五个重要特征：①各利益相关者相互依赖；②针对各方差异性产生解决方案；③各利益相关者对决策拥有联合所有权；④所有利益相关者对所决策问题的未来发展集体负责；⑤协作是一个突发的过程（Gray，1989 年）。从程序上来说，科学的区域旅游协作过程一般应划分为三个阶段及多个具体步骤（如表4－3）。

表4－3　区域旅游发展中的协作进程①

阶段	行动/步骤
第一阶段：问题界定	·界定目标 ·确定召集人 ·召集各利益相关者 ·确定所要解决的问题 ·赋予各利益相关者以合法的参与地位 ·在提高各利益相关者对彼此依赖关系的认识基础上达成协作承诺 ·平衡权力差异 ·关注各利益相关者所关注的问题 ·确保有足够的资源供应，促使协作进程顺利进行
第二阶段：方向确定	·收集并分享信息 ·珍视共同的价值观，增加彼此之间的互相依赖性 ·确保权力由多个利益相关者分享 ·建立“方向确定”方面的原则与日程 ·在有需要的情况下组建分团体 ·列出可供选择的多个方案 ·讨论不同的解决方案 ·选择最合适的解决途径 ·在达成共识的基础上形成计划或战略
第三阶段：执行	·讨论执行方法、监控手段、未来目标、计划或整体战略 ·挑选合适的机构，使整个协作进程制度化 ·分配目标与任务 ·对整个协作过程进行全程监控，确保执行过程与协作决策相一致

① Jamal T. B., Getz D. Collaboration Theory and Community Tourism Planning [J]. Annals of Tourism Research, 1995, 22 (1): 190

根据上表的分析，东盟国家实际上已经大致完成了第一阶段“问题界定”和第二阶段“方向确定”的协作工作，正在进入第三阶段“执行”的进程当中。从问题界定角度看，东盟已经从由于资源同质化而产生的“小竞争”中走了出来，进入对资源协同配合发展旅游业的新阶段，并在东盟区域组织已经建立的管理架构中确定区域旅游召集人，确定各利益相关者，确定东盟所要解决的问题。众所周知，东盟国家在旅游资源上的同质性主要表现在资源的同质性上。本地区国家大都处于热带区域，因此在地貌旅游资源、气候气象旅游资源、海洋水体旅游资源、动植物旅游资源等方面具有相同特点。这一地区国家国土面积中海岛所占比例较大，地理条件与地质条件又相似，使得这一地区在资源禀赋上呈现同质的特征。尤其是这一地区发展旅游业的重要资源——滨海旅游资源的核心要素阳光、海滩、海水等几乎是所有国家赖以发展旅游业的元素，在世人眼中这些资源具有相似的旅游力。东盟国家应对这一问题的方法非常现实，那就是加强旅游合作，同时充分利用旅游产品的多景点、多线路的特点，将各国资源进行有效地组合，相互取长补短，使得访问本地区的游客有机会进入更多的东盟国家开展多种旅游活动。

在后面的章节中本书还会从区域旅游合作的角度分析各国在区域旅游宣传活动中的协作态度与协同方式，这里仅从利益相关者视角分析，东盟已经完成对彼此依赖关系的认识，并已达成协作承诺。其中，东盟旅游部长会议成为平衡各方权力差异的重要组织架构。

第二阶段是方向确定工作，现在也已经基本完成，东盟内部组织机构在收集旅游信息、分享旅游信息方面做得相对较成熟，各成员国珍视共同的旅游价值观，并在合作中增加了彼此之间的依赖性。现在，东盟在东盟秘书处官方宣传中明确提出，将东盟作为一个整体的旅游目的地来进行对外宣传，并整合营销活动，在重要的旅游线路中已经实现了跨国的产品设计与整合，从而确保权力由多个利益相关者分享。由于东盟区域经济发展存在较大的差异性，在有需要的情况下，也注重组建分团体来平衡各方关系。比如，新加坡、马来西亚、印度尼西亚、泰国、菲律宾等海岛国家在旅游产业的发展中较越南、老挝、柬埔寨、文莱、缅甸等陆地国家要更为先进，拥有更优良的旅游基础设施，管理经验与管理水平也较陆地国家高，因此，在旅游合作中前者十分重视对陆地国家输送资金、技术及管理经验，帮助它们尽快提升各方面的水平和能力，从而在达成共识的基础上形成区域计划或战略。

第三阶段的进程应该正在进行当中。东盟国家已经完成了选择最合适的解决途径应对区域发展的问题，东盟旅游部长会议制度使整个协作趋于进程制度化。当然，由于合作深度的限制，东盟旅游协作尚未完成对整个协作过程进行全程监控的工作，因此，在确保执行过程与协作决策相一致方面还有欠缺，这也是评价目前这一进程处于正在进行时的主要原因。

东盟区域旅游合作正在进展之中，但其中的次区域合作则可圈可点。以湄公河次区域为例，贯穿这一区域的澜沧江—湄公河是流经中国和东南亚国家的一条重要的国际河流，在中国境内称为澜沧江，中国境外段称为湄公河。1992年，由亚洲开发银行发起了大湄公河次区域经济合作（Great Mekong Subregion Cooperation，简称GMS）计划。20多年来，在中国、老挝、柬埔寨、越南、缅甸、泰国六个国家的共同努力下，合作范围不断扩展，现在已涉及交通、电信、能源、旅游、环境、人力资源开发、旅游、贸易便利化和投资等九个领域。在参与大湄公河次区域（GMS）合作等机制的同时，中国还与湄公河流域六国共同建立了一个新的次区域合作机制——“澜沧江—湄公河合作机制”。这一机制由六国共同主导，中国作为域内最大的国家一直致力发挥更大的建设性作用，合作范围涉及经济、政治、社会、文化和环境各个方面，旅游合作是其中重要的领域，湄公河地区各国发展层级相似，旅游资源丰富，具有良好的合作基础，旅游发展正处于起步阶段，也是“海上丝绸之路”旅游合作中的一个重要节点，甚至可以成为重要的试验区域。具体分析起来，中国与六个国家合作的基础与现状也有差异，比如，中国在湄公河地区东线与越南合作，由于两国之间存在一系列的政治、经济、军事问题而存在障碍，西线与缅甸的合作，也由于缅甸国内北部少数民族与政府之间不断爆发军事冲突，问题难以在短期得到解决。相比之下，湄公河地区中路的老挝和柬埔寨的合作条件就好得多，因此，完全可以将老柬两国作为次区域合作的支点国家，以中老柬三国的经济合作建设作为澜湄合作旗舰项目，加快区域旅游协作进程，加大合作力度。在共同协商的前提下，完善共同巡航机制，保障湄公河通航安全，同时，注重改善流域的生态环境，在各国旅游部门的参与下规划好中国和老柬两国的跨国旅游特色线路，使中国与湄公河老柬两国之间的航道不仅发展成为国际运输的“黄金水道”，也成为三国旅游交流的“黄金旅游地带”。另外，中国还应充分发挥资金优势，依托亚洲发展银行等国际合作组织，解决好资金问题，修通昆明—万象和金边—西哈努克港区间的高级公路和铁路，使之成为三国旅游交流的有益的交通补充，促进旅游交往，并形成带动效应，促进整个“澜沧江—湄公河”次区域的合作。

三、区域旅游合作的反馈机制

利益相关者参与程度高低的重要衡量标准是其参与是否为常态的、制度化的、可持续进行的，提高利益相关者参与程度离不开对其利益要求的持续跟踪。因此，在区域旅游合作主体——区域旅游发展委员会之下可通过设置专门的职能部门或建立规范化、制度化的反馈渠道与机制等方式，积极主动地与利益相关者进行沟通，倾听、回应他们的要求，并将他们的利益要求整合到旅游合作的具体工作中去。区域旅游反馈机制不同于其他系统，它具备动态性、综合性及实时性等特点，即旅游信息的发布与沟通需要在短时间内发散到各个不同的行为主体部门，各部门要综合协调进行快速反应。它的有效运作需要以下几个条件：一是建立畅通的信息流动与交流渠道，这是进行有效信息反馈的基础。对于中国东盟区域旅游合作来讲，这一点至关重要。需形成有效的信息流动管道，保证日常的旅游信息流通与特殊时期的信息交流。二是需要建立相应的信息服务体系，将信息的发布与处理、信息的流通与咨询结合起来，这部分的运作需要企业的参与，在政府的主导下进行。作为旅游目的地的信息系统建设，只有政府是当然的主体，能够最大限度地掌控和运用资源，调配各方利益。三是建立动态的信息反馈与监督机制，实时处理信息流通与处理过程中出现的问题，并进行行之有效的监督，保证其正常运行，实现旅游合作的有序与高效。在这方面，东盟旅游会议应该成为旅游合作的统筹机构，协调区域旅游各合作主体，共同完成区域旅游目标。

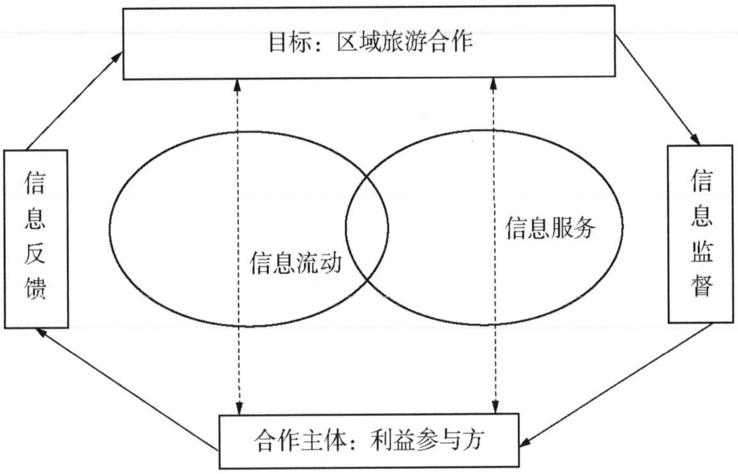

图4－6　区域旅游合作反馈机制

第三节　中国—东盟区域旅游合作中的利益规制与协调

虽然中国与东盟存在着利益的冲突与问题，但双方的合作更多地是走向平稳与制度化。首先，中国与东盟双方贸易存在互补性是勿庸置疑的，这是由于东盟各国与中国各地区之间经济发展水平参差不齐。以东盟为例，区域内国家的发展差异巨大。2015 年 7 月 1 日世界银行最新公布的数据显示，最新的国民总收入（GNI）在东盟区域内差别很大：其中最高的新加坡达到 55150 美元，接下来是马来西亚 10660 美元，与新加坡差不多 5 倍的差距，泰国 5410 美元位列第三，印尼和菲律宾分别是 3650 和 3440 美元，最低的缅甸和柬埔寨则只有 1270 和 1010 美元，最高差距达到 54 倍。这是一个惊人的数据，说明东盟区域内国家的发展极不平衡。这种情况在中国也同样存在。2015 年中国的国民总收入（GNI）达到 7380 美元，但地区差异非常大，以 2014 年数据来看，人均可支配收入最高的上海与西藏之间差距为 4. 5 倍。从这个角度来看，中国与东盟双方面临的问题存在共性。由此，双方广阔的市场领域内供应和需求之间容易形成不同的对应关系；但由于双方在产业层级上存在相似性，总体发展水平类似，基本处于相同的国际分工阶梯之中，确实存在产品的同构性，因此竞争又不可避免。一旦把握不好，发展成为恶性竞争，双方都将损失很大。如何进行有效的利益规制与协调，是摆在管理者面前的重要课题，构建利益相关者深度参与的区域旅游合作机制将是势在必行。

一、构建区域旅游资源的整合协调机制

东盟国家历史悠久，物质与非物质文化遗产丰富，民族文化与宗教文化色彩浓厚，与我国旅游资源形成了极强的互补性。为保证东盟各国及企业、居民等各类利益相关者在区域旅游发展中的平等、深度参与，首先应将各国旅游资源及相关生产要素进行更合理的整合和利用，促使各利益主体突破国家、行政区域的界限而开展市场化的合作，通过横向联合、纵向兼并等形式提高区域旅游产业的专业化分工协作水平，进而形成区域性旅游资源优化配置的格局。近年，我国广西自治区做出了非常有益的尝试，在广西区政府的积极推动下，一些大型旅行商在完善“新马泰”传统旅游线路的基础上，创新性地整合东盟区域旅游资源，新开辟了“越老柬神秘之旅”“中越跨国胡志明足迹之旅”“中越边境探秘游”等多条跨国旅游路线，不仅拓展了旅游合作所依托的资源空间，也吸纳了更多生态社区、文化社区、滨海社区、旅游企业的参与。

二、构建区域旅游发展的利益分享与补偿机制

可持续的区域旅游合作前提是对合作行为的激励，建立公平合理的区域旅游利益分享与补偿机制十分重要。区域旅游利益分享机制强调东盟各成员国在发展旅游业过程中机会均等，各利益相关者权利均衡，各成员国通过集体谈判、友好协商的方式整合区域旅游业发展政策、制度设计，消除一切造成歧视和不平等的制度性障碍，区位、生产要素和产业结构不同的各国能够通过合理分工协作而承担不同的旅游经济功能。

区域旅游利益补偿机制则重在以公平性为原则，以市场调节为基础，运用支付转移的方式实现区域内部和区域之间的利益转移。因此，在区域旅游合作

的制度设计中应尽可能多地向后发展地区倾斜，通过开发后发展地区的旅游资源，吸纳后发展地区的就业、投资等方式加速先发展地区与后发展地区之间的利益转移；鼓励联盟国中较发达的国家通过低息或无息贷款、政府援助、技术支持等形式支援欠发达国家的旅游基础设施建设和人力资源培训；也可通过设立区域旅游合作公用基金的方式补偿合作中利益受损的地区，例如欧盟通过设立结构基金计划（Structural Funds Program）对区域内的旅游一体化发展施予资金扶持，推进旅游欠发达地区的经济结构调整，这种做法值得借鉴。

三、构建区域旅游合作的行为约束机制

由于东盟区域内各国家在发展背景、资源禀赋、文化特质上存在一定的类同性，不可避免地存在国家、地方保护主义思想和各国政府或明或暗争夺客源和资源的现象，合作中也易出现某些联盟国违背公平、降低效率、“搭便车”的行为。为将相关的负面影响程度降到最低，应从维护合作涉及的各联盟国及各利益相关者的系统利益出发，建立有效的行为约束与监控机制，将每个利益相关者的行为置于合理的制度与规范的约束之下。一方面在机会均等、利益分享和公平竞争的原则基础上，通过健全制度规范明确界定合作各方的权利义务；另一方面对于合作中可能出现的国家保护、地方垄断等行为进行有效的约束，通过适当的投票机制和利益约束机制来稳定利益相关者之间的合作。

从根本上讲，中国与东盟国家同属于发展中国家，在国际分工体系中地位相似，在全球化浪潮中面临共同的考验和挑战，有着相同命运。在争取公平的国际经济新秩序的努力中，双方有着根本的共同利益。按照对世贸组织的承诺，中国已经在2005年完成了对市场的开放，加之东盟国家已有的东盟自由贸易区的运作经验，当时中国与东盟在十年内完成自由贸易区的计划是一个完全可行的愿景。毋庸置疑，一个成功的自由贸易区无疑将具有深远的意义。

第一，将大大密切中国与东盟双方的关系，改善中国的地区安全环境，在政治经济与安全领域实现共赢的目标。具体表现为：极大地促进了双方的经济与贸易发展，加速区域内的繁荣；推动这一地区经济与政治一体化的建设，对整个东亚乃至亚太地区的合作产生良好的示范效应。由于中国在过去的十几年

间一直有效地推动着与东盟的合作进程，因此，从国家的层面上看，中国对这一具有战略意义的区域合作给予了应有的重视，不但积极参与双边的机制建设与合作交流，而且在具体的经济合作与交往中体现出了灵活性。如果说 APEC 是中国唯一参加的一个区域性合作组织的话，那么，中国——东盟自由贸易区的建成将成为中国参与的第一个实质性的贸易合作实体。

第二，中国正在分阶段、按地区逐步提升经济产业层级，避免与东南亚发展中国家发生恶性竞争。一方面注重改进技术，提高产品竞争力；另一方面也要积极推动产业结构的升级，尽量避免与东盟国家产业趋同、出口商品趋同，对于部分双方在国际市场上重合率高的中、初级产品要果断放弃，或逐步改变出口方向。在与东盟的合作当中，要摒弃那种只看到眼前利益、局部利益的短视做法，在双方的合作当中逐渐消除东盟国家对中国经济不断发展所产生的疑虑，这将对双边政治经济关系产生积极的作用。

第三，充分利用各类贸易合作组织的契机，加快市场经济体制的建设与完善步伐。由于一些国家的介入，传统的世界贸易组织的功能受到一些质疑，以美国为首的部分国家甚至已经开始试图建立新的贸易组织来取代世贸组织的功能。《跨太平洋伙伴关系协定》（Trans-Pacific Partnership Agreement）在 2005 年签署时只有智利、新西兰、新加坡和文莱四个国家参与，而在 2016 年这一组织取得了突破性的进展，美国、日本、澳大利亚、文莱、加拿大、智利、马来西亚、墨西哥、新西兰、秘鲁、新加坡和越南 12 个国家在奥克兰正式签署了《跨太平洋伙伴关系协定》（TPP）协议。中国迄今为止尚未加入这一组织。有学者认为这一组织具有针对中国、遏制中国的性质。但中国官方仍然表达了对这一组织的开放性的态度。毕竟，将其他非协定国家和地区排除于国际贸易体系之外的做法不符合世界发展的潮流。就东盟地区来看，东盟国家中有的已经建立了较为完善的市场经济体系，比如新加坡。在与这些国家的合作中，一方面可以学习和借鉴他国的先进经验，一方面也应利用入世的契机加快体制与制度的建设，逐渐缩小目前与一些先进的东盟国家之间的市场发育水平存在的差异。

第四，拓宽双方合作领域与范围。中国与东盟国家之间贸易发展的潜力十分巨大，除传统的合作领域之外，双方应拓展合作的范围。金融货币、人才交流、高新科技、可持续发展、旅游产业、反对跨国犯罪、反恐怖等等。比如，在旅游合作与交流方面，双方潜力巨大，目前双方均为对方重要的旅游客源国，中国是东盟仅次于新加坡的第二大旅游客源国。

2003年、2004年连续发生的SARS疫情的蔓延以及禽流感给中国与东盟双方在一些非传统安全领域譬如医疗领域的合作提出了严峻的课题，同时也带来了加强合作的契机。只有合作的广度与深度都得到提升，中国与东盟的（10+1）区域经济合作的意义才能够得到真正的彰显。

应该看到，利益相关者理论在区域旅游中的运用时间还很短，学者们也是在20世纪70年代世界范围出现“旅游合作”“可持续发展”“社区旅游”等相关问题之后才有了更多的关注与进入，研究也多集中于概念的讨论、范畴的界定等核心问题的探讨，而对于规划方略、管理手段与研究方法等具体问题的研究还尚处于起步阶段，没有形成完整的与理论体系相匹配的方法论体系。这无疑给理论的运用带来困难，本章的研究仅是一次尝试性的探索。从另一角度看，没有现有方法的羁绊，反而为理论的适用性提供了更为广阔的发展空间，希望本章的研究能起到抛砖引玉的效果。

第五章　海上丝绸之路与中国—东盟区域旅游竞合关系

随着区域旅游活动的开展，旅游活动的乘数效应也不断显现，成为各国各地区带动经济发展的重要手段与方式。在这个过程中，各参与主体之间的关系也开始变得复杂与多样化。竞争与合作在区域旅游的发展过程中无所不在。

从东盟的角度和立场来说，通过与中国的合作提升本地区经济水平是其主要目的之一。直到20世纪末，虽然中国与东盟国家之间的贸易额有了长足的进展，但双方的贸易依赖度相当低：中国对东盟国家的贸易依赖度（即一国或地区对另一国或地区的进出口额在其进出口总额中所占的比例）为5.2%，东盟对中国仅有3.6%。双方均不是对方最重要的贸易伙伴。双方前三位的贸易伙伴均为欧盟、美国与日本。东盟国家区内贸易额也占了很大比重，达20%以上。双方的出口产品中初级或技术含量低的产品占了很大比重。双方贸易还处在低水平、低数量的发展阶段，对进一步发展密切关系有一定的制约作用。

东盟方面一直希望借中国之力突出其在地缘政治和国际事物中的地位与作用。欧洲一体化与北美自由贸易区进程都是较为典型的大国推动主导型，而中国与东盟的合作则更为突出东盟的主导作用，符合东盟一贯坚持的以联盟的力量应对国际事物的初衷。在东盟与中、日、韩的“10+3”多边合作当中，由于东盟已在其内部实现了经济、安全的合作，对于以东盟为基础的区域合作意见较为统一，而东亚大国之间存在着矛盾，因此东盟在这种合作当中发挥着主导的作用；同时，中国在经济战略上也充分考虑了国家的地缘政治安全，在合作中注意彰显东盟的主体作用，将双方合作真正建立在公平公正、相互信任的基础之上。

中国经济在三十多年的改革发展中进步很快，综合国力不断提高，作为全球最大的发展中国家，中国的发展已经展现出很强的辐射与带动效应，东盟国家正是看到了中国的这一发展潜力，亚洲金融危机之后，中国率先提出在10年之内建成自由贸易区的建议，东盟给予了积极的响应，除年度领导人会议与外长会议外，还有外交、经贸、科技等工作层联系会议制。双方还设立了合作基金，均有向该基金会赠资与捐款，以保证合作机制落实。2001年，中国与东盟商会成立，双方的合作在机制与资金上均得到保障。2004年1月1日，自贸区的先期成果——“早期收获计划”（“早期收获”即在贸易便利化、公共卫生健康、知识产权和对最不发达国家实行两免——免关税、免配额待遇等方面先达成一致）顺利实施，即在中国—东盟自贸区框架下最先实施降税计划，当年11月，中国与东盟双方又签署了自贸区《货物贸易协议》，2005年7月，中国东盟开始相互实施全面降税。2007年1月，双方继续签署了自贸区《服务贸易协议》，2009年签署《投资协议》。直至2010年1月，中国—东盟自贸区如期全面建成。协议规定，中国—东盟自贸区建立后，双方对超过90%的产品实行零关税。中国对东盟平均关税从9.8%降到0.1%，东盟六个老成员国对中国的平均关税从12.8%降到0.6%。关税水平大幅降低有力推动了双边贸易快速增长。

中国方面对于合作一直保持积极态度，也是基于长远性与现实性的双重考虑。从现实性方面来看，冷战结束之后，中国一度面临严峻的国际与周边安全局势，客观环境不容乐观。如何在错综复杂的国际风云变幻之中争取更好、更长久地和平建设环境，最大限度地维护国家整体利益，是中国在新的时期处理国际事物的重要考量。东盟不仅是关系中国自身安全的重要组织，同时也在国际事物中发挥着独特的作用，加强与东盟的经济合作，加深双方的信任，无疑有利于中国的国家利益。另外，南海领土问题也是中国与部分东盟国家之间的敏感问题，和平与合理的解决也是中国一贯的政策，这一切，都有赖于双方信任的加强，需要假以时日，等待最好的解决时机。从长远来看，中国与东盟的合作将开辟一个近18亿人口的大市场，自由贸易区的设立将使双方受益。中国希望在经济上与东盟实现互补，提升产业结构的层次，以与东盟及东亚合作为起点，逐步实现向世界其他地区的进一步发展。

第一节　海上丝绸之路因素的介入与影响

前文提到，在“一带一路”成为国家战略之后，学术界开始对海上丝绸之路有了较之前更多的关注与重视。在短短的几年间，海上丝绸之路的影响面迅速扩大，已经开始成为学术界乃至产业界关注的焦点。

一、海上丝绸之路因素的全面介入

从历史发展来看，海上丝绸之路作为贸易商路的代称，已经被岁月赋予了更多的内容。探索海上贸易之路，自古就不只是单纯的商业行为，它的背后更多的是国家实力的彰显，体现国家政治力量、经济力量乃至军事力量。一汪碧蓝的海洋已经承载不下这其中所蕴含的丰富内涵。我们在探究海上丝绸之路影响的时候，不能忽视其中的多元特征，在探究海上丝绸之路对于区域旅游的影响时，也不能缺少对于各种相关因素的关注。那就是，不仅重视这条古老商路带来的现实商机，更为重要的是要挖掘其中的历史元素与人文情怀，从而赋予古代海上丝绸之路的更多的文化意蕴，通过对于这条商路的回顾找到契合现实世界区域旅游发展的路径。

2013 年中国提出“一带一路”的倡议设想之后，沿线各国的政府、企业也对于这个概念进行了多方面的探讨，已由最初的分析揣摩中国的战略意图，逐渐进入实质性的沿线经贸投资、合作意向的探讨阶段。短短几年，中国的“一带一路”倡议以“陆上丝绸之路”和“海上丝绸之路”两个不同走向为依托，不断深化，落实速度很快。2013 年 10 月，中国提出筹建投资银行的设想，国际社会一度对中国主导成立这一国际金融机构充满疑虑。事实上，仅一年后即宣告成立了“亚洲基础设施投资银行”①，中国、印度、新加坡等 21 个

---

① Asian Infrastructure Investment Bank，简称亚投行，英文缩写 AIIB

国家成为首批意向创始成员国。结果一出，全球舆论哗然，无不为亚投行建设的高效率感到惊奇。

作为一个政府间性质的亚洲区域多边开发机构，亚投行承诺，关注重点在于支持亚洲基础设施建设，成立的宗旨是："促进亚洲区域的建设互联互通化和经济一体化的进程，并且加强中国及其他亚洲国家和地区的合作。"毫无疑问，这家由中国倡导成立的金融银行也将在丝绸之路战略中发挥重要的作用。

截至2017年3月，亚投行新批准了包括中国香港在内的13个新成员的加入申请，至此，成员国数量达到70个。可以看出，在中国与"一带一路"沿线各国合作的进程中，"丝绸之路经济带"和"21世纪海上丝绸之路"的影响会逐渐加深，尤其对中国与东南亚国家的合作而言，"21世纪海上丝绸之路"所设立的愿景、规划与蓝图，将在双边合作中起到重要的指导作用，而在各领域所展开的区域合作中，"海上丝绸之路"的要素已经进入到各个层面的合作之中。

二、海上丝绸之路对区域旅游合作的影响

众所周知，东南亚所在区域堪称世界上民族宗教问题最复杂的、发展程度差异最大的、国家政体最多元的地区。仅仅越南一国就有50多个民族，佛教、伊斯兰教、天主教等在本地区均拥有大量信众。越南、老挝、柬埔寨、泰国以佛教为主要宗教，其中，越南与中国的情况相似，多属于大乘佛教，与其他几国信奉的小乘佛教有较大区别；而印度尼西亚、马来西亚等国以伊斯兰教为国教，印度尼西亚更不仅是本地区而且是全球最大的信奉伊斯兰教的国家。菲律宾由于长期遭到西方国家殖民的关系，语言风俗长期受到葡萄牙等国的影响，国人多信奉天主教。其他宗教诸如基督教、道教等在本地区也有不少信众。更为重要的是，这一地区政权的组织形式各异，意识形态多样，既有以宗教立国的国家，如文莱、马来西亚、印度尼西亚，也有按照西方民主政体组织的国家，如菲律宾、新加坡等，泰国仍然实行奉国王为名誉元首的国度，也有宣称实行社会主义体制的越南、老挝等。作为区域内的国家实体，东南亚国家具有鲜明的特点，在世界民族之林中也有代表性。中国开展与这一地区的旅游交流

活动，将对中国的全球旅游战略与旅游实践都产生深刻的影响。这一认识主要基于三个原因：

一是为经济发展层级差异较大的国家间合作提供借鉴和制度范式。在欧洲、美洲的一体化进程实践中人们发现，过大的差异会导致合作的困难，甚至会带来障碍。比如，传统上认为，ASEAN5 国（即新加坡、马来西亚、印度尼西亚、泰国、菲律宾 5 国）差异性远小于 BCLMV5 国（越南、老挝、柬埔寨、文莱、缅甸 5 国），但稍加分析就会发现，即使在所谓 ASEAN5 国中，除新加坡之外，其他都属发展中国家，经济发展参差不齐，加之文化、宗教的差异，使得交流与合作产生困难。如跨越这些国家之间的差异，将为更多的国家间合作提供可供参考的范例。由于历史的地缘关系，东南亚长期以来并非如中东一样是世界的热点地区，没有令人瞩目的地缘战略地位。随着世界的多极化发展，人们越来越认识到这一地区在国际航运、海洋（石油）资源开发及可持续发展进程中的重要地位。这一地区大多数国家是发展中国家，这一现实使得这一地区有着比其他国家拥有更为迫切的改善社会、经济发展的愿望。面对纷繁复杂的国际地缘政治和经济形势，东南亚地区的合作与发展令人充满想象。

二是能够通过合作跨越政治的屏障，为多元化的国家政体合作提供借鉴。应该承认，在后冷战时期，虽然没有了两大阵营的明显对立，但意识形态的差异在全球仍然存在。通过“一带一路”倡议代入海上丝绸之路的元素，将在全球树立多元政权合作的模式与范例。这一地区涵盖了国际社会现在的几乎所有政体形式：君主立宪制的国家、宣称实行西方民主制度的国家、以及宣称实行社会主义体制的国家。看似复杂的政治合作背景将给双边合作带来哪些困难？区域内国家如何解决这些问题？能够为国际社会其他类似合作带来何种程度的影响？这一问题也同样充满想象。政治交流是经济合作的前提，如果能够以共同的发展愿望一定程度地消除或逐渐消除政治意识形态上的差异，是“一带一路”倡议带给世界的最大惊喜。

三是必须提到对大国之间合作的影响。东南亚地区以丰富的资源、重要的交通位置、别具一格的地区作用在当今世界发挥着特殊的作用。随着美国国力的下降，中国不断崛起，使得传统上的大国关系也在发生着或明显或微妙的变化。美国正在实施的“亚太再平衡”战略的核心区域就覆盖了东南亚地区。东南亚国家也因此在大国博弈之中地位特殊，权重加大。加之目前存在的南海领土争端、宗教极端势力蔓延、恐怖主义扩散等问题，使得本地区也已经进入多事之秋。而中国“一带一路”倡议的重心就是以战略西移来应对美国的再平衡战略，以共同发展和繁荣来应对区域出现的问题，使得东南亚地区的重要性不断凸显。在这里，几乎可以看到所有大国关系的影子：中美关系、中日关系、中印关系、俄美关系、韩日关系等等，真正可以称得上是小区域，大道场。

有人将东南亚地区比作“中国的后院”，这种提法虽然不尽准确，但的确道出了这一区域对于中国国家利益的重要性。邻居是没有选择的，一个和平、发展、友好的东南亚地区是中国所乐于见到的，更加符合中国的国家利益。

第二节　中国区域旅游竞合能力分析

一、总体发展状况

中国旅游业在改革开放之后更是进步斐然。据世界旅游组织（UNWTO）最新发布的《2015 全球旅游报告》（UNWTO Tourism Highlights 2015 Edition）①，中国旅游外汇收入排名已由 1978 年的第 41 位，上升到世界第 4 位，同时，中国作为全球第一大旅游客源市场，持续且超常规增长，2014 年，中国游客海外花费同比增加 27%，达 1650 亿美元。受可支配收入提高、人民币汇率坚挺、旅行设施改善和出境旅游限制减缓等利好因素的影响，中国出境游市场在过去 30 年里增速喜人。中国贡献了全球旅游收入的 13%，让全球一大批旅游目的地，特别是亚太地区的目的地获益匪浅，东南亚地区也在其列。中国公民赴东南亚地区旅游的人数在十年间增长近 4 倍，除去几个特殊的年份——2003 年禽流感、2004 年的地震灾害、2008 年的全球金融危机之外，几

① http：//reports. weforum. org/travel – and – tourism – competitiveness – report – 2015/index – results – the – travel – tourism – competitiveness – index – ranking – 2015/

乎都处于增长的态势。早在20世纪的50～60年代，世界大众旅游的黄金时代就已经来临。虽然晚了50年，我国也终于迎来了旅游业大发展的时期。旅游业的进步与提高需要一批高水准的精英管理人才的参与。应该说，我国的旅游实践活动是早已有之，但旅游院校和旅游科研机构的产生与发展却只有几十年的历史，旅游业的人才培养和研究工作明显滞后。

同时，中国对旅游业的认识也在不断深化。最初人们仅仅认为，旅游业投资少，产出高，创汇多，涉及交通、餐饮、娱乐、商业等多种劳动密集型行业，乘数效应明显，被称为“朝阳工业”。据测算，旅游收入每增加1元，第三产业产值就相应增加10.20元，是充满活力、辐射效应强的经济产业。中国多数省、自治区或直辖市从各自的资源优势出发，将旅游业作为本地经济的优势产业或重要产业。

二、优势与掣肘

从资源的角度来看，中国的优势十分突出。下文的旅游业竞争力报告中将中国的自然资源和文化资源排列全球第一就是有力的佐证。中国濒临太平洋西岸，海洋国土面积近300万平方公里，拥有18000公里的大陆海岸线，14000公里的海岛岸线，岛屿6500多个。海岸线总长居世界第4位；大陆架面积为130万平方公里，位居世界第5位。由于幅员辽阔，民族众多，地理环境复杂，气候特征多样，使我国具有四季开展旅游活动的优越自然条件，而五千年的文明史又为我们提供了灿烂多姿的人文旅游资源。

但在很长一段时间里，我国对所拥有的丰富的旅游资源缺乏有效的开发利用，加上开发观念陈旧，管理落后，造成旅游资源的极大浪费。2015旅游业竞争力报告同时将中国的“环境可持续性”项排名倒数，体现旅游软实力的旅游服务建设也排在一百名开外。

这些都凸显出我国在旅游业发展上的短板。旅游业和其他行业一样，体制和机制是一个国家综合特征在这一领域的集中反映。很长一段时间以来，由于观念和体制的制约，我国旅游业的基本格局一直未能有大的变化，长时间呈现出所有制形式单一、投资主体单一的特点。多数旅游企业为具有政府背景的组织或机构投资和控制，经营者也多为行政官员，在本身具有开放性且市场化程度较高的旅游行业中，仍然带有计划经济色彩。有的旅行社投身多门，责、权、利三者关系难以明晰，缺乏经营的压力与动力，只注重眼前效益，缺乏长远的发展目标，频频出现经营上的短期行为。政府主管机构对部分旅行社直接或间接的参与和控制使得旅行社之间的竞争变得缺乏公平。这种情况在沿海地区（包括广东在内）也是进入21世纪后才得以根本改变。

应该说，中国旅游业的真正商业化运作是在改革开放之后。中国一反国际旅游行业发展的一般常规，走率先发展入境旅游以获得旅游业发展积累的路子，国内旅游与出境旅游也随之发展，30多年来发展速度很快，接待的入境过夜旅游者人数由1978年的180.92万人次增至2014年的1.28亿人次，国际旅游（外汇）收入也从263万美元增至500多亿美元，旅游人数及旅游收入的世界排名从80年代初的18位、34位上升到2014年的世界前几位。与此同时，国内旅游也方兴未艾，2014年，全国国内旅游人数达30多亿人次，出国（境）人数首次超过1亿大关。根据国家旅游局的统计数据，2009至2015年，中国旅游业总收入从1.29亿元增长至突破3.66万亿元，占GDP的比重已经超过了10%。

第三节　东盟区域旅游竞合能力分析

一、总体发展状况

旅游业在东南亚国家经济中起着举足轻重的作用。这一地区的发展在亚太地区的发展中尤其引人注目。东南亚入境旅游人数从1992年的2177万人次到2013年的7300多万人次，增长了近3.35倍，发展速度为国际旅游市场的耀眼亮点。这种跨越式的发展，既与20多年来全球化背景下世界旅游市场发展整体态势有关，也与这一地区在旅游发展方面的宏观区域政策有关。随着全球化进程的加快，新的旅游意识、旅游发展与旅游管理理念对东盟地区的影响加深，这一地区对于旅游业在国民经济中的地位也有了更加深刻的认识。这些因素对东盟地区加强旅游业的发展规划与定位起到了积极与良性的推动作用。

东南亚旅游业的发展数据如前文1－1所示。

二、优势与掣肘

东盟地区旅游发展战略实施的条件与基础主要体现在具备实施旅游发展战略的内外部条件上。东盟国家发展旅游业的优势十分明显。

首先，这一地区有独具特色的资源条件。

旅游资源是发展旅游业的前提和基础。拥有6亿人口的东盟地区由于独特的自然与人文旅游资源，拥有发展旅游业的优越条件。从地理位置上讲，各国均属于地球的“异质”地带和“阳光充足”地带，中南半岛与马来群岛地处亚、澳、欧三大洲交通枢纽，气候宜人，拥有漫长的海岸线，许多沙滩色白沙细，质地优良。星罗棋布的海岛成千上万，仅印尼、菲律宾就分别拥有13667和7000多个大小岛屿。东南亚地区是全球少有的以著名的“三S”为主要旅游吸引物的热带海洋旅游地，与地中海、加勒比海地区齐名。以热带气候与海岛特征为主体的三“S”（阳光、海水、沙滩）特色，成为这一地区在国际休闲旅游市场的耀眼亮点。这一地区还是火山活跃地区，在全世界600多座活火山中，印尼就占了100多座，火山奇观的观赏价值与火山温泉的治疗功效兼具，是难得的旅游资源。东南亚地区还拥有大量的奇花异草，动植物品种繁多，总数达10万多种。

东南亚绚丽的人文旅游资源则是这里的人民民族风貌的集中反映。印尼的婆罗浮图、三宝垅，马来西亚的马六甲，泰国的王宫与佛庙，柬埔寨的吴哥古迹等都具有世界声誉。此外，由于世界三大宗教都对这一地区有深刻的影响，不同的宗教文化在东南亚形成了各具特色的气氛。马来西亚的卧佛、缅甸仰光的大金塔更是佛教徒的圣地。东南亚国家都是多民族的国家，各自具备不同的民族特色，他们与热带的地形和气候融合在一起，形成了一幅幅多彩的民族风情画，十分引人入胜。

更为重要的是，东南亚国家具有强烈的发展旅游业的愿望与动因。众所周知，发展中国家往往将入境旅游作为赚取外汇、刺激经济发展的重要手段。东盟地区目前除新加坡外均属发展中国家，自然也不例外。和大多数发展中国家一样，在经济实力有限的情况之下选择了优先培育和发展国际入境旅游市场的方式，旅游业对国家进出口方面的贡献相当重要，东南亚国家在政府规划与相关规制方面对旅游业尤其是入境旅游给予了充分的政策协助与支持。各国均十分重视旅游业在国民经济中的带动作用，纷纷将旅游业作为本国的重要或支柱产业。

不可否认，全球经济与旅游业迅猛发展也受到诸多外部因素的影响与制约。旅游业作为国民经济中的一个重要产业，它的发展同经济的进步息息相关，同样，旅游业的发展也对整个社会经济产生刺激和推动作用。近半个世纪以来，随着世界经济的发展，旅游业的进步也十分迅速，国际旅游人数不断增长，从1950年的2500万人次增长到2004年的7.63亿人次，再到2014年的11.33亿人次，可以说世界上没有哪个产业具有旅游业般的增长后劲。亚太地区旅游业在新兴经济的带动下，在较小的市场基数上，以大大超出全球平均增幅的速度发展，亚太地区2014年国际游客到访量达2.63亿人次，同比2013年增加1400万人次，增加比为5%。

随着可持续旅游的理念在东盟地区的不断传播，东盟各国旅游资源的低碳化开发与利用问题也日益为人们重视。

从世界范围看，基于新的技术和理念的低碳经济概念一经问世便得到了旅游业的支持和响应。本地区所处的自然生态环境（海洋）是人类活动的重要区域，人类在这一地区的活动对于改善全球气候变化，促进旅游业可持续发展具有重要意义，而旅游活动的开展涉及多个相关产业的发展联动，也涉及人类自身的生命活动与消费活动。从这个意义上讲，低碳的旅游运行方式十分重要，这也是目前东盟地区滨海旅游发展的短板。

当然，东盟也在采取一些对应措施。首先，开始大力构建本区域的低碳经济发展框架。东盟地区能源消费结构中以石油、天然气为主，这与我国以煤炭为主体的结构相比有着绝对的碳排放优势，但合理调整现有能源结构，优化低效率的能源利用方式，积极开发替代能源和可再生能源仍是东盟地区的发展重点。

其次，开始制定切实可行的目标，帮助区域内成员尤其是北部发展中国家成员提高能源利用理念，积极提供新的能源发展方案，避免这些国家走上“先污染、再治理”的老路。

最后，开始把重点放在海洋旅游活动的低碳化方面。海洋旅游活动的开发与开展仍属于“高碳”活动，而且涉及领域与行业众多，旅游资源的最终利用也与各旅游要素相关联。因此，一方面要注重培养游客“低碳化”的消费观念，另一方面要注重研究滨海旅游的碳汇潜力，从源头实现东盟区域旅游的可持续发展。

第四节　中国与东盟区域旅游竞合态势及其走向

一、总体竞合态势

总的来说，从资源的角度，中国与东盟国家之间几乎不存在竞争，主要原因当然是由资源的特征所决定。中国国土地跨热带、亚热带、温带、寒温带多个气候带，地质条件复杂，各地均有不同类型的资源特点，具备“阳光、沙滩、海水、空气、绿色”五个旅游资源基本要素，旅游资源种类繁多，数量丰富，拥有开展各个气候带旅游活动的条件。但热带滨海旅游地是中国所缺，在中国，海南省三亚市是主要代表，能称得上“三 S”旅游地的地区凤毛麟角。仅此一点，与东南亚之间不但不存在竞争关系，反而具备资源的互补性：对生活在东南亚地区的人们来说，非热带资源本身属于与惯常生存环境迥异的旅游空间，从而产生旅游吸引力。

但从客源市场的角度来看，由于中国与东盟地区在旅游客源方面存在同一性，即亚洲尤其是东亚市场为双边共同的主要客源市场，由此带来一定程度的竞争性。但这个问题也不是一个零和竞争，存在多样化的解决路径。最根本的一点，利用客源需求的不同，生产差异化的旅游产品，吸引不同需求的游客，从而化解直接的竞争关系。竞争性几乎不存在或能化解，而互补性明显，这充分说明中国与东盟之间区域旅游的前景广阔。从合作的角度，如何最大程度地发挥资源特点，将资源优势变为产业优势，是区域合作的关键点。

二、东盟区域旅游发展走向

从东盟区域来看，长期以来，虽然东盟国家的经济发展在整体上处于全球发展中国家的行列，但一直非常重视旅游规划的作用，重视根据形势制定新的发展规划与目标。因为东盟国家具备这样的共识：旅游发展目标与总体规划是一个国家旅游管理水平与监控能力的集中体现。

近几年东南亚地区一直面临着一些因素的困扰。金融危机、流行病、恐怖袭击事件、南亚地震海啸事件等自然灾害都严重地影响了本地区的旅游业。而在这种情况下，东盟显示出了较好的应对能力。1997 年金融危机之后，泰国、新加坡、马来西亚、越南、老挝等国均根据新形势的变化修改或重新制定了本国旅游业发展计划。泰国推出了“神奇旅游年”及新千年的旅游活动计划，还根据形势的变化，将宣传市场的重点从东南亚地区转向中东、欧美、中国等受金融危机影响较小的国家，泰国旅游局也不断根据形势的变化制定旅游业发展的政策，并在近期提出将泰国建成亚洲的旅游中心的战略目标。越南政府也制定了全国旅游业总体规划方案，并将全国作了旅游分区，以更好地发展旅游业。

除了重视规划的宏观层面，东盟国家也注重营销手段的多样性与联动性。这一地区国家在旅游业的促销方面具有良好的联动性与合作意识，各国充分考虑了在客源国市场东南亚作为整体热带旅游区的一致性，在营销活动中重视地区宣传的关联度与延展性，致力于以整体的形象出现在世界旅游市场。这主要表现在以下两个方面：

一是实行组合式（或称捆绑式）的集合品牌战略，即将几个国家的产品在线路上有机组合，强强联合，既避免了一些国家由于旅游地域所限而造成的旅游停留时间难以为继（如文莱、新加坡等）的问题，又弥补了各国在资源上的缺陷，如经典的新、马、泰旅游线路就集合了山水风光、海滩风情与城市风貌等，给游客以“超值”的感觉。

二是应对各类危机时依托东盟区域内的合作机制，尽快对危机形势进行较为准确的判断，并开展实施危机预案。迅速对于危机状况进行分析与评估，协调各国步骤，沟通信息。由于这一地区在旅游市场的形象具有整体性与一致性，关联度高，因此，以整体区域形象作营销规划与危机处理更为符合本地区的特点。

三、中国区域旅游发展走向分析

从中国的情况来看，多数学者认为，尽管晚了近半个世纪，但中国大众旅游的黄金时代已经来临。分析中国旅游业发展的现状，可以发现中国区域旅游仍然呈现以下发展态势：

一是虽然基本实现了由接待型到产业型的转变，但粗放式的经营理念与方式仍然存在。具体表现在景区与旅游目的地开发层级低，水平差，缺乏科学的发展观，有的甚至置可持续发展的原则于不顾，搞重复开发与掠夺式开发，只看到发展旅游业的眼前效应，损害了长远发展的基础，尤其是表现在对资源类旅游产品及文化遗产类旅游产品的开发上。一些地区为了眼前利益对自然资源竭泽而渔，对资源环境破坏严重，甚至已到了无法恢复的地步；对于遗产类产品的开发也存在保护与开发失去平衡的情况，开发无度，保护无序，甚至造成一些珍贵人文遗产破坏严重的现象；市场竞争层级低，不完全竞争在行业内还存在，不公平竞争甚至恶性竞争在旅游企业中也普遍存在；旅游产品开发缺乏系统性、科学性，导致旅游商品在我国旅游业收益中所占比重极低。这些集中体现在旅游目的地品牌形象建设上。旅游地形象是一地旅游业发展规划的重要项目，直接关系该旅游地的品牌形象。而旅游品牌的建设并非一朝一夕，这是一项科学的、有计划的长期发展战略，需要开展一系列全局性的战略与相应的行动策略。作为旅游大国的中国面对日益激烈的旅游市场竞争，树立良好的国家旅游品牌形象至关重要。而旅游企业则也应该在市场经济的浪潮之中根据行业特点突出品牌建设，加强品牌管理，建立中国旅游企业良好的品牌形象。

二是旅游进出口存在着结构性的矛盾。旅游贸易逆差若长期存在将不利于国家对经济的结构性调整与改进。

据统计，从2012年起，我国旅游服务就已经超越运输服务成为我国最大服务贸易逆差领域。事实上，自改革开放以来，旅游贸易曾经出现连续多年的顺差状况，1991 年旅游服务顺差曾达到了 28.5 亿美元。1992 年以后开始出现旅游贸易逆差，1996 年之后逆差开始扩大（1994 年除外，当年呈现顺差）。这之后虽然中国旅游业整体发展较快，但旅游贸易逆差的状况一直未能得到根本的改变。随着 2001 年中国正式加入世界贸易组织，旅游贸易开始走向更为开放的格局，国家对于旅游服务的各种保护也都随着加入 WTO 的进程而不再存在。根据 2015 年 5 月商务部发布的《中国对外贸易形势报告（2015 年春季）》显示，2014 年中国服务贸易逆差达 1599.3 亿美元，同比增长 35%。其中旅游贸易逆差为 1078.9 亿美元，大幅增长 40.3%，占服务贸易逆差总额的 67.5%，是服务贸易逆差的最大来源。同时，据国家海关总署 2016 年 1 月发布的数据：2015 年我国进出口总值 24.59 万亿，同比下降 7%。其中出口 14.14 万亿，下降 1.8%；进口 10.45 万亿，下降 13.2%；贸易顺差 3.69 万亿，扩大 56.7%。

另据商务部的统计，2016 年前三季度，中国服务贸易逆差仍然达到 1863.4 亿美元，超过 2015 年全年服务贸易逆差总额 1366.2 亿美元的水平。其中，旅行贸易逆差为 1725 亿美元，占服务贸易逆差总额的 92.6%，是服务贸易逆差的最大来源。①

几组数据表明，在中国经济出现低迷的情况下，出口增长速度放缓，而贸易顺差仍持续扩大，在国际收支中十分明显。尽管这种长期的顺差在不同的国家和地区呈现出不同的具体态势，但不能否认中国一直以来都面临着十分严峻的服务贸易不平衡状况。究其原因，还是在于旅游服务的竞争力较弱。

三是旅游业业态正在发生重大变化。我国旅游业正在进入大众化、产业化发展的新阶段，“互联网 + 旅游”的金融资本助力旅游业发展的趋势明显。这种变化集中体现在以下几个方面：

首先，互联网尤其是移动互联网的广泛使用带来的巨大变化。这种变化不仅体现在消费端也体现在生产端。据 2016 年 1 月 22 日中国互联网络信息中心

---

① 中华人民共和国商务部综合收司 http://zhs.mofcom.gov.cn/article/cbw/201611/20161101564835.shtml

(CNNIC) 发布的第37次《中国互联网络发展状况统计报告》相关数据显示，截至2015年12月，中国网民规模达6.88亿，互联网普及率达到50.3%，半数中国人已接入互联网。如下表5-1所示。

表5-1　2014-2015年中国网民各类互联网应用的使用率①

	2015年		2014年		
应用	用户规模（万）	网民使用率	用户规模（万）	网民使用率	全年增长率
即时通信	62408	90.7%	58776	90.6%	6.2%
探索引擎	56623	82.3%	52223	80.5%	8.4%
网络新闻	56440	82.0%	51894	80.0%	8.8%
网络视频	50391	73.2%	43298	66.7%	16.4%
网络音乐	50137	72.8%	47807	73.7%	4.9%
网上支付	41618	60.5%	30431	46.9%	36.8%
网络购物	41325	60.0%	36142	55.7%	14.3%
网络游戏	39148	56.9%	36585	56.4%	7.0%
网上银行	33639	48.9%	28214	43.5%	19.2%
网络文学	29674	43.1%	29385	45.3%	1.0%
旅行预订[1]	25955	37.7%	22173	34.2%	17.1%
电子邮件	25847	37.6%	25178	38.8%	2.7%
团购	18022	26.2%	17267	26.6%	4.4%
论坛/bbs	11901	17.3%	12908	19.9%	-7.8%
互联网理财	9026	13.1%	7849	12.1%	15.0%
网上炒股或炒基金	5892	8.6%	3819	5.9%	54.3%
社交应用[2]	53001	77.0%	—	—	—
在线教育	11014	16.0%	—	—	—
互联网医疗	15211	22.1%	—	—	—

其次，同时期我国手机网民规模达6.20亿，有90.1%的网民通过手机上

① 本章数据除注明外均来自劲旅咨询 www.ctcnn.com/jinlv/.

网。只使用手机上网的网民也达到1.27亿人，占整体网民规模的18.5%。

再者，通过网络进行旅游预订的增长率到了17.1%。在这种大的背景之下，企业生产要素的流动方式也不可避免地紧随时代发生了重大的变迁。传统的生产企业在这一轮的变化中遭遇到前所未有的竞争压力。互联网尤其是移动时代的来临不仅改变了人们的消费方式、生活方式，也给整个社会的生产方式带来革命式的变革。网络从来没有像今天这样深刻地影响着人们的生活、交往。这种变化虽然是在互联网与移动技术的支撑之下进行的，但不容否认，人们对于网络的认识与接受程度是其能够在很短时期成为风靡时代的决定因素。

表5－2 2014－2015年中国网民各类手机互联网应用的使用率

	2015年		2014年		
应用	用户规模（万）	网民使用率	用户规模（万）	网民使用率	全年增长率
手机即时通信	55719	89.9%	50762	91.2%	9.8%
手机网络新闻	48165	77.7%	41539	74.6%	16.0%
手机搜索	47784	77.1%	42914	77.1%	11.3%
手机网络音乐	41640	67.2%	36642	65.8%	13.6%
手机网络视频	40508	65.4%	31280	56.2%	29.5%
手机网上支付	35771	57.7%	21739	39.0%	64.5%
手机网络购物	33967	54.8%	23609	42.4%	43.9%
手机网络游戏	27928	45.1%	24823	44.6%	12.5%
手机网上银行	27675	44.6%	19813	35.6%	39.7%
手机网络文学	25908	41.8%	22626	40.6%	14.5%
手机旅行预订	20990	33.9%	13422	24.1%	56.4%
手机邮件	16671	26.9%	14040	25.2%	18.7%
手机团购	15802	25.5%	11872	21.3%	33.1%
手机论坛/bbs	8604	13.9%	7571	13.6%	13.7%
手机网上炒股或炒基金	4293	6.9%	1947	3.5%	120.5%
手机在线教育课程	5303	8.6%	—	—	—

移动互联网时代来临带给人们生活方式的变化远比想象的要大得多。有学者认为移动时代已经形成了消费者的“移动生活形态”，更有人通过相关数据估计，到2018年，我国的互联网市场将达76500亿之巨。人们通过移动终端的使用，实现了包括购物、营销、搜索、游戏、阅读在内的几乎所有消费活动，移动互联网不仅改变了人们的生活习惯、社交方式、人际关系，而且随着移动互联网对现实生活的全面渗透，移动互联网的影响将会遍及消费者现实生活中的每个角落。全民“移动生活形态”的时代已经来临。根据上图的数据，利用手机进行网上旅游预订的规模已经达到2亿人次以上，年增长率达到56.4%。

再来分析企业的情况。新一轮的竞争中占据竞争优势的往往是那一些充分利用互联网交易平台的企业。中国企业使用计算机参与生产经营活动的比例达到95.2%，换言之，不管愿意与否，几乎所有的企业都进入了计算机时代。

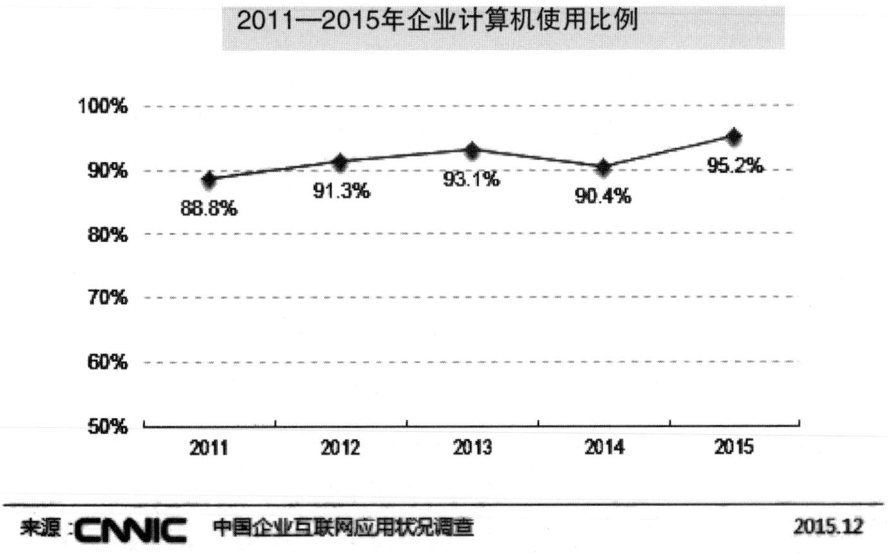

图5－1　2011—2015年中国企业使用计算机比例

根据中国互联网络信息中心（China Internet Network Information Center，简称CNNIC）的统计，如图5－1，2015年中国企业使用计算机的比例已经达到95.2%。另外根据劲旅智库监测数据显示，2015年，中国旅游市场总交易规模约为41300亿元，其中在线市场交易规模约达5402.9亿元，较2014年3670亿元同比增长47.2%，在线渗透率为13.1%，较2014年11.3%增长了约2个百分点。另外，在线交易的细分市场也呈现不同的特点。

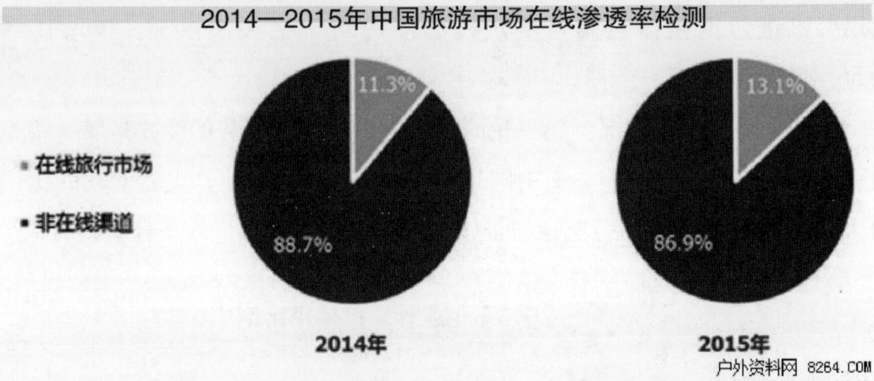

图5－2　2014—2015年中国旅游市场在线渗透率监测

在2015年约为5402.9亿元的在线旅游市场总交易额中，在线机票、在线住宿和在线旅行社预订市场规模分别约为3431.5亿元、1141亿元和735.5亿元，占比分别约为63.5%、21.1%和13.6%。相较2014年，在线机票和在线旅行社预订交易额占比微幅增长，而在线住宿预订交易额占比略降。

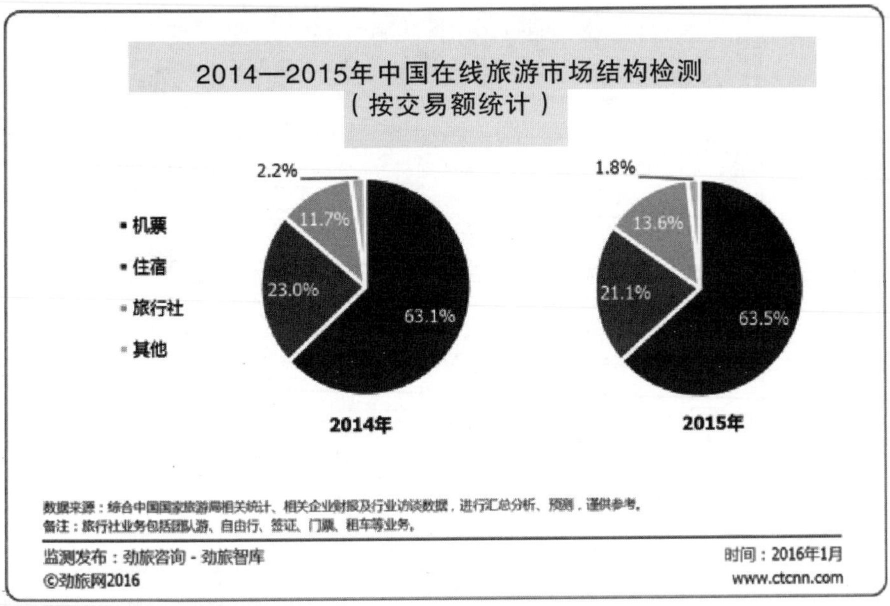

图 5－3　2014—2015 年中国旅游市场结构监测

根据中国在线旅游网站的监控数据，去哪儿网、携程网、阿里旅行网成为新的网络战国时期旅游企业的佼佼者。而数据在这两年的变动很大，各个旅游企业各自在互联网的大海中徜徉，各出奇招，竞争非常激烈。两年的数据虽然不能说明所有的问题，也不一定能清晰地昭示未来的发展轨迹，但至少有两点可以看到，一是虽然在线交易还没有成为交易方式的主流，但发展态势非常快；二是在线渗透的速度并未如人们所预料的那样迅疾，在不同的市场甚至出现了一些反复。

图 5－4 是对中国在线旅游网站用户覆盖数量的统计，基本能够展现中国旅游在线企业的发展态势。

中国在线旅游网站 2016 年 1 月份覆盖数统计排名				
排名	网站	2016.1	2015.12	环比变化
1	去哪儿网	1170	1595	↓26.6%
2	携程旅行网	695	770	↓9.7%
3	阿里旅行去啊	464	564	↓17.7%
4	蚂蜂窝	369	454	↓18.7%
5	驴妈妈旅游网	340	369	↓7.9%
6	芒果网	323	377	↓14.3%
7	穷游网	251	312	↓19.6%
8	途牛旅游网	238	251	↓5.2%
9	走吧网	132	na.	-
10	艺龙旅行网	131	169	↓22.5%
11	必爱旅行网	112	96	↑16.7%
12	户外资料网	107	114	↓6.1%
13	春秋旅游网	94	94	-
14	同程网	65	82	↓20.7%
15	十六番	63	66	↓4.5%
16	酷讯旅游	62	60	↑3.3%
17	欣欣旅游网	59	63	↓6.3%
18	乐途旅游网	43	8	↑437.5%
19	腾邦国际	41	104	↓60.6%
20	80 天环游网	40	8	↑400.0%
21	小猪短租网	38	53	↓28.3%
22	旅游名店城	30	37	↓18.9%
23	翼游旅行网	29	33	↓12.1%
24	铁友旅行网	27	30	↓10.0%
25	世界邦旅行网	26	30	↓13.3%
26	天巡网	21	29	↓27.6%
27	要出发	18	24	↓25.0%
28	途家网	17	17	-
29	一块去旅行网	16	15	↑6.7%
30	游多多旅行网	15	19	↓21.1%
30	旅游百事通	15	17	↓11.8%
30	米胖旅游网	15	15	-

注 1：用户覆盖数=平均每一百万名 Alexa 安装用户中的访问人数（人/百万人）
注 2：网站排名顺序基于用户覆盖数大小
注 3：监测发布：劲旅咨询—劲旅智库
注4：本次监测时间范围：2016年1月1日—1月31日　www.ctcnn.com

图 5－4　中国旅游网站 2016 年 1 月份用户覆盖数统计排名

可以预计，移动互联网时代也将深刻地影响到中国与东盟的区域旅游竞争和合作关系。游客的旅游活动，比如预订旅游消费的选择更多地在电脑端和移动端进行和完成，这个现实也对中国和东盟的旅游企业产生重大影响。对于国际间的旅游交流活动来讲，基于网络平台的企业营销活动将极大地便利区域旅游活动的交往和交流。当然，目前东盟的在线旅游企业也正处于起步阶段，与中国的去哪儿、携程等顶尖的旅游在线企业相比，也许还存在一定差距，但随着东盟旅游企业的进步与发展，与中国和世界其他旅游企业之间也一定会产生竞争和合作的关系。

第六章　海上丝绸之路与东盟区域旅游竞争与合作机制

1976年2月24日，印度尼西亚、菲律宾、马来西亚、泰国、新加坡五个创立东盟的国家，在印尼的著名旅游目的地巴厘岛举行了东南亚国家联盟第一次首脑会议，这次会议的成果是五国签订了《东南亚友好合作条约》（Treaty of Amity and Cooperation in Southeast Asia，TAC），为缔约各国提供了处理相互间关系时应遵循的原则。这些基本原则的出发点是进步与发展，条款包括：相互尊重独立、主权、平等、领土完整和各国的民族特性；任何国家都有免受外来干涉、颠覆和制裁，保持其民族生存的权利；互不干涉内政；和平解决分歧或争端；反对诉诸武力或以武力相威胁；缔约各国间进行有效合作。现今东盟的国家都已加入这个条约。这一条约成为东盟区域合作的基石，1988年，合约国又对这一条约进行了修订，使得条款能够接受域外国家加入，成为东盟与其他国家合作的指标性、规制性条约。中国作为域外的大国，于2003年最先加入了《东南亚友好合作条约》，标志着与东盟的关系发展进入一个新发展时期。其后，中国与东盟还商议确定了众多领域的合作意向，这些领域几乎覆盖了国民经济的所有行业：农业、信息产业、人力资源开发、相互投资、湄公河流域开发、交通、能源、文化、旅游、公共卫生和环保等11个重点合作领域。

《东南亚友好合作条约》规定了域内域外国家合作相关机制，确定每年举行一次东盟旅游部长会议和东盟旅游论坛。东盟旅游部长会议、东盟旅游论坛等组织形式也开始正规化运作起来。1998年，在新加坡举行了东盟旅游组织第六届会议，会上发表了《东盟旅游合作行动计划》。会议还就东盟的旅游发展进行了有效的交流与合作。总体来看，东盟区域旅游合作的势头相当不错。

当然，在旅游合作规制方面还存在一些问题，东盟还应该探索更为合理的竞争与合作机制，以保障区域旅游发展的进行。

第一节　区域空间组织模式与旅游活动

区域经济活动的空间组织是个复杂的过程。它包含了地域系统的成分、结构、功能、规模、等级、性质一定时期内在区域空间上的演变过程。根据弗里德曼的区域空间结构演变理论，目前世界上具有核心区、上进过渡区、后进过渡区、资源边际区等四种类型地区，这些在区域的经济发展、资金流动、人员流动、资源供给方面具有不同的发展特点，是考察区域空间合作的研究基础。

核心区是新技术与新兴产业的发源地，拥有创新发展的所有相关要素，是生机勃勃的区域发展中心地带。随着发展进程的加快，这类地区的吸引力会逐渐加大，人口增加，产业集聚，经济和社会发展的各项指标的增长速度在一个较长的时期处于高水平，表现为平均增速高于其他地区，各项政策措施、区域管理水平和生产生活水平也较高，能够吸引更多的生产企业与人口进入，呈现出较强的区域发展带动性。有的还拥有处于龙头地位的产业门类，如金融、软件开发业等；旅游吸引力也较之其他区域更大。作为旅游客源地，核心区域拥有成长性最好的客源人群及潜在的人群。这些人群有着良好的可支配收入预期，年龄层次适宜旅游消费，能够完成更多中端、高端的旅游消费活动；同时，作为旅游目的地来说，此类区域适宜开展旅游分类活动中的工业游，也可吸引相应的旅游客源。更为重要的是，一个充满生机和活力、拥有蓬勃发展的区域经济产业的地区，往往工商业水平也较高，能够较好地提供游客所需要的各种旅游消费产品。

上进过渡区指人口移动方面处于人口移入较多的状态。由于生产力发展水平较快，社会经济各部门的发展处于上升和加速发展态势，虽然与核心区相比还不具备产业的集聚与带动作用，但在吸引产业与人口方面开始呈现出一定的优势与吸引力。人口移入开始增多，经济和社会发展的各项指标的增长水平有所提升，各项政策措施、区域管理水平与生产生活水平虽然与核心区域相比尚有差距，但发展潜力开始显现。这类区域与核心区域相比，属于产业发展的上升时期，虽然没有核心区域成熟的产业状态，但往往吸引更多年龄层次为中青年的人群进入，这类人群处于工作和生活上的奋斗时期，适当的旅游消费能够让他们放松身心，丰富生活内容。因此，上进过渡区属于拥有潜力的旅游客源地。

后进过渡区的情况与上进过渡区相比，处于人口移动移入较少甚至净移出状态，尤其是青壮年人口。由于生产力发展水平不高，社会经济各部门的发展处于下降的态势，经济和社会发展的各项指标下行严重。由于产业与治理水平一般，在吸引产业与人口方面不具备吸引力。人口移入减少，各项政策措施、区域管理水平、生产生活水平与前两者相比差距较大，区域发展没有朝气，发展状况江河日下。但是，这类区域在旅游活动中并非毫无建树。中老年人群在现代的旅游活动中也是重要的客源人群，他们拥有的最大优势是稳定的退休收入和能够自由支配的旅游时间。

而资源边际区则处于空间发展的价值链末端，只能为核心区提供资源合作与供给，自身的发展处于资源利用的枯竭期，经济发展处于不利的状态。这类区域对于旅游活动来说价值有限。因为不论是作为客源地或是目的地，都缺乏旅游活动开展所需要的地区活力，产业的没落导致区域内人群的收入水平不高，这无疑会制约旅游地的消费能力。另外，资源边际区长期作为资源产品的提供地，往往或多或少地存在环境问题，这是作为旅游目的地最大的硬伤，会直接影响游客对目的地的旅游感知。

对照目前全球区域经济的发展情况，的确存在资源国、消费国与生产国的不同区域发展模式。资源国在整个世界经济舞台中往往处于产业价值链的末端，经济发展状况随着资源价格的涨跌而起伏，基本不能控制价值链体系中有利的方面，即使在资源价值看涨的时候也不能对整个世界经济运转产生决定作用。比如，中东多数产油国家，国民经济基本无其他门类，属于资源边际区；俄罗斯经济结构中虽然有较为完备的军事工业，但对于资源出口尤其是能源——石油、天然气的依赖，抗压能力弱，一旦遇到经济发展的阻碍力量，往往处于不利的竞争地位；而消费国的情况则主要属于核心区和上进过渡区之列，这些国家已经完成了产业的集聚与整合，人口处于净流入状况，各方面吸引力较大。由于占领了金融、货币等价值链主要环节，成为资源国与生产国的消费区域，在世界经济价值体系中掌控能力强的国家，往往利用自己的优势在与其他劣势国家的竞争中处于有利的地位。

旅游产业的发展虽然有着特殊性，但区域性的旅游发展仍然遵循着区域空间的组织模式和规律，不同的是生产和消费的人群发生了相互的转换。作为旅游消费的主体，旅游者在区域空间的分布上也存在着一定的演变和渐进的过程。消费人群在空间分布上的特点与变化对于分析区域旅游的空间组织模式也有着重要的意义。

第二节　制度衔接模式

很多人认为东盟的存在和发展是一个奇迹。在东南亚这样一个相对复杂多元化的地区，东盟国家基本实现了东南亚区域的稳定与发展，这在全世界都是较成功的区域联盟范例。究其原因，与东盟选择了适合本地区、本区域发展的联盟运作制度有关。在多年的联盟运行过程中，东盟不断在组织方式与组织框架方面进行总结和协调，力图在东盟内部找到最大范围的合作共识，并在制度建设上不断修订、磨合，使各成员国在“舒适”的被尊重的环境中履行联盟成员的义务，并在联盟实践中不断提升联盟组织水平和管理水平。

一、东盟方式

早前很多人并不看好东盟，原因非常简单，这一组织构成复杂，发展程度差异很大，民族、种族、宗教问题层出不穷。世界上还没有现成的像东盟这种状态的区域联盟的成功范例。但令世人惊叹的是，经过多年的发展，东盟组织一直在区域一体化中扮演着非常重要的角色，发挥着建设性的作用，东盟各成员国的凝聚力不断加强，东盟组织的话语权不断提升，已经成为平衡地区和全球发展力量的重要区域组织。

在东盟的发展进程中，区域内国家一致支持奉行的“东盟方式”发挥了很大作用。所谓的“东盟方式”，是东盟国家根据自身的特点和愿望所创建的具有独特理念的发展方式（ASEAN Way），或称东盟道路。正如一些学者专家总结指出的那样，东盟的发展与它创造的“东盟方式”不可分离。东盟作为世界上组成最复杂的区域联盟组织，从1961的“东南亚联盟”（Association of Southeast Asia，ASA），发展到现在的“东南亚国家联盟”（Association of Southeast Asia Nations，ASEAN），半个多世纪走过的历程可圈可点。而所谓“东盟方式”，主要内涵是成员平等、协商一致、不干涉内政、和平共处。与欧盟以“制度性方法”约束成员国相比，东盟方式更加强调成员国之间相互尊重、协商一致、照顾各方舒适度。“东盟方式”最主要的特征是“软性合作”，即在地区合作框架下，通过协商来制定合作进程和目标。在欧盟的“制度性方法”要求下，欧盟组织具有超越国家的立法权和干预权，所形成的协议成员国必须完全遵守，换言之，在欧盟的合作进程中，各成员国必须让渡出部分主权，对外形成欧盟的一致性。但东盟的情况与欧盟有着很大的不同：一是东盟各国发展程度差异大，各自关注的利益重心也有区别，合作的能力也有所不同，不能完全以一致的要求对待所有的成员国；二是东盟内部发展的向心力有限，一体化进程如果不能循序渐进地推进，很可能适得其反。在这种情况下，采取变通的方式推进区域化的进程是适合东盟各国国情的。

当然，东盟方式并非最理想的方式。作为一个区域性的合作组织，一致的行为要求是协调稳定各成员国关系的重要途径，制度化的建设也是未来东盟必须面临的课题。

二、东盟组织框架

东盟组织虽然以“东盟方式”处理各成员国的关系，但多年来的区域合作实践也使东盟十分重视联盟的组织建设。目前，东盟的组织架构大致如图6-1所示。

东盟最高的权力机构是东盟峰会，2000年，在第四次非正式首脑会议上，成员国决定取消正式非正式之分，每年召开一次首脑会议，商议东盟发展的重大问题，决定发展方向，做出决策。根据东盟方式，每个成员国在东盟峰会上都拥有否决权，以显示了东盟互不干涉内政的平等制度，但是，在峰会召开之前，东盟各国会特别注意开展双边或多边磋商，提前达成共识，避免在峰会上发生大的争执，使东盟峰会的决策过程更加顺利，氛围也更加和谐。东盟经济部长会议和东盟财政部长会议也是东盟组织架构中有益的补充，其中，东盟经济部长会议主要主导东盟经济高官会，协调各国经济层面的问题，东盟财政部长会议主要主导东盟财经系统的高官会，协调各国财政政策和交流合作。东盟部长会议则将除经济财政外的所有问题纳入主导范畴，主要包括了协调东盟高官会和东盟常设委员会的工作，另外，东盟秘书处作为东盟重要的常设机构，也纳入了这一体系。

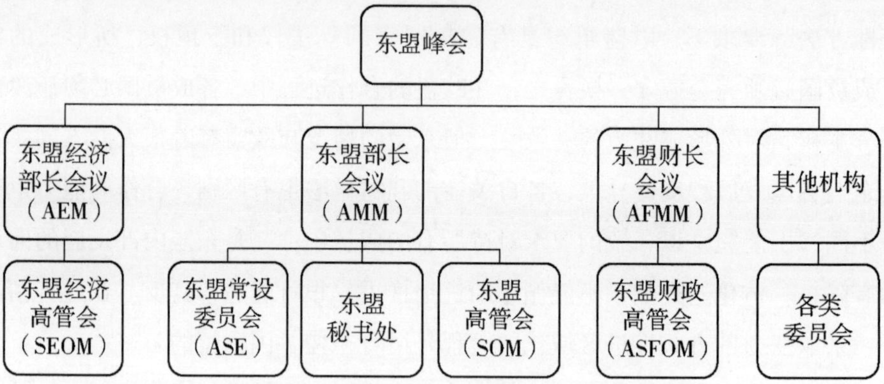

图6－1　东南亚联盟组织框架图

旅游合作也是东盟区域合作组织框架中的一个部分。早在20世纪70年代，东盟国家就开始了旅游合作。1976年，当时只是东盟贸易与旅游委员会下设的旅游小组委员会宣告成立（the Sub-Committee on Tourism，简称SCOT），1981年，又首次开办了东盟旅游论坛（ASEAN Tourism Forum，ATF），并形成惯例，以后每年举办一届。中国与东盟旅游论坛也是在此基础上发展起来的，之后还成立了东盟旅游协会和东盟旅游论坛，开展东盟旅游年等各种主题的区域旅游活动。1998年是东盟旅游一体化进程具有里程碑意义的一年，这一年的1月10日在东盟旅游论坛中开启了第一次正式的东盟旅游部长会议。

第三节　旅游产业组织特点

旅游经济在国民经济体系中属于第三产业，其发展有着不同于其他经济门类的特殊性。运用弗里德曼区域空间结构演变理论应该考虑其适用性，尤其必须考虑旅游产业的特殊业态在产业组织上的特点。

首先，从旅游经济的发展来看，旅游产业同样面临资金、人员、资源的多重考验和要求。从资源的角度来看，传统观念认为资源是旅游业发展的唯一要件，只有具备一定的资源优势才有可能形成一定的产业优势。而随着旅游业的进步与深入，人们发现，资源的作用诚然很大，但旅游目的地的规划与策略也是促进区域旅游增加吸引力的重要方式。这其中的重大转变是，人们对旅游业的认识提升了，对资源的认识提升了，在此基础上最直接的结果是资源利用的发展与创新。除了天然的景致，旅游者所醉心的人工景点不断涌现，带来旅游业界观念的更新与发展，迪士尼主题公园就是这种观念改变的结果。在1955年之前，人们很难想象，一个完全是由人工建造的景点会产生如此之大的效应。这种将环境布置与娱乐设施集中起来，用来表现一个或几个特定的主题区域内的建筑群与相关活动的组合，能够带来旅游业界对旅游吸引物认知的颠覆性变化。在洛杉矶推出了世界上第一个现代意义上的主题公园之后，半个多世纪过去了，除了美国佛罗里达州和南加州以外，在亚洲也可见到日本东京迪士尼、中国香港迪士尼、上海迪士尼以及欧洲的法国巴黎迪士尼主题公园的身影，并受到广泛的欢迎。

借鉴美国环球影城而建的新加坡环球影城（Universal Studios Singapore）是目前东南亚唯一的一座大型主题公园。它兴建在著名的圣淘沙景区内，耗资高达43.2亿美元，于2010年3月18日正式对外开放，每年吸引游客上百万人次。这座环球影城是新加坡在圣淘沙岛兴建的重点旅游项目，与美国环球影城相比，新加坡这个同样的景点的最有名之处在于，24个密集的景点分布于景区内，包括过山车景点，使得新加坡的这一旅游景点成为区别于世界其他同类景点的拳头产品。不过，对于旅游业尚处于起步阶段的东南亚其他国家来说，如此高昂的建设费用是短时间内难以承受的。更为重要的是，建成之后的管理难度与运营难度都很大，需要配备相应的管理团队跟进，对一个旅游产业管理相对落后的国家也是个难点。

其次，从人员的流入与流出来看。一个区域的人员流动与该区域的资金吸引力与产业吸引力相关。从旅游业发展的角度来看，世界旅游发达的国家与国民经济发达的国家几乎是重合的，换言之，旅游业发达的国家大多属于经济发达国家。这其中除了旅游经济本身即是一个重要的经济门类之外，还有一个因素是由旅游人口流动的规律决定的。一般来讲，旅游目的地的经济状况往往低于旅游客源地，也就是说，游客往往更多来自经济更发达的国家或地区。当然，中国旅游经济的排名这几年一直稳定在前几位，属于发展中国家跻身旅游大国的特例。这其中更多的原因是由于中国旅游经济的体量增大的缘故，这和中国经济总量在世界经济的地位不断攀升，而人均数量却相对较低的原因类似。

从东盟区域空间合作的状况来看，以新加坡为代表的南部海洋国家由于更为强势的经济发展状况与国家实力，往往在合作中处于主导地位；而北部的发展层级相似的陆地国家则更多地是处于从属地位。以旅游业发展中重要的人员培训来看，新加坡、泰国等国就将对越南、柬埔寨等国的旅游从业人员培养训练作为常规的合作项目来对待，将自身在旅游发展中获得的经验与理念传达给这些尚处于旅游发展初期的国家的从业人员。

第四节　中国—东盟区域旅游竞合状况评价

所谓竞合方式，就是竞争与合作并存的区域合作方式，是在飞速发展的国际社会的多元化合作和多领域竞争中衍生出来的一个概念。将之运用于区域合作能够很好地诠释和分析区域合作关系中最难处理的竞合关系。

一、评价体系和方式的选取

竞合方式的分析需要运用一定的体系和方式。本书采用世界经济论坛对全球旅游竞争力的评价方式。这种评价方式选取相应的指标，采用相应的评价体系对全球各国的旅游业竞争力进行评价，一定程度上摒弃了仅仅以旅游人次、旅游收入评价旅游产业的弊端。

2015 年 5 月，世界经济论坛（WEF）最新发布了《旅游业竞争力报告 2015》（Travel & Tourism Competitiveness Report 2015），报告采用了 14 个指标对全球 141 个国家和地区展开测评，结果是西班牙拔得头筹，法国、德国、美国、英国等国紧跟其后。日本夺得亚洲第一，新加坡排列亚洲第二，中国则由 2013 年的第 45 位跃升至 17 位，变化很大。2017 年的报告与往年相比有一些变化，主要体现在“旅游竞争力指数”上，较之前有了调整（如下图）。

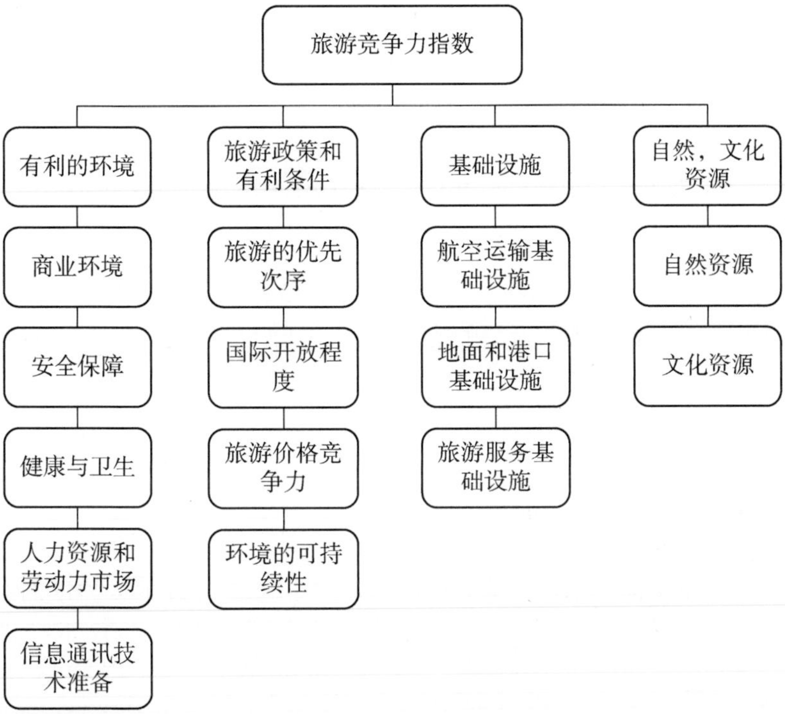

图 6 - 2　旅行/旅游业竞争力指数[①]

① 本章数据除注明外均来自世界经济论坛网站：https://www.weforum.org/reports/the-travel-tourism-competitiveness-report-2017

2017年的评价指标仍然包括四组14个指标。分别是："有利的环境"；"旅游政策和有利条件"；"基础设施"；"自然，文化资源"。除最后的"自然资源，文化资源"组别沿用了上几年的名称之外，其余三组都有调整。

第一组"有利的环境"包括商业环境、安全保障、健康与卫生、人力资源和劳动力市场、信息通讯技术准备五个指标项；

第二组"旅游政策和有利条件"包括发展旅游的优先次序、国际开放程度、旅游价格竞争力、环境的可持续性四个指标项；

第三组"基础设施"十分明确，包括航空运输基础设施、地面和港口基础设施、旅游服务基础设施三个指标项；

第四组"自然，文化资源"包括自然资源、文化资源两个指标项。

按照这个最新的竞争力排名榜，很显然，中国正在进入旅游强国的行列。同时，亚洲国家包括东南亚国家在内也有数个有不错的排名：最靠前的是日本，列第9位，其次是新加坡，第11位，接下来是马来西亚第25位，泰国第35位，印度尼西亚第50位。前50位中亚洲国家有9个，其中包括4个东盟国家。报告中说，随着国际游客人数的日益增长和本地区中产阶层游客群体的壮大，东亚地区已成为全球最具活力的旅游热点地区。其中东南亚地区特别突出，是近两年全球游客增长最快的地区之一。应该说，这个报告一定程度上反映了区域旅游竞争力的发展情况。下面分别对中国和东盟国家中进入竞争力排行榜前列的国家做一个分析。

二、中国旅游业竞合力分析

首先来看下中国的情况。如下图6-3，中国旅游业在亚太地区的竞争状况。表6-1则是这种状况的具体指标和数据。

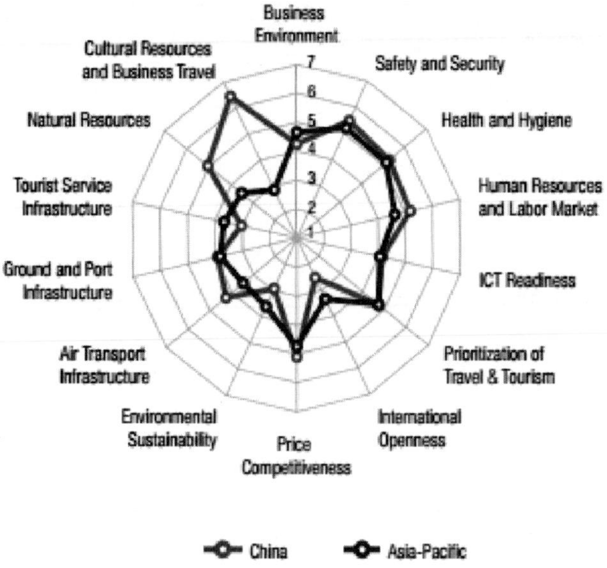

图6－3　中国在亚太区旅游业竞争力状况

（图示说明：上图为世界经济论坛网站提供的中国在亚太地区的旅游业竞争力状况图，从图上方正中按照顺时针方向指标项分别是：商业环境、安全保障、健康与卫生、人力资源和劳动力市场、信息通讯技术准备、发展旅游的优先次序、国际开放程度、旅游价格竞争力、环境的可持续性、航空运输基础设施、地面和港口基础设施、旅游服务基础设施、自然资源、文化资源）

可以看到，中国在亚太区域竞争力的排名为第17位，在14个评价项中，中国有9项是高于亚太区域的平均水平或与其持平，这些项目分别是：第一组“有利的环境”中有四个指标项：人力资源和劳动力市场，信息通讯技术准备，健康与卫生，安全保障；第二组“旅游政策和有利条件”中有两个指标项：旅游的优先次序，旅游价格竞争力；第三组“基础设施”中有两个指标项：航空运输基础设施，地面和港口基础设施；第四组自然资源、文化资源两个指标项全部高于亚太区域平均水平。

表6－1　中国竞争力指数排名情况

中国旅行/旅游业竞争力指数	排名（共141个单位中）	分数（1－7）
总体指标	17	4.54
有利的环境	60	4.87
商业环境	80	4.25
安全保障	58	5.47
健康与卫生	68	5.29
人力资源和劳动力市场	16	5.20
信息通讯技术准备	72	4.15
旅游政策和有利条件	102	3.82
发展旅游的优先次序	55	4.73
国际开放程度	96	2.52
旅游价格竞争力	34	5.10
环境的可持续性	137	2.93
基础设施	60	3.74
航空运输基础设施	25	4.27
地面和港口基础设施	53	3.91
旅游服务基础设施	102	3.04
自然，文化资源	1	5.74
自然资源	6	5.05
文化资源	4	6.44

再来具体看一下各项指标的排名情况：第四组中两个指标项的排名十分引人注目，其中自然资源、文化资源两个指标项名列所有参与评价的141个国家之首，其中，自然资源竞争力列第六，文化旅游资源和商务环境列第四，是四组评价项中唯一全部高于亚太区域平均水平的指标项；评价排名最低的是第二组“旅游政策和有利条件”，仅列第102位，其中环境的可持续性指标项在参评的国家中列倒数第五位。国际开放程度也只列第96位。相比之下，第一组和第三组的排名居于中游，第三组“基础设施”列第60位，其中，航空运输

基础设施指标项列25位，排位最高；第一组“有利的环境”列第60位，其中人力资源和劳动力市场指标项十分突出，列第16位。

三、新加坡旅游业竞合力分析

下面再来看一下东盟国家中竞争力排名最高的新加坡的情况。如下图6－4，新加坡旅游业在亚太地区的竞争状况。表6－2则是这种状况的具体指标和数据。

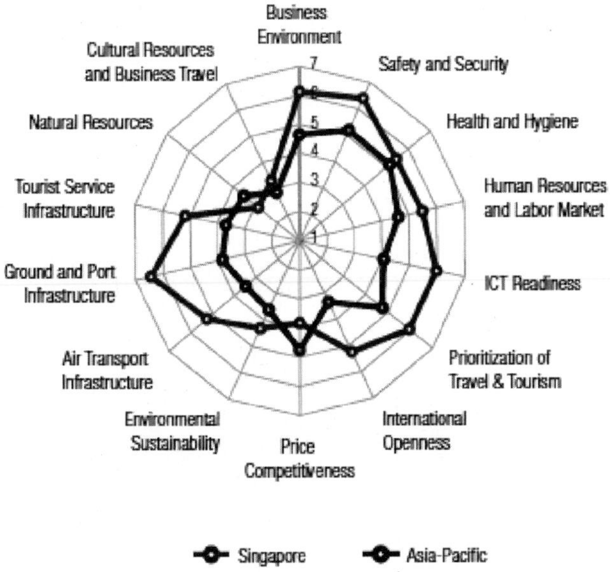

图6－4　新加坡在亚太区旅游业竞争力状况

（图示说明：上图为世界经济论坛网站提供的新加坡在亚太地区的旅游业竞争力状况图，从图上方正中按照顺时针方向指标项分别是：商业环境、安全保障、健康与卫生、人力资源和劳动力市场、信息通讯技术准备、发展旅游的优先次序、国际开放程度、旅游价格竞争力、环境的可持续性、航空运输基础设施、地面和港口基础设施、旅游服务基础设施、自然资源、文化资源）

新加坡在亚太区域竞争力的排名为第11位，如表6－2所示，在14个评价项中，新加坡有12项是高于亚太区域的平均水平或与其持平，只有两个指标项较低，那就是第二组“旅游政策和有利条件”中的旅游价格竞争力指标项，以及第四组“自然，文化资源”中的自然资源指标项。

表6-2　新加坡竞争力指数排名情况

新加坡旅行/旅游业竞争力指数	排名（共141个国家）	分数（1-7）
总体指标	11	4.86
有利的环境	5	5.89
商业环境	1	6.13
安全保障	8	6.4
健康与卫生	61	5.44
人力资源和劳动力市场	3	5.49
信息通讯技术准备	10	5.98
旅游政策和有利条件	1	4.83
发展旅游的优先次序	4	5.95
国际开放程度	1	5.25
旅游价格竞争力	116	3.82
环境的可持续性	51	4.31
基础设施	5	5.63
航空运输基础设施	6	5.26
地面和港口基础设施	2	6.44
旅游服务基础设施	34	5.17
自然，文化资源	1	3.08
自然资源	6	2.87
文化资源	4	3.30

再来具体看一下新加坡在各项指标中的排名情况（如表6-2）：第二组“旅游政策和有利条件”项十分突出，位列所有参与评价的141个国家之首。其中国际开放程度最为优异，列在榜首，发展旅游的优先次序列第四位。有意思的是旅游价格竞争力指标项仅列第116位；第一组和第三组的评价情况也很突出，第一组“有利的环境”列第5位，其中商业环境位列第1，人力资源和劳动力市场指标项列第3；第三组整体情况都十分突出，第三组“基础设施”

一项总的排名列第5位，航空运输基础设施、地面和港口基础设施两个指标项分别列第6位和第2位。

四、马来西亚旅游业竞合力分析

最后再来看一下马来西亚的旅游业竞争力排名的情况。如下图6－5，马来西亚旅游业在亚太地区的竞争状况。表6－3则是这种状况的具体指标和数据。

马来西亚在竞争力排名中列第25位。如下表6－3，在14个评价项中，除第二组“旅游政策和有利条件”中的环境的可持续性指标项略低于亚太区域的平均水平外，其他各项均高于亚太区域的平均水平或与其持平，评价成绩较为平均。

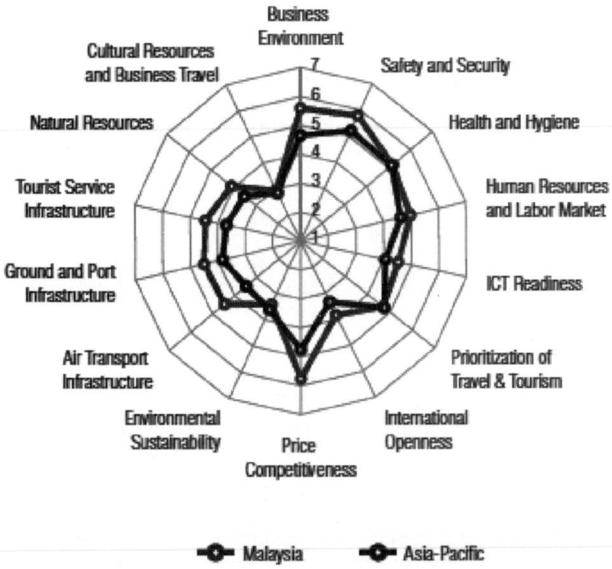

图6－5　马来西亚在亚太区旅游业竞争力状况

（图示说明：上图为世界经济论坛网站提供的马来西亚在亚太地区的旅游业竞争力状况图，从图上方正中按照顺时针方向指标项分别是：商业环境、安全保障、健康与卫生、人力资源和劳动力市场、信息通讯技术准备、发展旅游的优先次序、国际开放程度、旅游价格竞争力、环境的可持续性、航空运输基础设施、地面和港口基础设施、旅游服务基础设施、自然资源、文化资源）

再来具体看一下马来西亚在各项指标中的排名情况：第二组“旅游政策和有利条件”项和第四组“自然，文化资源”项均列第24位，其中，旅游价格竞争力指标项名次最高，列第6位，环境的可持续性指标项排列第119位；第一组“有利的环境”中商务环境项成绩最好，列第10位；第三组“基础设施”一项总的排名列第41位，其中成绩较好的是航空运输基础设施指标项。

表6-3　马来西亚竞争力指数排名情况

马来西亚旅行/旅游业竞争力指数	排名（共141个国家）	分数（1-7）
总体指标	25	4.41
有利的环境	40	5.21
商业环境	10	5.60
安全保障	42	5.79
健康与卫生	73	5.18
人力资源和劳动力市场	30	4.98
信息通讯技术准备	54	4.52
旅游政策和有利条件	24	4.43
发展旅游的优先次序	56	4.71
国际开放程度	46	3.85
旅游价格竞争力	6	5.76
环境的可持续性	119	3.42
基础设施	41	4.46
航空运输基础设施	21	4.46
地面和港口基础设施	35	4.50
旅游服务基础设施	68	4.43
自然，文化资源	24	3.52
自然资源	26	4.09
文化资源	27	2.95

五、泰国旅游业竞合力分析

泰国的旅游业在东盟国家中具有鲜明的特色，下面再来看一下泰国的情况。如下图6－6，泰国旅游业在亚太地区的竞争状况。表6－4则是这种状况的具体指标和数据。

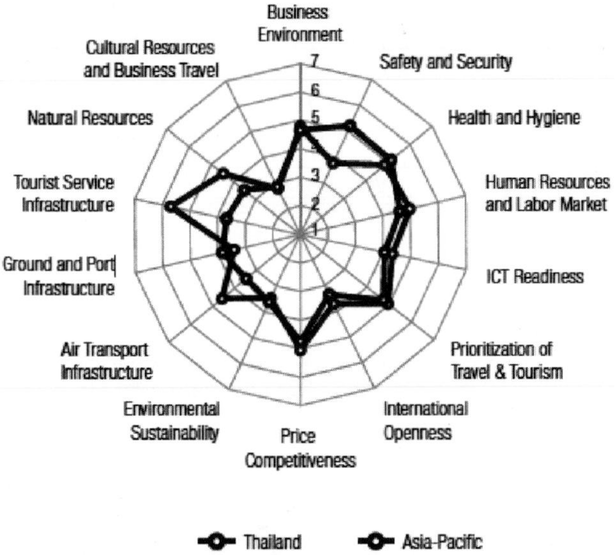

图6－6　泰国在亚太区旅游业竞争力状况

（图示说明：上图为世界经济论坛网站提供的泰国在亚太地区的旅游业竞争力状况图，从图上方正中按照顺时针方向指标项分别是：商业环境、安全保障、健康与卫生、人力资源和劳动力市场、信息通讯技术准备、发展旅游的优先次序、国际开放程度、旅游价格竞争力、环境的可持续性、航空运输基础设施、地面和港口基础设施、旅游服务基础设施、自然资源、文化资源）

可以看到，泰国在亚太区域竞争力的排名为第35位，如表6－4所示，在14个评价项中，泰国有8项是高于亚太区域的平均水平或与其持平，其中第四组“自然，文化资源”中的自然资源指标项，第三组“基础设施”中的旅游服务基础设施指标项和航空运输基础设施指标项表现突出。有4项是低于亚太区域的平均水平或与其持平，包括第一组“有利的环境”中的安全保障指标项和健康与卫生指标项，以及第三组“基础设施”中的地面和港口基础设施指标项。

再来具体看一下泰国在各项指标中的具体排名情况：第四组“自然，文化资源”项排名最高，列第21位，其中，自然资源指标项名次最高，在141个国家中列第16位，安全保障指标项列第132位，在所有项目中排名最低；第一组“有利的环境”中人力资源和劳动力市场指标项成绩最好，列第29位；第三组“基础设施”一项总的排名列第37位，其中成绩较好的是旅游服务基础设施指标项列第21位。

表6-4　泰国竞争力指数排名情况

泰国旅行/旅游业竞争力指数	排名（共141个国家）	分数（1-7）
总体指标	35	4.41
有利的环境	74	5.21
商业环境	38	5.60
安全保障	132	5.79
健康与卫生	89	5.18
人力资源和劳动力市场	29	4.98
信息通讯技术准备	60	4.52
旅游政策和有利条件	49	4.43
发展旅游的优先次序	40	4.71
国际开放程度	49	3.85
旅游价格竞争力	36	5.76
环境的可持续性	116	3.42
基础设施	37	4.46
航空运输基础设施	17	4.46
地面和港口基础设施	71	4.50
旅游服务基础设施	21	4.43
自然，文化资源	21	3.52
自然资源	16	4.09
文化资源	34	2.95

第五节　国别竞合发展态势分析

上文提及东盟各国的经济社会发展存在差异性和区域不均衡性。这种不均衡性主要体现在以下几个方面：

首先是社会经济发展程度上。这一地区既有上个世纪90年代即率先跨入发达国家行列的新加坡，也有发展相对滞后的柬埔寨、缅甸、老挝等国，情况十分复杂。从旅游业发展的状况来看，东盟地区各国发展也不平衡，新加坡、马来西亚两国已经跻身全球旅游业发展较好的国家之列，旅游业竞争力排名到全球第11、第25位，而缅甸、柬埔寨等国还处于旅游业的初始发展阶段，各国之间的差异很大。这也是一直以来许多学者对于东南亚地区一体化进程不太乐观的主要原因，他们认为这种差异远远大于欧洲国家之间的差异，很难进行贸易、金融等方面的深入合作。这种情况也在一定程度上影响了东盟的全球竞争力。

另外，东盟地区不但存在价值观和社会文化多样性，各国社会政治体制也各异，在本区域内已有的国家政治体制几乎涵盖了世界上所有的国家政治体制类型：议会共和制、传统的君主制、君主立宪制，还有社会主义制度、军政府统治等。东盟国家需要认识到，为了东盟的整体利益，各国应该谋求共同利益的最大化，不应强调一国的一己之私。相反，应该为了联盟的利益，弱化自身的差异性，寻求共同点，并成立高于国家机构之上的联盟组织机制，为此必须约束成员国的分散需求，不断提升东盟一体化水平合作。

宗教民族等方面也呈现多元化的特征。东南亚各国都是多民族的国家，据不完全统计，全区有90多个民族；同时东南亚地区又是世界上华侨、华人最多的地区。全区约有华侨、华人2000多万，另有200多万印度人，100多万其他国家的外来移民。宗教方面，世界上的几大宗教在本区域都有分布。佛教、伊斯兰教、天主教、基督教、印度教等在东盟地区信徒众多，印度尼西亚还是世界上最大的信奉伊斯兰教的国家。宗教作为一种社会发展进程中的变量，一直对东南亚地区有着重大的影响。作为社会和经济转型期的地区，东盟各国也存在着民族和宗教冲突，有的还发展得十分严重。如2014年7月，缅甸第二大城市曼德勒发生了佛教徒与穆斯林之间的暴力冲突，这一问题这些年来一直没有得到很好的解决。同样，菲律宾作为东南亚及至亚洲唯一的天主教国家，全国有近90%的民众为天主教徒。但菲律宾南部棉兰老岛居民则多是伊斯兰教徒。由于复杂的宗教文化因素，天主教和伊斯兰教之间的宗教冲突一直不断，棉兰老岛已经形成一支反政府的武装力量，令菲律宾政府十分头疼。

表6-5　2004—2014年东盟各国入境旅游人数　　（单位：千人）

国家＼年份	2004	2005	2006	2007	2008	2009	2010	2011	2012	2013	2014
文莱	119	127	158	179	226	157	214	242	209	3,279	3,886
柬埔寨	1,055	1,422	1,700	2,015	2,125	2,162	2,508	2,882	3,584	4,210	4,503
印尼	5,321	5,002	4,871	5,506	6,429	6,324	7,003	7,650	8,044	8,802	9,435
老挝	895	1,095	1,215	1,624	2,005	2,008	2,513	2,724	3,330	3,779	4,159
马来西亚	15,703	16,431	18,472	20,236	22,052	23,646	24,577	24,714	25,033	25,716	27,437
缅甸	657	660	653	732	661	763	792	816	1,059	2,044	3,081
菲律宾	2,291	2,623	2,688	3,092	3,139	3,017	3,520	3,917	4,273	4,681	4,833
新加坡	8,375	8,942	9,752	10,288	10,116	9,681	11,639	13,171	14,491	15,568	15,095
泰国	11,737	11,517	13,822	14,464	14,597	14,150	15,936	19,098	22,354	26,547	24,780
越南	2,928	3,468	3,583	4,150	4,254	3,772	5,050	6,014	6,848	7,572	7,874
东盟地区	49,082	51,288	56,914	62,285	65,605	65,680	73,753	81,229	89,225	102,199	105,084
海岛国家ASEAN6	43,547	44,643	49,763	53,764	56,561	56,976	62,890	68,793	74,404	84,593	85,467
CLMV4陆地国家	5,535	6,645	7,152	8,521	9,045	8,705	10,863	12,436	14,821	17,606	19,617

（数据来源：东盟秘书处官方网站，http：//aseansec.org/ ASEAN Tourism Statistics）

下表6-6是近几年东盟主要客源国的状况分析。中国一直是东盟除欧盟28国之外最大的旅游客源国。

表 6 - 6　2008—2013 东盟主要客源国入境情况

（单位：千人）

国家/地区	旅游人数						所占比例						年度变化
	千人次						%						%
	2008	2009	2010	2011	2012	2013	2008	2009	2010	2011	2012	2013	2012—2013
东盟内部	30,276. 4	31,693. 8	35,042. 8	37,732. 9	39,845. 5	43,223. 6	46. 1	48. 3	47. 5	46. 5	44. 7	44. 1	8. 5
日本	3,623. 8	3,214. 0	3,350. 9	3,664. 4	4,275. 3	4,721. 1	5. 5	4. 9	4. 5	4. 5	4. 8	4. 8	10. 4
中国	4,471. 5	4,201. 7	5,415. 9	7,315. 6	9,283. 2	12,641. 8	6. 8	6. 4	7. 3	9. 0	10. 4	12. 9	36. 2
韩国	2,657. 1	2,448. 7	3,286. 1	3,862. 0	4,011. 4	4,871. 0	4. 1	3. 7	4. 5	4. 8	4. 5	5. 0	21. 4
澳大利亚	2,904. 5	3,028. 6	3,464. 9	3,926. 3	4,059. 6	4,294. 2	4. 4	4. 6	4. 7	4. 8	4. 5	4. 4	5. 8
新西兰	319. 7	272. 3	292. 0	390. 3	358. 0	434. 6	0. 5	0. 4	0. 4	0. 5	0. 4	0. 4	21. 4
欧盟 28 国	6,990. 0	6,989. 1	7,000. 9	7,355. 4	8,079. 1	8,652. 6	10. 7	10. 6	9. 5	9. 1	9. 1	8. 8	7. 1
美国	2,653. 3	2,553. 4	2,680. 5	2,838. 0	2,984. 2	3,174. 0	4. 0	3. 9	3. 6	3. 5	3. 3	3. 2	6. 4
加拿大	508. 9	455. 9	498. 5	594. 2	709. 0	763. 2	0. 8	0. 7	0. 7	0. 7	0. 8	0. 8	7. 7
印度	1,984. 7	2,103. 6	2,478. 0	2,711. 3	2,839. 6	2,921. 7	3. 0	3. 2	3. 4	3. 3	3. 2	3. 0	2. 9
俄罗斯	505. 1	518. 6	867. 6	1,299. 1	1,834. 6	2,459. 4	0. 8	0. 8	1. 2	1. 6	2. 1	2. 5	34. 1
巴基斯坦	150. 5	159. 1	92. 3	105. 8	175. 8	190. 3	0. 2	0. 2	0. 1	0. 1	0. 2	0. 2	8. 2
上述国家总数	57,045. 5	57,638. 8	64,247. 6	71,795. 3	78,455. 2	88,347. 4	87. 0	87. 8	87. 1	88. 4	87. 9	90. 1	12. 6
其他国家	8,560. 0	8,041. 6	9,505. 1	9,433. 7	10,770. 0	9,653. 2	13. 0	12. 2	12. 9	11. 6	12. 1	9. 9	－10. 4
总计	65,605. 5	65,680. 3	73,752. 6	81,229. 0	89,225. 2	98,000. 6	100. 0	100. 0	100. 0	100. 0	100. 0	100. 0	9. 8

（数据来源：东盟秘书处官方网站，http://aseansec. org/ ASEAN Tourism Statistics）

下面以新加坡和越南两个国家旅游业的发展为例，从国别的角度分别对两国的旅游发展情况进行分析研究。

一、新加坡旅游发展态势分析

新加坡作为本地区率先进入发达国家之列的国家，一直十分重视旅游业的发展。2005 年，新加坡国际旅游人次为 890 多万，到 2013 年，这一数据增至 1556 多万人次，同时新加坡也是本地区内旅游贡献最大的国家。新加坡制定了旅游产业远景规划，在充分考虑新加坡旅游产业的现状和机遇的前提下，旅游产业工作组制定了长期产业发展规划，即竭力为游客提供一批独具亚洲特色的旅游资源，促使旅游业为新加坡经济做出更大贡献。新加坡一直将促进旅游业发展看作是走出国民经济困境、增加就业机会，进而增加人民收入的一个重要产业。

高水平的旅游顶层设计与规划是新加坡旅游业发展的最重要因素。从资源禀赋的层面分析，新加坡仅有 400 多万人口，面积 716 万平方公里（2013 年最新数据，由于填海造地的原因，新加坡国土面积一直都有增长）。它的发展本身就是一个奇迹。早在 20 世纪末，新加坡就已根据自身旅游业的发展提出了 21 世纪远景发展规则，共包含六大策略：一是将新加坡重新定位为一个兼具旅游地点、旅游商务中心及旅游枢纽的城市；二是重新塑造及组合旅游产品，以确保游客在新加坡的旅游经历十分美好、难忘，值得再访；三是将新加坡发展为一个旅游商业中心及世界旅游集散地；四是将新加坡定位为进出亚洲地区的必经之地，以及世界整体旅游业的枢纽位置；五是以积极合作的态度，与相关旅游业者合作；六是认识旅游产业的重要性，全力支持旅游业，以确保所有的设想都能实现。这六大策略思路清晰，逻辑明确，将定位与国家发展规划结合，不仅表明了旅游业在国家发展版图中的重要作用，更重要的是明确了在区域旅游发展中的定位与作用，显示出规划制定的发展眼光与前瞻性。

另外，新加坡还依仗长期以来培育的优质旅游产品及优良的旅游形象，从提高自身素质上下功夫，先后投资 4 亿美元向世界推出“21 世纪观光蓝图”，还在每年拨款 8000 万新元的基础上增加了一部分促销费用，宣传围绕“欢庆缤纷新世纪”千禧年展开。缅甸、老挝也举办了“旅游”年活动。这些规划与目标的不断修订使得东盟旅游业得到了及时的调整与补充。2008 金融风暴发生之后，一些东盟国家领导人也即时提出 2009 年召开新一轮东盟峰会时，旅游合作应纳入峰会讨论议程，以共同面对到来的危机。

据新加坡国家旅游局提供的统计数据，2014 年，新加坡入境旅游人数出现自 2009 年以来的首次下降：减少 3.1% 左右，但赴新加坡旅游的中国游客人数达 170 万人次，旅游收入达 26 亿新元（约合 118.5 亿元人民币）。新加坡 2015 年头 8 个月入境游客数量比去年同期减少 0.6%，为 1020 万人次。数据显示，来自东南亚本地区的旅客数量大幅减少了 7.5%，其中，印度尼西亚和马来西亚的游客数分别下降 11% 和 4%。而同期中国赴新加坡游客达 146 万人次，同比增长 19%。在新加坡入境旅游市场出现下滑的情况下，中国游客访问新加坡的人数保持逆势增长的态势。目前，中国是新加坡除本地区外的第二大游客客源地，中新双边旅游交流前景十分广阔。

针对近两年入境旅游的下滑情况，新加坡采取了一系列有针对性的措施。其中，对中国市场特别推出了相关措施，全面介入中国在线旅游市场，加大同中国在线旅游商的合作。2015 年 10 月，新加坡旅游局宣布，将与中国的在线旅游商、旅游网站进行合作，包括阿里旅行、途牛旅行网、蚂蜂窝、大众点评网等在内的在线旅游服务企业成为新加坡新的商务合作对象，旨在为中国游客打造高质量的移动旅行体验。

有意思的是，新加坡旅游局还加强了同网络搜索引擎的合作，比如百度直达号等，上线了全新升级的新加坡旅游局微信官方账号和百度直达号，并将以上几家服务商重新整合，形成统一的、符合中国游客消费习惯的旅行电子服务平台，使中国游客一个平台上获取包括机票酒店预订、旅游线路导航、旅游景点餐厅、语音导览等全面的旅游服务。

新加坡旅游局大中华区首席代表兼署长周振兴在新闻发布会上说，与这些企业的合作将帮助新加坡旅游局和旅游企业在中国的发展，加快中国这一重要客源市场的移动互联网服务覆盖范围。他说，“近年来，中国赴新加坡自由行和自助游的游客数量不断增长。除了规划旅程所需的信息，游客们还希望获得即时有用的信息、导航、支付和翻译工具，以帮助他们获得更优质的自由行体验。”

周振兴举例说，新加坡的河川生态园、滨海湾花园以及圣淘沙港湾区等著名景点也将在新的平台上推出更加多元化的服务。例如，中国游客在游览滨海湾花园时，只要扫描景点的二维码，就可以实时收听该景点的语音介绍。同时，旅游局还会根据游客的实时位置，推荐和提供多样化、个性化的旅游线路。

对于此次合作，新加坡滨海湾花园商务处处长胡天坤说：“滨海湾花园以植物展示为主题，我们每年都会到世界各地采集植物和花草，并在园区内更换6次主题。通过新的线上平台，我们就可以快速地将这些资讯传递给消费者，这也是我看好此次合作的原因之一。”

除了旅游管理部门的重视与得力措施外，新加坡长期的旅游基础建设与优质旅游服务也为新加坡赢得了宝贵的品牌声誉。以国际旅游的重要支撑——机场建设为例，新加坡樟宜机场长期位于世界最佳机场前列，2015年国际旅游网站“好睡机场”（Sleeping in Ariports）新公布了一项网络调查排名，新加坡樟宜机场再次排名全球第一。所有这些信息表明，新加坡的旅游竞争能力体现在其综合国力的提升与发展之上。另外，根据英国一个非营利组织慈善救助基金会（Charities Aid Foundation）2014年的调查结果显示，新加坡在世界捐助指数的排行榜中有显著的进步，在145个国家中，从2012年的排名第114名、2013年的排名第64名晋升到2014年的第34名，进步很大。虽然还是比缅甸和马来西亚的排名低，但仍然是出现最显著进步的前五名的国家之一。2015年美国《世界日报》报道，汇丰银行Expat部门已连续八年编制移民探索（Expat Explorer）国家排行榜，其最新发布的全球最佳移民目的地排行榜显示，新加坡高居榜首，与新西兰和瑞典两国一直名列前三位，是全球最令人向往的移民目的地。同时新加坡还在交通、土地使用和环境管理、水源以及教育等四项分类中取得第一名。尤其在“智能城市”方面，国际数据公司对新加坡四项举措提出褒扬：新加坡的“智能交通系统”行动、新加坡国家环境局的“防控登革热的智能地图”、“水源管理中的智能传感系统”以及称为Future-

Schools@ Singapore 的教育体系。可见，新加坡虽然土地面积不大，但在国家发展过程中体现的综合国力相当引人注目，这些无疑增强了这个国家作为旅游目的地的吸引力。

二、越南竞合态势分析

越南，全称越南社会主义共和国。地处中南半岛东部，北部与中国云南、广西接壤，东面与南面临海；西部和西南部与老挝、柬埔寨为邻。陆地边界总长 3920 公里，海岸线总长 3260 公里。越南地形狭长，呈“S”形，全国总面积 32. 9 万多平方公里。到目前为止全国人口已经超过 9000 万。更为世人瞩目的是，自 1990 年以来，越南的经济发展速度很快，人均经济增长率居全球第二，仅次于中国。

越南政府也充分意识到旅游经济在国民经济中的重要性，制定了一系列的相关政策与措施。早在 1994 年，越共书记处发布了《关于新形势下发展旅游业和 CT—TU/46 号指示》，将旅游业列为越南经济社会发展的重要战略方向，明确指出国家鼓励各种经济成分经营旅游业。后来又在规划和政府方略上大力支持，使得越南的旅游业也得到长足的进步与发展。

越南是个多山的国家，3/4 的领土地形为山地、高原，平原主要分布在红河三角洲、湄公河三角洲以及沿海地区，大多数由河流冲积形成。气候方面，越南地处北回归线以南，属热带、亚热带季风气候，气温高、湿度大、风雨多，年平均气温 24℃左右，四季不分明，但旱季、雨季明显。气候炎热、潮湿，土地肥沃，有利于各种动植物生长。

越南是一个多民族的国家，全国有 50 多个民族，分为三个语系：南亚、南岛、汉藏语系。主要宗教有大乘佛教、小乘佛教、高云教、和好教、天主教等。此外，还有道教、儒教影响的残余以及其他宗教。

历史上中国与越南的关系十分密切，几经变迁，现在终于回到正常交往的轨道上。在 20 世纪的最后 15 年里，越南社会经历了深刻的经济和政治变革，结束了长期的战争状态，真正踏上了建设与发展之路。伴随着国民经济的强劲增长，旅游业也取得了长足的进步。从 1986 年到 1999 年，越南旅游业仅用 15

年的时间就使国际游客人数从2万人次增加到170多万人次，20世纪90年代旅游业的年均营业额增长了29.4%。2000年更是比1999年增长了20%，国际旅客人数达到213万人次，旅游业带来的社会总收入达到12亿美元。2013年越南接待国际游客数量达到757万多人次，短短十几年增长3倍多，其发展速度令世界称奇。越南旅游总局的最新统计数据显示，在2016前7个月，越南共接待外国游客数量达到555万人次，其中，中国游客为147万人次，占越南旅游入境市场的26%，同比增长54.5%。中国游客成为越南旅游市场的主力军。

探究越南旅游业的发展历程，以下因素起到了重要作用：

第一，革新开放政策的实施与国际形象的改善。1986年12月，越南开始实行全面革新开放路线，摆脱了经济、社会的严重危机。1991年，越南从柬埔寨撤军，同时开始裁军行动，将军队数量减少了三分之一，不仅减轻了财政负担，也大大改善了其国际形象。同年，与中国关系实现了正常化，之后，又陆续实现了越美建交，与欧盟签署框架协议等。1995年7月，越南正式成为东盟的第七个成员国。这一切崭新的变化，使得饱受几十年战争之苦的越南将发展重心转向了经济方面，同时也得到了许多国家和国际组织的援助与支持。世界银行决定，1999年至2002年，每年援助越南约17亿美元，用于各项建设和培训项目。

越南的经济得到了飞速的发展。1992年至1997年越南GDP的平均增长率达到8.9%，1998年以后由于受亚洲金融危机的影响，增速下降，但仍然保持在5%以上，2000年又达到金融危机之后的最高增长额6.7%，属东南亚国家中的佼佼者。据越南统计总局在其网站发布信息，2015年越南国内生产总值（GDP）预计增长6.68%，增速创5年来最高，直逼同年中国GDP的预期增速（6.9%左右）。2016年，越南国内生产总值增长达6.21%。在亚洲各国经济状况普遍不佳的情况下，越南的经济增长让人眼前一亮。

旅游业作为国民经济中的一个重要产业，它的发展同经济的进步息息相关，同样，旅游业的发展也对整个社会经济产生刺激和推动作用。越南旅游业获得近半个世纪难得的发展环境和条件。

第二，政府的重视与政策和扶持是越南旅游业进步的又一动因。

越南人曾将旅游业比作“会下金蛋的母鸡”，视其为获利丰厚的产业，越南政府也充分意识到旅游经济在国民经济中的重要性，制定了一系列的相关政策与措施。1997 年，越南政府又制定了全国旅游业总体规划方案，将全国划分为三个旅游大区，即北部、中部及南部旅游区，并重点投资包括河内、海防、顺化、胡志明市在内的七个旅游区，旅游业发展的规划性加强，日益呈现出有序发展的态势。

由于长期战争的破坏，越南经济积累少，基础建设落后。越南政府十分重视外资的引进与利用，1988 年，越南制定了新的外资法，在外商出资比例、税收等方面给予一系列的优惠政策。1989 年至 2000 年底，全球 40 多个国家和地区的外商在越南的累计投资额约为 385. 5 亿美元，投资项目 3300 多个，其中，旅馆业 50 亿美元，是投资额占第二位的产业。近十几年的增长更为迅速，据越南统计总局消息，2015 年越南吸引外资总额达 227. 6 亿美元，同比增长 12. 5%，2016 年这一数字更是达到了 243 亿美元。

大量资金的进入，不仅一定程度上解决了资金不足的问题，也有效地改善了旅游业的基础设施与条件。越南还利用政策导向引导外资流向，将旅游、机场、港口和其他创汇服务行业列为“鼓励投资领域”，将这些部门交纳的所得税税率由 21%～25% 调为 15%～20%，成功地使外资投资产业由开放之初的石油、天然气开采等拓展至旅游业等部门。金融危机之后，越南为了增强其竞争力，出台了十多条投资新政策，其中包括将 500 万美元以下的投资项目的审批权下放给省的直辖市。据统计，在来自“亚洲四小龙”及东盟国家的投资额中，旅游业占了 1/4 以上。据 2000 年的一份统计，越南旅游业共吸引 343 个外来投资项目，占越南总投资项目的 12. 3%，资金总额达 130 亿美元。这些项目包括在胡志明市建造一个大型水上公园等娱乐场所及国家基础设施等。使得越南各项基本建设及旅游服务设施在短时间内得到了很大改善。2014 年越南共吸收外国直接投资 32. 28 亿美元，累计有外商直接投资（FDI）项目 16053 个，注册资本总额 2347 亿美元。据中国商务部统计，截至 2013 年 3 月底，中国对越南投资有效项目 899 个，合同总额 47. 1 亿美元，在 101 个对越南投资的国家和地区中排名第13位。

第三，具有丰富的旅游资源是越南业发展的资源因素。

越南拥有发展旅游业的良好资源条件，地处中南半岛东部，面积32.96万平方公里，人口9270万（2016年数据），国土呈“S”形南北延伸，最窄处仅50公里。长达1000多公里的长山山脉纵贯南北，构成越南地形的主干山脉。热带季风为主的气候使其终年可从事旅游活动。越南东面、南面濒临北部湾和南海，海岸线长达3260公里，分布着下龙湾、涂山、海防、荣市、顺化、归仁、岘港、胡志明市、头顿等许多风光旖旎的海滨胜地及历史名城。

人文旅游资源方面，越南也极其丰富。1993年，顺化被联合国教科文组织列入人类文化遗产名册。此外，北部的和平文化、东山文化、北山文化遗址，河内的文庙、独柱寺及永富的雄王庙等，也都各具传奇色彩。

更值得关注的是越南的战争遗址。在不到半个世纪的时间里，越南先后经历了抗法、抗美及南北战争，饱受战争洗礼。从战争中走出来的越南在世人眼中充满了神秘的色彩。目前，越南利用外资在曾关押过前越南主要领导人的昆岛建立了旅游度假区，并着力开发在美越战争中被视为神话的1000公里长的秘密运输道——“胡志明小道”，使昔日的老战场成为新的旅游区。寻秘探险旅游独具魅力，对欧美旅客尤其具有吸引力。

越南是个多民族的国家，包括越、傣、华、高棉等54个民族在内的少数民族组成了一幅多彩的民族风情画，是难得的民俗民情旅游资源。越南还拥有极富热带特点的动植物资源。而生活在世界各地的约200万名越侨也是旅游业的重要客源。

第四，经过30年的革新开放，越南旅游基础设施建设改善进步较为明显。

从20世纪90年代以来，越南一直致力于改善旅游基础设施建设。越南鼓励外资采取BOT、BTO及BOO等形式建立的一些基础设施正在发挥重要的作用。到2014年，越南已拥有公路总里程20多万公里。2015年，越南政府批准了《越南铁路交通运输2020年发展战略暨2050年展望》，可以看到，至2050年，越南铁路运输仍不满总运力的10%，因此铁路的发展对越南中部与南部的旅游开发具有重要意义。越南已先后开辟了多条国际航线及国内航线，还先后投资数千亿美元改造了河内内排机场、胡志明新山机场、岘港机场等国际机场的导航设备，目前拥有三大国际机场，分别是（河内）内牌机场、（胡志明市）新山机场、（岘港）岘港机场。2016 年 8 月，越南首都河内市发布了《2030 年、远景 2050 年河内交通运输规划》，公布了河内及与河内相关联的交通运输基础设施系列规划方案。方案预计，河内未来 15 年交通运输建设总投资额超 1200 万亿越盾（约 3600 亿元人民币），城市建设的决心很大。

第五，区域旅游市场的带动与影响。

进入 20 世纪 90 年代，世界旅游重心开始东移。亚太地区与欧洲、美洲正逐渐形成三强分立的格局。东南亚国家旅游业得到不同程度的发展。金融危机爆发之前，这一地区入境旅游者人数已逾 3500 万人次。新加坡、泰国、印尼三国旅游业收入在全球的排名已进入前二十位。越南在这一行列中所占比例很小，但周边国家旅游经济的辐射及示范作用却不可低估。新加坡、泰国等国发展旅游业的成功经验为越南提供了良好的范例。另一方面，东南亚地区旅游业的异军突起使得这一地区的旅游地的形象大大提升，独特的热带气候与物产、绚丽的民族民俗风情和多姿的岛屿海滩已经成为这一地区展现的并为游人所认同的有价值的游览地无形资产。从这个意义上说，越南从本地区获得了积极与正面的影响。

1999 年，东盟国家召开了旅游部长会议，表达了加强合作、共同抵御金融危机、重振旅游业的愿望。越南也先后与泰国、老挝等东南亚邻国及古巴等国签署了旅游合作协定，在简化入境程序、设立旅游办事处、交流经验、协调双方旅游活动方面加强合作。越南的一些高校还开设了旅游系，新加坡、卢森堡等国还帮助越南培训旅游人才。中国则一直是越南海外游客的重要客源市场，近年来，由于中国旅游者到越南旅游比过去方便，旅越人数增幅很大，是越南第一大的旅游客源市场，所占平均比例达到 20%，最高时可达 30%。越南十分重视这一市场，专门针对这一市场设计了旅游产品，越南的广宁、下龙、海防、河内等七个城市开设了中越旅游线路。2000 年 6 月，越中之间又开通了广西柳州至越南下龙的火车旅游专线。当年，越南航空公司与中国南方航空公司正式签订了代号共享的协议。区域性的旅游合作促进了越南旅游业的发展。进入2015年，东盟的旅游会议已然形成机制，对于越南这样的国家来说，这种区域联动的效益十分明显。越南不但从中获取了物质的支持，更重要的是得到了发展旅游业的信息与服务的帮助。

金融危机发生之后，越南调整了自己的外资政策，对于建造旅馆、办公楼房屋等都不允许采取独资方式进行，外资投入建造及经营饭店、舞厅又有诸多限制，一定程度影响了外资的积极性；一些政策突变性强，使投资者无所适从；政府职能部门机构臃肿，办事拖拉扯皮，一些官员贪污腐败现象严重，外商在越南的很多经营活动要付出额外支出；外汇管制过严，比如越南政府规定外资企业、外国承包商必须将至少80%的外汇出售给国家银行等；尚未实行国民待遇，许多收费实行“两价制”等。长此以往，必然影响到越南的投资形象。政府应加强这方面的立法，营造良好的投资与经营环境。

另外，签证限制过严、旅游手续繁琐一直是游客抱怨的难题。越南在这方面进展很快，比如，东盟设立的旨在解决东盟各国人民在东盟区域内旅游可免签证问题的特别通道，越南也已经批准执行。

旅游业的规划与开发运营方面。越南1997年制定了全国旅游业总体规划方案，将全国划分为三个旅游大区，即北部、中部及南部旅游区，并重点投资包括河内、顺化、胡志明市在内的7个旅游区。由于越南本身经济发展的不平衡，其中部及北部的山区基础建设条件差，这两个地区吸引外资成效比较差。主要原因是这些地区人力资源缺乏、投资回报率低，另外，越南在这一地区的投资优惠政策缺乏吸引力。从而也使得具备丰富旅游资源的越南中部及北部山区的旅游开发受到很大制约。而南部的胡志明——头顿省一线则情况不同。这一地区的外商投资金额和项目占了全国很大比重。许多发展中国家希望通过优先发展入境旅游业来改善经济状况，增加外汇收入，越南也不例外。而这一作法成功的前提是必须具备基本的旅游交通条件。

资源优势只是旅游产业发展的一个必要条件。越南具备良好的资源条件，还需科学地规划与开发。目前越南旅游业的飞速发展，严格地说只是低起点、低水平上的增长，绝大部分的景点也只是停留在观光、游览的阶段，未作更深层次的开发，游客停留时间短，利用率低，经济效益欠佳。以新加坡为例，

1998 年入境旅游人数 560 多万，旅游外汇收入 65 亿美元，人均收入为 1160 美元，而 2013 年越南的旅游外汇收入 50 亿美元，不及新加坡 15 年前的水平。

不过，越南较高的增长率固然令人振奋，但不能因此忽视旅游业本身的问题。

贫困地区或国家往往希望利用旅游业关联带动性强的特点，刺激经济增长，创造就业机会，国际上已出现了“PPT 旅游”（即 Pro—Poor Tourism）的崭新概念，倡导发展有利于贫困人口的旅游，英国还建立了 PPT 旅游发展基金。在加速发展旅游业的同时，注重生态安全，是越南旅游业开发尤其应当关注的问题。任何旅游资源的开发都将是相对的、有限的，要充分考虑旅游业的生态与环境承载量。另一方面，由于目前开发的景点与景区相对较集中，也要对同一时间涌向同一旅游点的游客数量加以控制，以免出现对环境的破坏性影响以及由于旅游硬件设施不足而出现的旅游接待质量低劣问题。归根结底，要有可持续发展的旅游观，对越南的旅游资源，比如，对地质地貌资源、古文化遗产资源、水体资源、森林资源等，进行保护性开发，避免走所谓“先污染后治理”的老路。越南也很注重学习他国经验改善国内管理、技术人员的素质，2016 年 8 月 2 日至 8 日，来自越南河内园林局的 24 名员工在中国广西南宁的职业技术学院参加了为期 8 天的“中越城市绿化交流培训班”，学习“中国绿城”南宁市在城市绿化、园林设计和建设以及植物养护等方面的经验。南宁市已获得 2018 年第十二届中国国际园林博览会的承办权。近年来这种交流与学习项目正在不断增加。

越南近几年的旅游客源市场主要是中国、日本、美国、东盟各国等。中国是越南重要的一级旅游市场，所占比重最大。其旅游市场集中在东亚、东南亚地区。这些地区大多属越南的近程旅游市场，地缘、史缘因素明显。在保持和发展这一部分传统旅游市场的同时，越南开拓新的旅游市场的任务还很艰巨。一方面，东南亚地区旅游业在资源构成上具有很强的替代性，旅游产品的组合也具有相似性，因而越南与其他东盟国家在旅游业发展上一定程度存在着竞争性；而另一方面，越南旅游业的发展水平落后于新加坡、泰国等国，新加坡与泰国等国在旅游业的宣传、策划、市场运作上较越南有着更加先进的理念与更加完善的管理手段，越南目前在这些方面尚无法比拟。比如，具体到旅游宣传上，越南难以投入大量的资金进行宣传促销，或在重要的客源市场设立旅游办事处；在旅游产品的包装与促销上，越南还没有摆脱传统的单一套路等。对此，越南可采取以下两项对策措施：一是加强与各国的旅游合作，竞争的存在并不能抹杀合作的可能，相反，随着世界经济一体化的进程的加快，各国合作的前景良好，旅游业也不例外。东南亚国家也正致力于加强这种合作。二是有效地利用有限的资金，将之用于重点市场与重点产品开拓，而不是简单地普遍撒网。宣传上，可以在现有条件下发挥其驻外机构尤其是驻外经济机构的功能，利用它们在国外的现有条件进行宣传，在宣传上尽量突出民族特点。

根据中国海关统计的数字，从 2003 年到 2016 年，中越双边贸易额从 46. 3 亿美元增加到 982 亿美元，13 年内增长了 20 倍。其中，2016 年是双方南海争端较为激烈的一年，即便如此，中越贸易交往也顶住压力，实现了 23. 8 亿美元约 2. 48% 的增长，其中越南对华出口增加了 20%，达到 329. 6 亿美元。越南已经连续十余年成为中国在东南亚地区最大的贸易伙伴之一。

第七章　中国—东盟区域旅游创新型发展战略

区域旅游尤其是跨国界的旅游活动涉及的点多，面广，线长，旅游交往过程复杂，其中人流、物流、资金流等供应链上的每一环节都会对区域旅游消费产生影响，对旅游活动起到制约或推动的作用。更为重要的是，国际旅游交流在新的技术发展的影响和支撑下，也不断产生新的业态与发展模式。从区域旅游发展的前瞻性来说，创新是促成区域旅游可持续发展的唯一路径。

第一节　中国在区域旅游合作进程中的探索

中国旅游业的发展走过了漫长的道路，而且与中国的国家政治经济的发展密不可分。1978 年之前的中国旅游业，完全谈不上产业化，更多的功能是完成国家的对外旅游接待任务。国内的旅游活动也多属于观光探亲类的初级旅游活动。20 世纪 50 年代在西欧和北美地区开展得如火如荼的大众旅游似乎与中国隔绝了。旅游管理部门在相当长的时期是国家的一个行政管理部门，以至于进入 21 世纪之后的最初几年里还有地区没有完成旅游部门与政府的完全剥离，许多的地方的旅游局负责人也是当地旅行社、旅游酒店的总经理，政企职责不分，功能紊乱的状况很长一段时间内存在。

一、总体进程状况

中国在区域旅游合作的进程：在相当长的一段时间里，中国旅游业只是国家外事接待工作的补充，由于大的政治、经济原因及国家经济实力、人民收入所限，出境旅游发展十分缓慢，因此，在1978年之前，中国未形成真正意义的出境游市场。改革开放之后，国家经济迅猛发展，国民收入提高较快，1991年5月出境游的大门方正式打开。这以后，国民走出国门旅游的热情日益升温。到1997年7月1日，中国国家旅游局、公安部联合下发了《中国公民自费出国旅游暂行规定》，提出有组织、有计划、有控制地开展出境游，这样，出境旅游所需的动机因素、经济因素、政策面因素（如国家增加公众假期、增长节假日的连续性等）都已形成，中国公民出境旅游面临从未有过的大好形势。

经过中国国务院批准，1999年有15个国家和地区成为中国公民自费出国旅游目的地，新加坡、马来西亚、泰国、菲律宾、越南、老挝、柬埔寨、缅甸、文莱等九个国家均榜上有名。2001年3月30日，印尼也加入到这一行列中来。截至2016年2月，中国已与106个国家缔结了各类公民出境护照免签协定，与38个国家达成62份简化签证手续协定或安排，持普通护照的中国公民免签或落地签目的地已达53个。

根据世界旅游理事会的年度报告，自1992年起，旅游业就已成为世界规模最大的产业，无论在总收入、就业、投资或增值、纳税方面，旅游业的发展都为世界和各国经济做出了重要贡献，国际旅游业已成为世界经济发展中最具光明前景的行业。同样，处于新世纪发展重要时期的我国的旅游业发展也将对整个国民经济的发展产生深远的影响。我国旅游业的真正起步是在党的十一届三中全会之后。虽然旅游业取得了较大成绩，但现有发展水平仍然与我国巨大而丰富的旅游资源极不相称。近几年的快速增长也只是在低起点上的增长，与世界旅游大国相比我们还有不小的差距。尤其在收入方面，总量较大，但人均水平较低。实践表明，我国旅游业总体上还未摆脱粗放式的经营与管理模式，如何加快我国旅游业由粗放式经营向集约型的转变是我国旅游业发展上台阶的关键。30年来我国旅游业取得了瞩目的成就。在发展过程中，中国旅游业也走过了一条曲折的道路。利用节事活动提升旅游目的地的吸引力是几乎所有国家的选择，中国也不例外。这些年来，中国在节事活动方面成绩斐然，其中，重大的体育赛事助力中国旅游业的发展取得了较好的效果。

我国旅游行业长期以来实行的是国家保护的政策，对于旅游业的重点组织，部门旅行社实行的是“中度开放、高度保护、鼓励参与”的策略，尤其是国际旅游市场，由国营部门一统天下的现象十分普遍。现在看来，这种状况已不适应旅游业的发展。一方面，我国的旅游企业建设起步晚、起点低，缺乏招徕客源的经验与手段；另一方面，长期的国家垄断使一些企业惯于“独家经营”，缺乏进取的动力与雄心，将目光只盯在有限的国内旅游市场上，而在竞争日益激烈的国际旅游市场上缺乏竞争力与开创性。新世纪开始这种情况得到很大改善。一方面，国家从体制上理顺了行业管理的路径，同时借鉴发达国家的经验进行了多方面的尝试。以旅游酒店为例，作为旅游业的重要硬件建设，单纯依靠国家投资已很难满足发展需求。目前，我国正在改变除旅馆以外的旅游基础设施方面的政策，国家保护措施基本退出，转而依靠旅游行业滚雪球似的自我发展，并鼓励多方面投资，使得中国的旅游饭店建设进步很快。另一方面，中国还抓住一些大的节事活动的契机，提升整体旅游形象。2008 年北京奥运会就是利用大型体育赛事提升旅游业质素的较为成功的案例。

二、依托体育赛事的区域旅游活动进程

随着经济与社会的进步和发展，中国在改革开放之后与世界的交流活动增多。以体育赛事为例，中国在与世界奥林匹克运动隔绝三十多年后首次参加了 1984 年在美国洛杉矶举办的第 23 届奥运会。这次运动会对刚刚开放的中国产生了巨大的影响，自此以后，体育赛事、各种节事活动的交流接踵而来。并且在多年的孜孜追求之后，也获得了 2008 年第 29 届夏季奥运会的举办权。

翻开世界奥林匹克运动的历史会发现，自 20 世纪 80 年代（即 1984 年美国洛杉矶奥运会）以来，由于奥运会的组织者开始以现代市场经济的运作手段举办奥运会，使得这一人类史上规模最大的体育盛会在经济层面的作用日益得到世人认识。尤其是夏季奥运会，在举办时间、赛事规模、参赛人数等方面更是彰显了奥运会国际化、综合化与大型化的特点，对主办国经济的发展也呈现出直接和多维度的影响。

奥运会举办之前，北京奥运经济研究会根据投入产出模型测算，2002 年

至2007年，因奥运会引起的投资和消费需求，将拉动北京市国内生产总值平均每年提高约1.7个百分点；到2007年，北京市国内生产总值可达到6000亿元左右，人均国内生产总值达到6000美元。实际上，这一年北京市国内生产总值首次突破9000亿元，增长速度达到12.3%，人均GDP超过6万元，大大超过了预期。同时，根据北京申办报告测算，2008年奥运会预计收入为16.25亿美元，预计支出为16.019亿美元，赢利1600万美元。而根据2009年6月国家审计署发布的北京奥运会财务收支审计结果显示，北京奥组委收入达到205亿元，较预算增加8亿元；支出达到193.43亿元，虽然比预算略有增加；但收支结余超过10亿元。可见，奥运会的最大特点就是聚集人群，促进消费，因此，旅游业是与奥运会关联度最大的产业之一，奥运会对旅游业的影响也最为直接与深刻。人们对奥运会收益认识的焦点往往被集中在旅游业方面。而由于旅游业的乘数效应，奥运会作为体育赛事的影响往往会在诸多行业得到体现。

从环境与资源经济学的角度看，某种资源在其利用之后的下一段时期中，如果资源利用所得到的效益小于取得资源所要付出的费用时，即使在数量上这种资源还远未枯竭，在经济学上也已认为该资源已经枯竭了，意即资源的利用如果不经济，就等于耗尽。一国的旅游资源也同样如此。分析奥运经济对旅游业的影响最基本的是要看其是否对旅游资源进行了合理的开发与利用。奥运经济对旅游业的正面与负面影响均不可小觑。

作为首次申请举办奥运会的中国，在获得举办权之后也开始了对奥运经济的维度分析，尤其是对中国旅游业的影响。应该说，每四年举办一次的奥运会是奥运经济的核心资源，对举办城市及其国家的经济发展会产生一系列的连动效应。从成功申办到正式举办以至奥运会后，经济、政治、文化等各种效应的延伸，形成一个完整的奥运经济周期，国际上通常定为10年到12年，从奥运会筹办到闭幕的时间长达七年。这其中，对第三产业尤其是旅游产业的影响最为深刻。

三、实例分析：以北京奥运会为例

从正向的角度分析，北京奥运会的影响主要体现在以下几个方面：

最直接的是赛事当时客源的增量变化。首先，最直接的客源来自奥运会参赛队伍本身，包括运动员、教练员、工作人员、体育官员、媒体记者等，这一部分客源最为确定。从1988年汉城奥运会以来，参赛人数从1万多人增加到1.5万人，共有28个大项目，300个小项。而悉尼奥运会则创纪录地达到了近两万人，包括来自199个国家和地区的参赛者以及独立参赛者，其中，运动员11147人（男6886人，女4261人），体育官员7992人。2004年雅典奥运会的规模与上届基本持平，有来自200个国家和地区的6000余名官员和超过10500名运动员参加这一体育盛典，各国还派出大约21500名记者赶赴雅典进行现场报道。2016年里约奥运会中国运动员总人数和整个中国体育代表团的总人数分别达到415人和711人，为历来人数最多的一次。由于奥运会的召开而吸引的国际客源的统计比较复杂，这一部分客源来访的直接目的是观看奥运会比赛，同时也会进行其他旅游活动。近几届奥运会吸引的入境人数如下表：

表7－1　1984—2016年奥运会入境游客人数　（单位：万人）

年份/地点	入境旅游人数
1984年/洛杉矶奥运会	22.5
1988年/汉城奥运会	22
1992年/巴塞罗那奥运会	约30多
1996年/亚特兰大奥运会	35
2000年/悉尼奥运会	25
2004年/雅典奥运会	约25
2008年/北京奥运会	38.2
2012年/伦敦奥运会	60
2016年/里约热内卢奥运会	60

（由于大型体育赛事入境旅游的人数统计上有困难，笔者根据相关网络数据资料完成上表，仅供参考）

其次是由于重大的运动赛事的举行而吸引到的国内旅游客源。一般说来，来自举办城市以外的客源往往因为接待能力的关系而受到一定程度的限制。但仍然会有前来观赛的旅游者参与相关的旅游活动。

赛前据奥组委估计，北京奥运会的现场观众能够达到700万人次。客源量的增加使得为接待旅客的食、住、行、游、购、娱及观看比赛本身而产生的消费大幅提高。据旅游部门估算，在奥运因素作用下，2006年至2007年北京入境旅游者人数以年均8%的速度增长，2008年至2010年更以10%的速度增长，外地来京人数2002年至2007年年平均增长5%。由此带来的旅游外汇收入至2010年将达到47.8亿元，外地来京旅游收入至2010年可达1266亿元。而根据赛后的统计，情况比人们预计的要更加复杂。2007年，北京市旅游入境人数为435.5万人次，2008年这一数字下降为379万人次，2009年开始有所回升，2010年更是达到了490万人。虽然当年旅游入境人次有所下降，但国内旅游收入却达到1907亿元，增长153.4亿元。

再来看看对相关行业的影响。由于旅游客源的增加而使得相关的行业受益，尤其是旅游交通、餐饮、旅游住宿等行业。以餐饮业为例，奥运需要多样、全面、大量的餐饮供应和服务，为餐饮业带来巨大商机。2004年雅典奥运会和残奥会期间，为运动员、教练员、工作人员、技术人员、新闻媒体、赞助商和观众提供大约1200万人次就餐，平均每天提供约40万人次就餐。还专门提供针对少数民族及特殊餐饮习惯者的饮食，如清真食品、犹太教食品等。此外，2004年奥运会期间的游客还可以品尝到具有希腊特色的食品。而在奥运村，每天24小时为约22000人提供食品，每天根据1500种不同国家的食谱提供最少约50000人次餐，每天要吃掉约100吨食品，约17000人担负奥运期间的食品供应任务。

另外，奥林匹克营销活动本身带来的收益也成为旅游活动的重要组成部分。根据北京申办报告测算，2008年奥运会财政收入预算情况如表7－2：

在这些收入预算之中，有相当一部分来自与旅游业有关的活动。比如纪念币、邮票等奥运会标志性纪念品，有很多购买者是国际、国内游客。最后事实表明举办北京奥运会虽然没有大赢利，但北京的收获仍然可圈可点。

最后，奥运会给旅游业带来的最大的变化还是对举办国旅游地形象的影响。

表7－2　2008年奥运会财政收入预算表　（单位：百万美元）

收入项目	金额
电视转播权	709.00
TOP计划收入	130.00
组委会赞助收入	130.00
特许使用权	50.00
正式供应商	20.00
彩票	180.00
纪念币、邮票	180.00
门票	140.00
捐赠	20.00
财产出售	80.00
各级政府补贴	100.00
其他	46.00
总计	1625.00

（注：TOP即The Olympic Partnership Program，奥林匹克全球合作伙伴简称。TOP计划创立于1985年，每4年为一个运作周期。TOP计划是国际奥委会最级别的商业合作计划，加入该计划的企业将获得“国际奥委会全球合作伙伴”的称号。）

（资料来源：奥运经济的基本特征，北京奥运经济研究会网站，2004－5－25）

中国首次取得奥运会的举办权，其意义已经超过运动会本身。在世界政治大国中，中国是最后一个进入奥运会承办国圈子的联合国安理会常任理事国，向世人彰显的不光是“新北京、新奥运”的人文与科技理念，还有“和平崛起”的决心，这是改善中国旅游形象的正向因素之一。此外，成功地举办奥运会本身既是对中国旅游品牌的良性建设，也是对中国旅游接待能力的最好宣传。

与此同时，奥运经济又是一柄双刃剑，它在给所在国带来巨大的经济利益的同时，也蕴含着运营的风险。表现在以下方面：

一是整体投入与产出的负效应风险。

事实上，奥运会真正成功的商业化运作是在1984年美国洛杉矶奥运会之后。在20世纪80年代之前，举办奥运会的城市没有几个能走出巨额亏损的怪圈，其中最为引人注目的就是1976年加拿大蒙特利尔奥运会。20亿美元的巨债使蒙特利尔负债长达20年，人称“蒙特利尔陷阱”。不过，这种亏损并非直接来自旅游业本身，而是高昂的配套工程建设费用，尤其是比赛场馆、交通及住宿、餐饮设施等。这些亏损将影响到举办城市后续投资能力与整体发展，进而波及旅游业，实际上不利于旅游业的长期可持续发展。2004年雅典奥运会费用受建设工期推迟和“9·11”恐怖袭击后保安成本增加的影响而大幅超支，达到70多亿美元，在经济上的运作失败已成定局。在申办奥运的进程中，希腊政府绝没有想到后来“9·11”恐怖袭击给自己带来的巨大风险。

二是对入境旅游与国内旅游的不确定性影响。

有学者对历届奥运会分析比对发现，实际上赛事本身对之前或之后的旅游者人数的影响并不呈现人们所想象的十分确定的增长变化，差异性比较大，尤其是对入境旅游的影响几乎是无规律的。比如，从举办城市来看，实现当年国际旅游人数的增长具备相当的共性，亚特兰大和汉城（首尔）均属此例。但是西班牙和前苏联在奥运会举办当年的入境旅游者数量基本与往年持平，美国在洛杉矶奥运会后的两年中出现了入境旅游者数量的下降。悉尼由于1997年亚洲金融危机的影响1998年出现了入境旅游人数下降，2001年更由于“9·11”恐怖袭击及Ansett航空公司破产等因素的影响出现负增长。2004年雅典作为奥运会主办国由于安全等问题出现旅游人数减少，有统计甚至表明，除了奥运会举行的17天外，雅典当年的入住率下跌了10%到15%。

这种现象其实非常正常，恰恰反映了旅游业依附性与脆弱性的特点。一项正常的体育或是其他活动对这一行业的影响都是有限的，而一些政治经济军事事件则有可能对旅游业产生深远影响。

三是奥运宣传或营销活动的负面效应。

尽管自1984年美国尤伯罗斯开创了举办奥运会不再亏损转而盈利的历史后，多年来奥运会在盈利的旗帜之下商业运作的气息越来越浓，但奥运会本身所肩负的和平与友谊的使命却从未淡去。因此，奥运的营销活动也应在公平与合理的氛围之中进行，彰显“更高、更快、更强”的人文理念。过火的商业宣传有时往往适得其反。以1996年亚特兰大奥运会为例，其间的外国游客明显少于巴塞罗那奥运会，除了政治原因之外，主要跟亚特兰大在营销宣传活动中给外国游客造成的过度商业化印象有关。人们对亚特兰大的消费信心不足，许多游客到达之后也积极投亲靠友，避免住宿消费，直接影响到亚特兰大的旅游收入。

四、中国旅游业奥运战略分析

奥运经济对每一个主办国来说都是一个机会，背后蕴藏着巨大的商机与发展机遇。但奥运旅游的发展是一个系统工程，暂时的营销活动只是其中的一个部分，要有发展的全局战略与长远考虑。当时的中国已经敏感地意识到，利用北京奥运会的契机全方位提升我国旅游业的层级，实施科学与合理的奥运战略最为关键。

首先，制定中长期旅游发展战略，并由此推动经济的可持续发展。

巴塞罗那和悉尼的成功经验都是在申办成功之后就制定了奥运会后 3 ～ 10 年的长期旅游战略，与奥运会的筹办、举办和赛后效益延续结合起来。澳大利亚提出“绿色奥运”的响亮口号，让这个南半球的岛国引领现代健康体育风气之先，先声夺人。澳大利亚旅游委员会实施的 2000 年悉尼奥运旅游战略被视为是利用奥运会制定和实施系统性奥运旅游行动战略的典范。澳旅委在 1996—2000 年期间，从澳大利亚政府处获得了 670 万美元拨款来实施奥运旅游战略，于 1995 年 6 月成立了“奥运会联络业务小组”，1999 年，开展“Australia2000—fun and games”运动。在悉尼奥运会结束时，澳旅委又及时启动了奥运会会后战略，这一系列长期增效策略将国家奥运战略与经济发展有机结合。现在看来，悉尼的成功与它卓越的战略规划密不可分。

因此，北京不仅要规划出一届成功的奥运会，而且要着眼于今后北京的旅游发展定位，充分利用文明古都与文明古国的旅游资源，散发长久的旅游魅力，对会前、会中、会后的旅游业发展做出综合规划，并最终获得旅游业的可持续发展。

其次，更为重要的是，要致力于建设崭新的中国旅游品牌。

奥运会最大的旅游效应在于品牌形象方面，即对奥运会目的地的形象塑造和改善作用。一国的旅游品牌实际上是一个品牌体系，由诸多元素构成，食、住、行、游、购、娱等各方面都对整体品牌的形象产生作用，虽然各种元素不一定在一个层面上，但同样重要。奥运会为中国旅游业提供了一个进入国际品牌的平台，策略得当完全可以提早旅游形象的塑造时间。澳大利亚人就不无自豪地宣称，悉尼奥运会使澳大利亚的形象塑造向前推进了5～10年。

1964年东京奥运会和1972年慕尼黑奥运会，日本和联邦德国均利用奥运会扭转其第二次世界大战中遗留的不良形象，收到了较好的效果；1988年汉城奥运会为韩国提高了其在国际市场的形象（特别是在美国市场），也为改变朝鲜战争遗留影响以及朝鲜半岛南北双方政治分立等负面影响提供了历史机遇；悉尼的“绿色奥运会”为悉尼乃至澳大利亚塑造了可持续发展的积极形象。而北京应当说具有着不错的起点，“人文奥运、科技奥运”更加凸显历史与现代的结合，是一个很有张力的创意，其后实际代表着5000年文明古国的厚重力量。将古老与现代结合，人文与科技融入，展示中国作为世界文明古国的和平、开放与进步的一面，同时，利用主办城市的优势开发旅游业，赋予北京以崭新的旅游概念。

最后，也应该充分利用奥运会的连动效应，带动相关行业。

奥运会成就企业的奇迹不难找到。以韩国为例，汉城奥运会不仅取得了4.6亿美元的直接效益，还带动了韩国“经济起飞”，三星电子在1997年与国际奥委会签订TOP协议之前，还不是世界百强公司，加入到全球赞助商的行列之后，企业的发展举世瞩目。2002年，其品牌价值被评估达到83亿美元。到2003年，其品牌价值达108亿美元，被认为是TOP伙伴中最成功的一个。2003年，三星电子位列《财富》杂志世界500强第67位。

2004年3月26日，国际奥委会在北京宣布，联想成为第六期国际奥委会的全球合作伙伴，是本期TOP的第11个也是最后一个加入者，也是唯一的一家IT企业。和联想站在一起的是可口可乐、源迅公司等拥有世界知名品牌的大公司，联想能否由此搭上品牌国际化的快车，巨大的全球关注对其品牌带来什么效应，还需假以时日才能知道，但拥有全球声望的企业本身即是旅游业相关服务的可靠保证，从这个意义上讲，对中国旅游品牌产生的是正向的加分。

在旅游品牌国际化的建设过程中，人们往往也能通过对该国出类拔萃的企业品牌的认识而加深对其旅游地的认同和好感。

对于旅游业来说，“形象的塑造主要通过两个工具实现：产品/服务；公关宣传。产品服务的最终感应是在游客旅游经历中反映出来的。”运用奥运战略能否有利于提升中国旅游业层级，可以通过效益与风险评估分析，更能够在未来几年的旅游实践当中得到印证。澳大利亚新南威尔士州总理聘请16个国际商业巨头为新州大使，还通过奥运期间的各种登记制度了解信息，掌握了多方面的联络方法，他们向全球165个高级公司的总裁和425个国内外的贸易代表大发奥运会的相关宣传品，在全球大造宣传声势。悉尼奥运会早已结束，但盈利却在继续。某种意义上讲，2008北京奥运会只是中国旅游业奥运战略的开端而非结束，奥运商机蕴藏无限。

除举办奥运盛会之外，中国从1990年北京首次举办亚洲运动会开始，还主办了2010年广州亚运会。2015年7月31日，北京在成功举办2008年夏季奥运会之后，又获得了2022年冬奥会的举办权。同年9月，地处中国长江三角区的著名旅游城市杭州市，又在仅仅5年之后，代表中国再次获得2022年第19届亚洲运动会的举办权。体育赛事对中国旅游业的促进作用不言而喻。体育旅游作为区域旅游中的重要一支也会越来越展现其魅力。

第二节 东盟在区域旅游合作进程中的探索

东盟在区域旅游合作中走过了一条独特的发展道路。由于具有发展旅游业的良好资源禀赋，使得这一地区在开展旅游活动中具备不可多得的资源优势。随着世界旅游业的发展与进步，东盟地区比以往任何时候都更加重视旅游业在国民经济发展中的重要性，也开拓了包括中国在内的东亚旅游市场、欧洲国家和美洲国家市场以及本地区旅游市场等全球旅游市场。

一、中国区域市场的开拓

首先来看一下东南亚地区的中国客源市场（如下表7－3）。中国公民赴东南亚国家旅游的人数在2003到2014的短短的10多年内由239.3万人次增至1300多万人次，增长超过4倍。这一速度远远超过了日本等传统客源市场的增幅。东盟与东亚区域内最大的旅游市场——中国之间的旅游合作进入了新的阶段。

1997年东南亚金融危机之后，日本、中国台湾地区、韩国等东南亚国家在亚洲的主要旅游客源市场均出现了不同程度的下滑，中国市场却一枝独秀，仍然保持了两位数（13%）的增长率，表明这一市场所具有的稳定性与抗压性。中国现已成为越南、马来西亚、老挝、柬埔寨四国在亚洲的最大的旅游客源国，成为超越新加坡、泰国仅次于日本的亚洲第二大客源市场。中国的出境旅游市场作为整体旅游市场的重要组成部分，随着中国旅游业的迅速发展而提高很快。而东南亚国家作为中国的近程旅游市场在中国出境游这一诱人的蛋糕上也获利颇丰。

表7-3　中国公民赴东南亚地区旅游人次及同比变化率（2003—2014年）

年份	入境人数	入境人数同比变化率（%）
2003	2393000	-
2004	3181000	32.9
2005	3007000	-5.4
2006	3335000	10.9
2007	3926000	18
2008	4471000	17.7
2009	4202000	-6
2010	5416000	34.8
2011	7316000	28.9
2012	9283000	26.9
2013	12651000	36.3
2014	13059000	32.3

东南亚地区的中国客源市场发展如此迅猛，其原因归纳起来，有以下几点：

其一，东南亚各国与中国之间国家关系的改善，以及中国近二十年来经济持续快速的增长带来的国民收入的提高是中国客源市场发展的重要先决条件，这一切使中国游客的海外旅游愿望产生并且有可能成为现实。

其二，东南亚国家对中国市场的重视与较为合理的开发。上至国家和政府的层面，下至旅游企业和旅游从业人员，东南亚国家对于中国旅游市场的重要性的认识没有异议，并对这一市场进行了持续的开发与管理。

其三，东南亚的中国客源市场起步较晚，基数低，使得这一市场在短时间内得到低起点上的大幅增长在旅游实践中成为可能。

其四，东南亚地区属中国相对近程的国际旅游市场，区内除新加坡外均与中国一样同属发展中国家，经济发展水平相似，且这一地区与中国有着特殊的历史渊缘，华人分布较广，旅游心理距离与旅游实际消费符合出境旅游尚属起步阶段的中国游客的需要。

与此同时，东南亚国家也在不断进行开发中国客源市场策略研究，并已取得显著成效。在区域合作策略方面，由于东盟的成立，这一地区的旅游合作作为经贸合作的组成部分而得到加强。东盟为此采取了一些协调措施，如在东盟的框架内设立各国旅游官员的联系与沟通渠道，及时了解各国旅游业现状等。中国与东盟的区域合作（10 +1）蓝图中旅游业也被列为重要的合作方面。2002 年 1 月 25 日，由东盟十国及中国、日本、韩国旅游部门负责人参加的首次“10 +3”旅游部长级会议，在印尼历史文化名城日惹举行。时任中国国家旅游局副局长孙钢率团参加了会议。2002 年 10 月 27 日—11 月 1 日，东盟文化周在举世闻名的柬埔寨吴哥窟广场举行。举办这一文化周的目的是加强东盟和各国之间的文化交流，使东盟成为各个领域、尤其是文化旅游方面的发达地区。东盟的部分国家也在中国的一些重点城市进行了旅游推介活动。2014 东盟旅游论坛于 1 月 16—23 日在马来西亚沙捞越州首府古晋举行。应马来西亚旅游及文化部邀请，中国—东盟中心秘书长马明强率中国—东盟中心代表团参加论坛，并应邀出席第 17 届东盟旅游部长会、第 39 届东盟旅游部门会等一系列活动。

二、突发事件的影响与应对

2003 年，一场突如其来的“非典”疫情袭击了中国等国家和地区，东南亚的旅游业几个月来损失惨重。为更好地应对这一灾难，6 月 1—2 日，东盟十国及中国在北京召开了“中国—东盟非典型肺炎出入境检疫管理会议”，中国代表团成员有国家质检总局、外交部、公安部、铁道部、卫生部、国家旅游局、交通部、民航总局、海关总署、国务院港澳办等部门。会议通过了《中华人民共和国与东盟国家政府关于控制非典型肺炎传播的出入境检疫管理行动计划》，充分显示了各方对加强合作的重视。

此外，东南亚国家与中国的一对一的旅游合作与沟通也经常进行。2003 年 6 月 16 日，由泰国国家旅游局主办的中泰旅游合作研讨会在昆明举行，在华访问的泰国副总理颂吉出席了研讨会。与会代表就“非典”疫情过后如何加强“中泰连线——精美组合”旅游项目的市场推广工作进行了有益讨论。泰国国家旅游局代表介绍了在中国市场上推广泰国旅游产品的计划。

形象定位策略方面，东盟国家也采取了多种途径与办法提升本地区区域形象。他们认为，对中国游客而言，东南亚地区独特的资源特点如热带海洋气候、海岛特征与浓郁的民族风情最富有吸引力。东南亚各国在中国突出了这些旅游资源的优势特点，并着力显现在中国并不多见的热带海滩风光、特色美食及民族风情。同时，各国在各自的旅游形象定位上又有所不同。比如，接待中国游客人数最多的泰国和新加坡，一个突出自己佛教国家的独特风情与民族韵味，一个则彰显优美、文明、进步的城市国家风范，与印尼等国的热带海岛风光（以巴厘岛为代表）相比，人文意味更为浓厚。

形象定位是一个系统工程，不可一蹴而就。很多因素也会或多或少地参与到其中，价格、产品、服务等都会相应地发挥作用，成为这一地区旅游形象中或正向或负向的影响因素。

同时，东盟地区还关注旅游品牌的建设，实施提升旅游品牌的策略。

对于中国这样一个新兴的市场，品牌策略不仅可以引导消费，突出资源优势，而且可以为长远的市场计划奠定良好的基础。目前，东南亚国家在品牌的推广上不约而同地采用了精品优先的做法，即将本国旅游产品中发展较为成熟、在国际市场知名度较高的精品作为重要的“卖点”，比如新加坡的圣淘沙岛，泰国的芭堤雅、普吉岛，印尼的巴厘岛，马来西亚的云顶、沙巴，越南的下龙湾，菲律宾的碧瑶等，都是享有盛名的旅游胜地，区内各项配套设施完备，将它们作为中国市场的推介品牌，自然能收到事半功倍的效果。另外，这一地区国家大多实行了组合式（或称捆绑式）的集合品牌战略，即将几个国家的产品在线路上有机组合，强强联合，既避免了一些国家由于旅游地域所限而造成的旅游停留时间短暂（如文莱、新加坡等）的问题，又弥补了各国在资源上的缺憾。如经典的新、马、泰旅游线路就集合了山水风光、海滩风情与城市风面貌等，给游客以“超值”的感觉。一家旅行社推出的“动感新马，镶金文莱”线路，实际上集合了三个国家的“绩优”景点组合推出，其卖点也关乎品牌联合效应。

价格策略方面往往是东南亚地区备受诟病的地方。但回顾既往，也不能否认其即时效应。尤其对于还处于发展中水平的目的地市场与客源市场来说，价格因素往往成为一柄利刃。

价格策略的得失往往决定一个市场的最终收益。目前，前往东南亚地区的游客除了商务客之外，其他则由于签证等原因大都采取跟随旅游团出境的方式，产品的组合多为旅行社参与包装，价格分为经济团、标准团、豪华团等低、中、高三类，在实际交易当中，由于高额的市场回报使得参与这一市场运作的东南亚接团社与中方组团社越来越多，再加上国际旅游界也纷纷看好中国这一尚未完全开发的市场，日本、韩国、澳大利亚等国也开始涉足中国出境游市场，竞争加剧，直接导致了东南亚市场的价格在90年代后期开始回落。

进入20世纪以来，东南亚国家先后经历了亚洲金融危机、美国“9·11”事件带来的国际安全形势（主要是反恐形势）的巨变，2003年又经历了非典型性肺炎的打击，2004年遭受地震海啸等自然灾害的侵袭，2008年全球范围的金融危机又再次来袭。东南亚旅游业的低价策略似乎难以再有大的改变，价格优惠能救市的观念深入人心，低价策略甚至运用到泰国和马来西亚的全球市场。

促销策略方面。中国市场的快速发展与东南亚各国重视中国市场的开发有很大关系。新加坡、泰国、马来西亚等国均在中国设立了旅游办事机构（或代办机构），每年均开展一些有针对性的促销活动，如旅游交易会、展示会、博览会等，部分国家还在中国的一些重点城市进行了旅游推介活动。马来西亚文化、艺术及旅游部副部长黄燕燕在2002年底亲自率领旅游代表团到中国访问，代表团由马来西亚旅游部门的官员、马来西亚航空公司和主要景区的代表团组成，代表团先后在广西、广东和湖南等地进行了促销活动。2003年5月30日，世界卫生组织宣布将新加坡从“非典”疫情地区名单中除名，标志着解除了到新加坡旅游的禁令。新加坡旅游局立即在国际报刊及包括中国在内的12个主要旅游市场刊登广告，全面展开了本国旅游业的促销攻势，反应十分迅速。2008年以后，东盟国家加强了在中国市场的宣传力度，采取多种形式展开促销攻势，包括积极参加国际旅游各类展览会，与中国经销商加强合作等。

促销策略除了应有的市场理念支撑外，经费的支持非常重要。泰国、新加坡等国在旅游促销方面均有较大的投入，早在1995年新、泰两国在旅游宣传促销的投入就已超过5000万美元。

三、中国区域市场开发存在的问题

东南亚地区开发中国客源市场成绩显著，但其中也存在应予重视的两个问题。

第一，是旅游形象的长远规划与眼前效益问题。东南亚地区的旅游资源具有其独特性，这是毋庸置疑的。但在竞争日益激烈的国际旅游市场，中国游客的出游选择性也不断增大，与东南亚具有相同或类似资源的国家或地区如大洋洲市场、非洲（主要是南非等）市场也已开始抢滩中国客源市场，加上国内游的因素，东南亚未来将面临着更为激烈的市场竞争。如何塑造自己不可替代的旅游形象，是东南亚入境旅游应予重视的问题，在已有的资源因素的基础上赋予更多的人文特点、意义功能与服务因素等，是东南亚进一步开拓中国客源市场的关键所在。

第二，是在营销战略方面，随着中国公民可支配收入的不断增加，可能实现出境游的地域也由中国的东部、南部等地区向更为广阔的中西部地区拓展。宣传促销也应由传统的重点城市向其他地区延伸，为未来市场未雨绸缪。方式也可更为灵活，这其中互联网的作用不可小觑，应予以充分利用。一味的低价促销并非保有市场的长远之计。类似1997年金融危机之后出现在泰国等市场的以“零团费”招徕游客，继而又大肆宰客的恶劣情形应予杜绝。只有合理的价格加上优质的服务方是维系市场的上策。以中国市场为例，目前，前往东南亚地区的游客除了商务客之外，其他大多由于签证等原因采取跟随旅游团入境的方式，产品的组合多为旅行社参与包装，线路单一，模式僵化，在市场开发之初尚可基本满足游客的需求，但随着消费水平与旅游审美能力的提高，这类产品已经不能适应游客的消费需求，因此，在改善传统团队旅游线路的同时，对散客的服务应予以足够重视。

通过对中国客源市场现状的分析可以发现，这一市场的发展在未来已经呈现以下变化趋势：一是增长的大势不会改变，但随着基数的加大，这一市场的增幅将会放缓。二是由于中国游客旅游需求的不断提高，对东南亚旅游产品的需求也会逐渐由大众化向个性化发展。三是这一市场面临的竞争将会增大，东南亚市场内部也将会在中国客源的吸引上出现一定程度的分化。到2014年，中国公民出境游目的国已达150个，遍及世界五大洲，可以预计，争夺中国这一市场的商战也会愈来愈激烈。东南亚的中国入境客源市场在这一形势下也将面临考验。

从整体上讲，东南亚入境旅游市场存在的问题与其在中国市场上存在的问题类似。首先应该高度重视相关因素对旅游发展的影响。自90年代以来，经济、政治、流行病（如“非典”、禽流感等）、自然灾害等因素对这一地区的旅游业都造成了或大或小的影响。以2004年12月为例，在东南亚、南亚地区爆发了一场罕见的地震与海啸，破坏力极大，对当地的经济及社会生活都产生了深远的影响。旅游业是其中最受影响的产业。当时的直接影响方面显而易见，由于灾难已经造成了十几万人的死亡，上百万人无家可归，使得沿印度洋一线受灾地区实际上成了满目疮痍的废墟，所有的交通、餐饮及住宿设施不复存在。据估计，有的地区的灾后重建工作可能需要近十年的时间，更别说短时间内恢复旅游活动了。这其中包括印尼、泰国、斯里兰卡及马尔代夫等国的滨海旅游区，比如泰国著名的PP岛等。不过，直接影响也分层级，一些受到冲击但基本设施损毁程度不大的地区，如马尔代夫，总共有86个海岛，而此次受影响的只有15个左右，其他的海岛有的现在已经恢复了对外旅游接待活动。

间接影响首先还是由于交通、通讯及其他一些基础设施的损坏带来的。缺乏旅游进入的先决条件，当然在相当长的一段时间内难以完成旅游接待活动。此外，灾区是否会有灾后瘟疫流行，也是人们最忧虑的事情。最为关键的是，游客的旅游心理会受到一定影响，很可能在一段时间内对这一地区的旅游活动抱着观望或回避的态度。来自本地区其他国家的客源一直是东南亚最大的国际客源市场，如果灾后一些国家的经济受到较大影响的话，也有可能对这一市场造成一定影响。

不过，现在看来，这些因素对东南亚地区旅游业的影响还是有限的。东南亚国家在经历了东南亚金融危机、亚洲禽流感及“非典”等事件之后，应对突发事件的能力有所提高，在采取策略措施救市方面会有所作为。

四、可持续旅游理念的认同与传播

近些年来，东盟开始重视入境旅游市场的可持续发展问题。从总体上讲，东盟地区的旅游发展战略与本地区的旅游业发展现状是基本吻合的，这也是自20世纪90年代以来东盟地区旅游经济突飞猛进的根本原因所在。而从长远看来，东盟旅游业的发展又面临一些问题，这些问题的症结在于一些可持续发展要素的缺失与不完善。众所周知，长期以来，东南亚国家为了最大限度地利用旅游业带来的经济利益，对旅游资源进行了过度开发或掠夺性开发，有的地区为了通过发展旅游业改善经济状况，甚至不惜涸泽而渔，杀鸡取卵，损害甚至影响到旅游业长远发展的根基。这一问题在发展中国家发展旅游业的过程中具有共性。前文中谈到，发展中国家没有选择发展旅游业的最佳路径，而是优先考虑发展入境旅游，是有资金方面的苦衷的。这种权宜之策的选择背后是发展理念的欠缺，表现在对资源不加保护的开发实践上。实际上，这种情况在中国的旅游开发中也较严重。

在市场开发方面，东盟地区存在的可持续发展问题主要表现为对入境旅游市场的开发只重眼前利益，缺乏长远眼光。入境旅游市场是这一地区获取旅游外汇的重要渠道，各国也都投入相当多的资金与人力发展本国入境旅游市场。在国际旅游市场，东盟国家的营销策略与旅游宣传一贯是比较及时与广泛的，但也存在一些误区。首先表现过于重视旅游人数而忽视旅游服务质量。近几年，出现在东盟地区的旅游质量事件屡有发生，范围涉及安全、交通、导游、购物等多方面，对东盟地区的整体旅游形象是一大损害。

另外，不规范的市场运作带来的损害也比较严重。

低价策略是旅游市场促销的常见策略。国际旅游市场上低价策略主要表现是低价招徕游客。但它的过度运用则对旅游市场存在损害，甚至有人认为是一种廉价出卖旅游资源的短视行为。主要原因在于以过度低价吸引游客，而在运作过程中却让游客以各种形式的花费弥补团费而引发的一系列旅游服务质量降低的问题。曾经出现的“廉价旅游”“零团费”招徕游客等方式实质却是降低服务水准，欺骗游客，损害旅游地形象。

东南亚地区旅游市场的不规范操作甚至欺诈行为的屡屡出现也会使得游客对本地区作为旅游地的信任度下滑，长此以往也必将会影响到东盟地区整体的旅游地形象。在这种情况下，加勒比海、地中海地区等同为“三S”旅游地的同质旅游区也会给这一地区带来更多的竞争压力。

东南亚地区入境旅游业的可持续发展问题应予以足够重视。长期以来，东南亚国家为了最大限度地利用旅游业带来的经济利益，对旅游资源的开发一直存在一些问题。主要表现在对旅游资源的过度开发或掠夺性开发方面，有的地区为了通过发展旅游业改善经济状况，甚至于不惜涸泽而渔。据报道，这次受灾的一些滨海景点中就不乏毁掉海滩红树林兴建旅游设施的例子，而这也正是人们已经认识到的海啸的破坏力加重的原因之一。还有的对已开发的资源保护不够，大量旅游设施的建设超出了环境的净化能力，在泰国的普吉岛，由于酒店的大量开发，废水的污染问题一直没有得到很好的解决，以至在有的海滩上，仅仅四五厘米的沙层下就能发现油污泥。还有些人文景观也由于过度的开发和游人的活动而造成了难以恢复的损害。

除此之外，近几年东南亚为了应对各种危机，采取了许多措施积极开拓旅游业，虽然其中不乏成功的经验，但也出现了对入境旅游市场的过度开发问题。比如，在东南亚金融危机之后，一些国家为了尽快恢复旅游业，打出了“廉价旅游”的招牌，泰国甚至出现了用“零团费”招徕游客，实质却是降低服务水准，欺骗游客的现象，这些从长远来看都损害了入境旅游的可持续发展。直到现在，仍有部分东南亚旅游企业采用低价策略招徕客源。部分业内人士认为，虽是不得已而为之，但也是一种廉价出卖旅游资源的短视行为，是金融危机之后一系列失误策略的不良后果的体现。

第三节　中国—东盟区域旅游危机管控与治理研究

旅游产业由于在增值、就业等方面的突出作用而被许多国家重视。近几十年来，全球旅游业的发展十分迅猛，自 1994 年起，旅游业就一直是全球最大的创汇产业。到 2013 年，东南亚地区的国际游客已达到 8800 多万人次，为世界所瞩目。根据世界旅游旅行理事会监测，旅游业在柬埔寨、老挝、马来西亚、菲律宾和泰国等五个国家已占国民经济生产总值的 10% 以上。世界旅游组织预测，截至 2020 年，东盟国家将吸引 1.23 亿人次国际游客，2025 年有望增长至 1.52 亿人次，2030 年达到 1.87 亿人次。

在良好的发展形势之下，近几年来东南亚旅游业也面临一些问题。自 20 世纪 90 年代以来，对东南亚入境旅游业影响最大的危机事件有以下一些：1997—1998 年发生的亚洲金融危机；2001 年发生在美国的“9・11”恐怖事件；2003 年的 SARS 疫情以及禽流感疫情等传染病疫情；2004 年以来的海啸等自然灾难；2008 年的全球金融危机等。近两年这一地区频发的针对外国游客的恐怖袭击事件也对东南亚造成极大损害。

旅游业作为依附性极强的行业，脆弱性与敏感性是其最大的特点。战争、瘟疫、恐怖活动、政治动乱等都会给旅游业带来致命的打击。东南亚旅游业危机管理的研究刻不容缓。

世界旅游组织（WTO）将旅游危机解释为“是影响旅游者对一个目的地的信心，从而干扰旅游业继续正常运营的意外事件”。危机事件的范围涉及面很广，政治、军事、经济、信息、安全、气候及流行病等因素都有可能酿成影响旅游业的危机事件。20 世纪 90 年代以来，东南亚地区遭受的意外事件大体有以下几类：

一是经济危机事件。1997 年，始于泰国的金融风暴席卷了东南亚地区乃至整个世界。这场风暴以货币贬值为主要表现，沉重打击了东南亚经济，旅游业自然也受到波及。直到 1999 年，这一地区经济回升，开始逐渐走出困境。现在看来，这一事件更多地是对这一地区的出境旅游业产生了较大的影响，其原因是金融危机爆发之后，东南亚各国充分利用了货币贬值带来的入境旅游费用降低的影响，大力促销本国入境旅游，反而使得这一地区的旅游业在数量上未出现大的下滑，入境游客人数由 1997 年的 31,048,739 人次降到 1998 年的 29,733,004 人次。从 1999 年又开始有所回升，达到 34，215，220 人次。而出境旅游则受影响很大。几乎所有的国家都采取了限制出境的措施，比如，提高签证费、机场税、出境税，减少公务人员出境活动等，出境旅游受到相当程度的限制。

更为重要的是，在东盟国家前十位的客源国当中，东盟内部国家占了很大比重，日本、美国等亚太国家也是这一地区重要的旅游客源市场，这些国家经济的衰退已经严重影响到了东南亚地区的主要入境旅游客源市场。

可见，经济因素将直接导致人们手中可支配收入的变化，经济的凋弊使得人们对出游活动也比较谨慎。同时，经济是国家的命脉，面对危机，国家政策层面的因素也必然影响到出入境旅游市场。

二是恐怖袭击事件的频发。安全因素是旅游活动中最重要的保障因素。理论上讲，正常的游客都不希望碰到旅游安全事故，而是希望自己在旅游活动中平安出行，平安返家。

2001 年美国受到“9·11”恐怖袭击事件之后，东南亚地区的旅游安全问题备受关注。由于这一地区民族、宗教原因比较复杂，恐怖活动在这一地区十分活跃。从 2002 年到现在，这一地区恐怖活动频发，人们大多将这一地区定为恐怖活动高危地带。其中，“伊斯兰团”已成为东南亚地区恐怖活动的核心，该组织是东南亚最具威胁和最大的跨国恐怖组织。印尼首当其冲，深受其害。2002年巴厘岛爆炸案给世界带来的震惊尚未平息，紧接着2003年首都雅加达又接连发生了5起爆炸事件，袭击目标包括印尼警察司令部、雅加达国际机场候机室、印尼国会大厦等重要场所，其中8月发生的雅加达万豪大酒店爆炸事件造成12人死亡，几十人受伤。而菲律宾南部地区当年也发生了一系列爆炸事件，“伊斯兰团”恐怖势力加紧向该国渗透。2015年8月17日，泰国曼谷商业中心拉差巴颂路发生一起爆炸事件，后被认定为恐怖袭击事件。由于爆炸地点附近有著名的四面佛景点，事件导致多名游客伤亡，其中也包括中国游客。恐怖活动严重影响了这些国家的旅游业和经济发展进程，成为摆在东南亚政府面前的一道难题。

总的来说，恐怖事件对旅游业的危害最为直接和巨大，其损害主要表现在以下几个方面：

一是对游客旅游心理形成冲击。连续不断的恐怖事件尤其是针对外国游客的袭击事件对他们的旅游决策产生重要影响，并最终将导致人们举棋不定甚至选择放弃东南亚游。

二是损害旅行社经营东南亚游的积极性。不安全的旅游环境增大了旅游机构的经营风险。组团成本上升，一旦遇袭，不仅跨国的后续处理十分繁琐，也会影响到旅行社的品牌形象。旅行社在可能的旅游替代产品存在的情况下，可能宁愿放弃经营多年的东南亚游。

三是东南亚地区旅游形象受损，旅游吸引力下降。毕竟旅游活动是一项求新、求奇、求美的高级审美活动，保障游客的生命财产安全是首要的条件。

其他危机事件方面。近几年东南亚地区一直面临着流行病及自然灾害的困扰。登革热、SARS病毒流行、禽流感和东南亚、南亚地震海啸事件等都严重地影响了本地区的旅游业。以2003年的SARS流行为例，新加坡航空公司2003年4月份时曾在一周之内取消了199项航班服务，并宣布裁减了206名机组实习人员。据世界旅游组织的统计，由于伊拉克战争、“非典”和经济疲软，2003年的全球旅游业遭受重创，2003年跨国旅游的人数下降了1.2%，为6.94亿人次，其中访问亚洲的人数下降了9.3%，为各大洲下降幅度最大的。而上文提到的2004年东南亚、南亚地区爆发的印度洋海啸事件造成的影响也不容小觑。由于这一地区在旅游业、渔业等方面长期存在过度开发情况，本可以用来有效地减缓风浪海水对陆地的破坏力的湿地、滩涂等缓冲地带基本不复存在，一定程度上加剧了灾害的影响。加之灾难造成十几万人死亡，上百万人无家可归，损失惨重，地区经济遭受严重打击，印尼等国沿印度洋一线受灾地区灾后重建工作十分艰巨。更为严峻的问题是，滨海海滩资源的修复是一个巨大的生态系统工程，难度更大。据世界旅游组织大会发布的数据显示：2005年5月2日到8日一周间，普吉岛的信用卡消费比去年同期降低了37%，尽管同年3月份这一数字曾一度上升了6个百分点。

从上文分析可以看出，东南亚旅游业危机事件对其旅游业的破坏性影响大致表现在以下几个方面：

其一，对旅游政策的影响。不论是安全危机（包括经济安全、生命财产安全等）、自然灾难还是流行病因素，都将直接影响到一国政府对本国公民出境旅游的政策制定。作为国家主管部门，有责任在危机发生的第一时间内告知、劝告，甚至警告国民，要注意旅游活动的风险，有时还会限制某一危机突发地的旅游活动。

其二，对旅游者消费信心的影响。这是危机事件对客源市场影响的关键性因素。出于对自身安全的考虑，危机地往往会减少游客量。如果一地频繁出现旅游安全事件而管理层又束手无策的话，会很大程度上动摇游客对这一地区的旅游安全的信心。

其三，对旅游目的地形象的影响。这种影响是长期的、渐进的。研究表明，分析一个地区旅游形象的发展很难，但是，区域旅游管制和及时有利的管控与疏导是对危机事件最好的处理方式。

其四，对旅游企业经营活动的影响。由于危机事件往往具有突发性，而旅游活动尤其是国际旅游活动大多为远期预定，因此不但会影响上游组团方，也会影响到下游的接团社，至于与此相关的旅游服务供应企业，也无疑会受到波及。

对于旅游危机事件处理的唯一办法是进行危机管理。东南亚地区旅游业危机的形式主要以突发性事故的方式表现出来，往往具有难以预测性。针对这一特点，东南亚地区的政府组织与相关企业也进行了一些有效的危机处理工作。

由于东盟组织的作用日益彰显，从危机管理体系与结构来看，东南亚国家有着相对较强的区域性合作能力。其中，东南亚国家旅游业合作的最高级别的组织——每年举行一次的东盟旅游部长会议，在危机管理中起到了核心的作用。2005 年 1 月，第八届东南亚国家联盟（东盟）旅游部长会议在马来西亚兰卡威岛举行，会议主要就 2004 年 12 月发生的印度洋地震和海啸灾难对地区经济的影响进行评估，并就如何重振灾后旅游业进行商讨。东盟十国旅游部长与来自 55 个国家和地区的约 1700 名代表共同参与了这次会议。显示出东盟国家对这一危机的处理与反应能力。

另外，各国自身也根据不同的情况进行了相应的危机处理。主要包括以下几个方面的措施：

首先是由高级别的政府官员或政府组织出面对事件进行说明，重点在于表达政府层面对危机事件的处理能力与相关措施，并表明尽快恢复正常秩序的立场。其次，对于一些容易造成误解的信息进行重点说明。比如，东南亚海啸与地震爆发之后，马来西亚等国实际上并未受到太大影响，马来西亚的政府组织也积极出面加以解释，以挽回由于连带效应而造成的游客减少现象。此外，东南亚国家的一些企业在危机发生之后也参与了有特定目的的促销宣传活动，以尽量将危机的影响降低。

一般来说，旅游业危机的一般范式管理包括战略与战术两个层面，又分为危机爆发前、爆发中和爆发后三个阶段。东南亚地区国家有十余个，从整体的角度进行危机管理应有自身的特点。因此，最重要是建立健全危机预防与管理机制。

重大的危机会打乱旅游业的正常经营，造成巨大损失，因此，旅游业必须注重危机管理。旅游业危机管理就是通过计划、组织、指挥、协调和控制等步骤，预见并处理可能给旅游业带来影响的各种突发事件或危险事件，目的是规避风险，降低风险，将损失降至最小程度，提高旅游业抵抗风险的能力，同时，在时机成熟时尽快恢复旅游业的正常运营。

与此同时，加强区域内合作，完善旅游危机的预警机制。各国可以考虑在旅游部长会议框架内设立危机处理常设机构，专门负责应对危机事件。常设机构负责搜集各种危机信息与资料，并随时做出危机预测与危机研判，为旅游部长会议提供及时的信息与建议。比如，对一些自然灾害如火山、地震等，可以将各国预测部门的工作有机地统一与协调起来，随时进行综合分析。在反恐、控制疾病传播方面，充分加强合作与沟通。善后处理机构则主要负责危机之后的问题处理与区域旅游整体形象的重建，并根据危机发生情况做出相应预案。

东盟区域旅游危机处理应着力建立系统的管控机制，将各国资源有效地集合管控机构内，并采用层级反应的行动方式，减少过程与渠道中的无效消耗。另外危机处理的一个关键步骤就是要在一定范围内公开信息，提高信息的透明度，这样，将能有效地减少无效信息及干扰、错误信息的影响。根据现有机构可考虑设立以下危机管控系统：

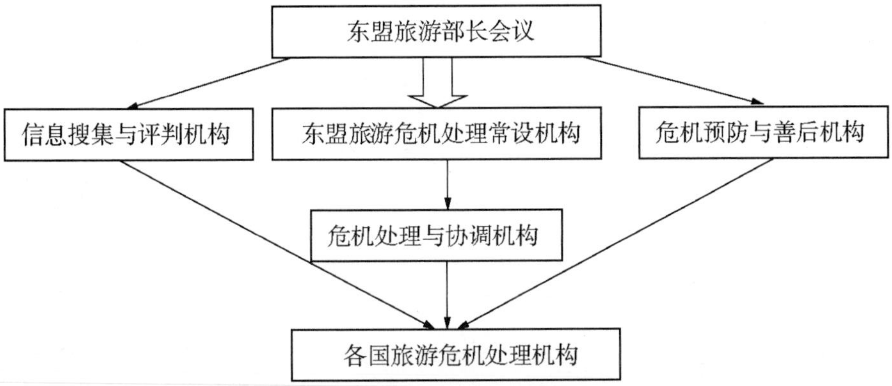

图7－1　东盟区域内危机管控系统

危机爆发之后的战术方面。危机一旦出现，应立即对其进行全方位的处理。

第一，应依托东盟区域内的合作机制，尽快对危机形势进行较为准确的判断，并开展实施危机管理预案。在这一层面，东盟旅游部长会议应督促政府的强力界入，迅速对危机状况进行分析与评估，协调各国步调，沟通信息，并对东盟区域内的信息进行统一宣布与说明，并力求将最直接与真实的信息以诚实与公开的方式公之于众。这种沟通分为三个方面：一是对公众的信息发布；二是对区域合作伙伴与相关政府机构的说明；三是还应对区域内外旅游合作机构做出单独的情况说明，以争取得到合作企业的理解，帮助危机企业做好退订工作。这一阶段的工作十分重要，对稳定市场与人心、最大限度地争取减少危机损失必不可少。

第二，灵活多样的处理方法。从目前情况来看，东盟地区出现的危机大多为瘟疫、恐怖活动、政治动乱、自然灾害等，这些情况的发生往往具有不可预见性，要进行有针对性的处理：对于 SARS 疫情以及禽流感疫情等传染病，应充分依托世界卫生组织等机构，及时通报疫情，进行疫情控制与处理，并将处理情况进行公告，疫情一旦得到控制，应马上采取相关公关策略进行宣传，及时消除旅游者恐惧心理；恐怖袭击事件往往带来人员的伤亡与财产的损失，后续的处理十分关键。首先，应及时进行伤者救治，处理相关的赔偿问题，做好受害者家属的安抚工作；并在危机处理宣传中表达对于伤亡者的同情与支持；对于自然灾害的处理应有缜密的预案。东南亚地区火山、地震、海啸等灾害发生较为频繁，首先应充分利用预警系统，进行灾害的防范，对于突发性灾难，面临的首要问题是及时救助，包括对旅游者的救助及对当地居民的救助。旅游者的救助具有暂时性，但影响面大；当地居民的救助则是一项长期的工作，需有步骤、按计划进行。尤其是灾区重建工作，不仅关系到这一地区的人道主义救援，更重要的是关系到这一地区的旅游业重建问题。应充分利用国际援助，发挥本地区区域联盟的作用，凸显东盟整体形象，为重建后的灾区旅游活动做好铺垫。

危机之后的区域形象重建工作更为重要。人们已经认识到，危机之后的负面影响与形象会在相当长的一段时间内存在。因此，这一工作也绝对不是短期内所能完成的，应有长期、系统的重建方案，立足于恢复旅游形象，重建旅游者信心。

其一，整体旅游地形象的重建。

东南亚地区作为世界三大“三S”旅游区之一，在游客心目中有着独特的吸引力。加之这一地区国家如新加坡、文莱等由于旅游地延展能力有局限，往往在旅游宣传中注重周边地区的关联宣传效应。在这种情况下，东南亚地区作为整体旅游目的地的构建就尤其重要。应利用宣传媒体、自办型媒体及网络等载体，以图文并茂的形式对危机发生地的重建状况进行大力宣传，不断将正向的信息传递给各国旅游机构、旅游企业，最重要的是游客群身上，以逐步消除危机带来的负面影响。东盟旅游组织在这当中应发挥核心的作用，将危机发生地的真实情况及时地传递出去，有效地避免无效信息乃至错误信息的影响，对游客心理产生潜移默化的影响，重建旅游信心。

其二，宣传策略的重新构建。

针对危机的宣传策略应具有短暂和长远的目标。短时间来看，这一地区的促销重点应放在反弹性较大的传统旅游客源国，目的是尽力消除危机的影响，争取在短时间内恢复旅游市场；长远来看，也可利用这一机会增大对旅游潜力较大地区的宣传与促销，以新的形象进行宣传与包装。同时，也要充分利用区域内旅游市场。在东盟前十位的旅游地之中，来自本地区的旅游客源国占了绝大多数，充分挖掘本地区、本国旅游潜力，是弥补旅游企业损失的最直接、有效的方法之一。

第四节　中国—东盟区域旅游创新型发展战略

在本书中，作者提出建立中国—东盟海洋旅游经济的设想，从资源利用与拓展的角度发挥双方所长，以实现合作共赢的旅游发展局面。

随着旅游产业在第三产业中的地位不断提升，旅游经济的辐射与带动效应也日益突出。旅游经济所呈现出来的不仅是本产业的增值与发展，更重要的是参与了整个世界经济活动的运行与发展，也正因为如此，旅游业在第三产业中的比重也成为衡量一国第三产业发展水平的重要指标。

海洋旅游经济作为一个新兴概念，正日益得到人们的认可与接受。海洋旅游的发展已成为衡量一国旅游业可持续发展的重要指标。甚至有学者将其与海洋石油、海洋工程并列为海洋经济的三大新兴产业。①

根据中国国家海洋局的定义，滨海旅游业是以海岸带、海岛及海洋各种自然景观、人文景观为依托的旅游经营、服务活动的总称。海洋旅游就其本质来讲是一个与陆地旅游相对的区域性概念，因为事实上任何旅游活动都不能没有陆地的参与。本书引入以下观点作为进一步探讨的依据与起点："海洋旅游（marine travel）是指在一定的社会经济条件下，以海洋为依托，以满足人们精神和物质需求为目的而进行的海洋游览、娱乐和度假等活动所产生的现象和关系的总和。"② 由于资源条件带来的海洋旅游业的联动效应加快了周边地区相关产业的发展，进而形成了以海洋旅游业为依托的海洋旅游经济。在此概念的界定之下，中国与东南亚地区海洋旅游业亟须得到更为系统的研究与开发。

首先来看中国与东盟发展海洋旅游经济的背景与条件。

现代海洋旅游业的发展表明，海洋旅游经济发展的前提条件应该是存在依托海洋发展旅游业的资源基础与社会文化基础。只有具备相应的海洋旅游条件，才有可能在此之上形成有规模的海洋旅游产业并进而产生具备辐射与带动效应的海洋旅游活跃的经济区。

亚太地区旅游业在新兴经济的带动下，在较小的市场基数上，以大大超出全球平均增幅的速度发展，占全球市场的份额由8.3%升至20.2%，已超过美洲，成为全球第二大区域旅游市场。其中，东盟地区的发展在亚太地区的发展中尤其引人注目。

从资源条件分析来看，东南亚地区是世界著名的三大"三S"旅游区，与地中海地区、加勒比海地区齐名，拥有得天独厚的海洋自然旅游资源及其人文景观，并在长期的发展过程中形成了独具魅力的海洋旅游文化、海洋历史文化、海洋军事文化及海洋民俗文化，具有不可多得的海洋旅游业发展条件。进入20世纪80年代以来，随着东盟地区区域经济的发展，其旅游业也依托资源得到长足的发展，成为世界著名的旅游接待地区。

而中国的海洋旅游资源特点是种类多、数量大、质量高。据初步统计，与

---

① 李平，盛红. 海洋旅游研究初探［J］. 海岸工程，2001（1）：58－63.

② 董玉明. 海洋旅游学［M］. 北京：海洋出版社，2003：1－15.

海洋旅游有关的景点有1500多处，滨海沙滩100多处，其中最重要的有国务院公布的国家历史文化名城24个、国家重点风景名胜区25处、全国重点文物保护单位130处和国家海洋自然保护区7处。另外，1992年国务院正式批准建立的12处国家旅游度假区中有11处分布在沿海省份。

旅游经济的发展主要依靠海洋自然资源，从海洋自然旅游资源来看，海洋旅游业发展的几大资源要素，中国应有尽有，海洋地貌旅游资源、海洋气候气象旅游资源、海洋水体旅游资源、海洋生物旅游资源等无一不具备自身的特色。比如，由于中国国土纬度跨度大而形成的海洋旅游资源地域差异十分明显，从理论上讲，中国海洋旅游资源存在互补性，不仅面积广，而且类型多样，基本能满足不同地域、不同季节的旅游者的不同需求。另一方面，中国五千年的文明史与上千年的海洋开发史积淀了厚重的海洋人文旅游资源底蕴，给海洋旅游活动的开展带来难得的历史积淀，从而给海洋旅游活动的深入提供了无限的可能与纵深发展的空间。

再来看双边旅游经济发展现状。在整个世界经济蓬勃发展的大潮之下，双边旅游经济的发展从20世纪80年代到现在发展很快。东南亚地区地理上包括中南半岛和南洋群岛两大部分，依托资源优势，现在已发展成为全球重要的海洋旅游目的地。由于该地区除老挝之外无一例外地属于海岛国家或者半岛国家，从某种意义上讲，东南亚地区旅游业的发展即是海洋旅游业的发展。从上文数据可以看出，东南亚地区旅游业的发展在进入新的世纪之后仍然保持了前30年的发展势头，仅仅10年时间国际游客人数就增长了91.3%，几乎翻了一番。

与此同时，东盟各国也已成为中国重要的旅游客源市场。2008年东盟五国（马来西亚、新加坡、菲律宾、泰国、印度尼西亚）在中国最重要的旅游客源国中分别列第5、第6、第7、第10、第16位，马来西亚则以104.05万人次进入中国五大过百万的旅游客源市场之列。

从中国的情况来看，改革开放之后中国海洋旅游业的发展也十分迅猛。尤其是自从1998年5月28日中国国务院新闻办公室发表了《中国海洋事业的发展》白皮书之后，更是进一步推动了包括海洋旅游业在内的海洋经济事业的发展。

表7-4　中国滨海旅游收入情况（1999—2008年）　　（单位：亿元）

年份	1999	2000	2001	2002	2003	2004	2005	2006	2007	2008
滨海旅游收入	518.38	633.31	706.87	2874.8	2511	3369	5052	4706	5642	5653

作为衡量一国海洋旅游业发展的重要指标，滨海旅游收入由1999年的518.38亿元增加到2008年的5653亿元，占同年我国主要海洋产业增加值的28.8%。

中国作为这一地区市场最重要的客源国，赴东南亚地区旅游人数从1999年的192万人次增长到2013年的448.7万人次，自2006年起已连续三年超越韩国和日本成为东南亚旅游市场最大的客源国。可见，中国与东盟已相互成为最重要的旅游贸易伙伴。

因此，提出中国—东盟海洋旅游经济圈的设想具有现实和理论基础。

旅游经济圈的提出本身即是旅游产业发展到一定阶段的产物。按照周正兵（周正兵，2007）的定义："旅游圈是为了获得最佳经济、社会和环境效益，以旅游资源为核心，以文化和经济的亲缘性为纽带，并通过特定发展模式构建的具有一定地理范围的旅游、经济和文化协作发展的区域。"在这种认识与界定之下，对于海洋旅游经济圈的内涵与核心应该着重于对区域旅游模式的分析与整合。新经济增长理论认为，在一个开放的经济体系中，区域经济的增长不再仅仅依靠其内在因素，而是越来越受到周边地区的影响，表现出其外生性特征，这种影响被称为溢出。虽然溢出的影响有正负之分，不在本文的研究之列，但对溢出的影响本身的认定却是不容置疑的。

事实上，近年来，中国—东盟双边旅游业的发展已形成北至渤海湾，南临印尼海域的旅游产业带，包括环渤海经济圈、长江三角洲经济圈、珠江三角洲经济圈及东盟经济圈在内的区域和次区域滨海经济区的迅速发展，同时也带动了区内旅游经济的发展与进步，但尚未形成以海洋旅游资源为依托的旅游经济开发与合作区，相关的产业合作也未形成集聚效应。

中国—东盟海洋旅游经济圈的设想将实际已经存在的松散的双边旅游经济区域合作在理论上予以剖析与整合，形成共同的海洋旅游圈层共识，在实践上通过圈层的系列运作，将双边业已存在的海洋旅游经济产业的合作模式由分散到有机组合，激发潜在的经济能量，形成生产力上的组合优势。通过企业间的合作与参与，将中国与东盟双边海洋旅游经济资源进行有意识、有目的、有计划的优化和合理配置，并最终通过行业合作的方式得以体现。

我们不妨对中国—东盟海洋旅游经济圈的合作进行一番 SWOT 分析。现代旅游业的发展实质上也是区域旅游合作的发展。事实上，没有哪一种现代旅游活动不需要跨区域进行，空间距离转换是旅游活动存在和发展的常态。海洋旅游活动的开展更是如此。对这一区域旅游圈的合作进行全面的 SWOT 分析有助于揭示旅游圈形成和发展过程中的内在规律。

优势方面。中国—东盟双边海洋旅游圈的优势主要体现在以下三个方面：

一是拓展了海洋旅游活动空间。这一经济圈的建立将旅游活动的空间范围从南半球南纬 10°延伸至北纬 40°渤海湾附近，增大了资源存量，将旅游活动范围从海岸带和领辖海域的岛屿推及广义上的海洋活动延伸空间——相关的内陆腹地，中国的滨海地区都将成为这一旅游圈的受惠之地。

二是资源上存在优势互补与共享的可能。从热带海洋气候直至温带海洋气候，在这一圈域中均能找到对应的海洋旅游吸引物，极大地丰富和拓展了海洋旅游产品可能的组合空间，资源上的互补与共享将为旅游产品的生产者与消费者提供多样的海洋旅游活动选择，并最终将会对相关产业产生革命性的推动与促进。

三是能够将单一的行业合作上升为全面的产业合作，进而提升全面的区域合作水平。同时，避免区域内不同国家和地区重复的旅游项目建设与设施配置，对资源进行共同的规划与开发。旅游圈域或圈层的形成将促使国家和地区在旅游业的促销方面增强联动性与合作意识。

劣势方面。这一旅游经济圈的开发与发展也存在相对薄弱的方面。最大的问题是区域旅游发展的不平衡，区域旅游合作的问题则更多地体现在微观出入境政策的制定与执行上。由于区域经济发展事实上的不平衡，使得各国在不同时期内对旅游业发展的需求也有所不同，对旅游业发展的认识程度有差异，加之各国在旅游产业的发展层级上也有所不同，因此在共同的市场培育上也出现营销与促销策略的不一致现象，使得可能性旅游合作的摩擦增大。

存在的机遇方面。首先，世界旅游业的迅猛发展将为这一经济圈的壮大带来契机。亚太地区旅游业在新兴经济的带动下，在较小的市场基数上，以大大超出全球平均增幅的速度发展，占全球市场的份额由8.3%升至20.2%，已超过美洲，成为全球第二大区域旅游市场。其中，中国与东盟地区的发展在亚太地区的发展中尤其引人注目。随着全球化进程的加快，新的旅游意识与旅游发展与旅游管理理念对东盟地区的影响也加深，这一地区对于旅游业在国民经济中的地位也有了更加深刻的认识。这些因素对中国—东盟双边加强旅游业的发展规划与定位也起到了积极与良性的推动作用。

更为重要的是，从2010年1月1日起，中国—东盟自由贸易区正式启动，到2015年正式建成，这标志着世界第三大自由贸易区，也是发展中国家之间最大的自由贸易区开始运作。由此，近19亿人口、生产总值近6万亿美元、区内贸易额达4.5万亿美元的区域自由贸易市场形成。它意味着所有妨碍跨国界旅游消费的不合理障碍即将被消除，所有与自由贸易区相抵触的贸易壁垒将逐步消除。这是对本地区旅游合作具有决定性意义的重大事件，将极大地促进中国与东盟旅游市场的发展，大大降低区域内的旅游合作成本与产品生产成本，提升本区域旅游活动竞争力。

最后，还应该看到开发海洋旅游经济圈将面临的挑战与困难。

首先是这一圈域的内部存在竞争性。由于海洋旅游资源属于存量有限、共性大、顾客感知差异相对较小的资源类别，从全球范围来看，虽然存在稀缺性，但这并不说明在一定时期与一定范围的区域内，市场上不存在竞争者。相反，这一区域在内部与外部都存在竞争性。从圈层外部来看，地中海地区、加勒比海地区等海洋旅游经济区由于发展程度相对较高，已经在欧盟及美洲地区形成了比较成熟的旅游经济运作体系，具备较强的海洋旅游市场竞争力，将在未来很长一段时间内对中国—东盟海洋旅游经济圈内各个运作主体构成客源竞争威胁。

另一方面，中国—东盟海洋旅游经济圈内各经济主体发展层级差异性大，情况比较复杂，圈内经济体涵盖了发达国家的成熟海洋经济区（新加坡）与发展中国家最具活力的滨海经济区（中国长江三角洲经济区），从国家主体管制能力到企业经营方略等方面均存在较大的差异，行业合作与区域合作落差大。应该看到，这一区域内的合作，与其他大多数成员属于同一发展阶段的区域合作，譬如欧盟的合作，有着很大的不同。如何让旅游圈内的旅游活动组织主体在更大范围内找寻共同的运作理念和合作方式，对中国—东盟海洋旅游经济圈最终能否可持续地发展并发挥圈层的绩效是一大考验。

结 语

随着2013年国家“一带一路”倡议的提出，“新丝绸之路经济带”和“21世纪海上丝绸之路”的倡议构想倍受世人瞩目。据国家旅游局预计，“十三五”期间，中国将为“一带一路”沿线国家输送1.5亿人次的中国游客，2000亿美元的中国游客旅游消费，同时，中国也将吸引8500万人次的沿线国家游客来华旅游，拉动旅游消费，旅游业对国民经济的综合贡献度达到12%以上，带动相关产业的发展。目前，在“一带一路”沿线国家中，已有56个国家和地区成为中国公民出境旅游目的地，占中国公民出境旅游目的地总数的37%。

中国与各沿线国家的各项配套政策与产业措施也正在推出，并逐步落地实施。旅游业作为重要的相关产业，也十分重视“一带一路”倡议的影响与辐射作用。2016年12月，国家印发《“十三五”旅游业发展规划》，旅游业发展五年规划首次被国务院列为国家重点专项规划，意义重大，旅游产业的重要作用日益显现。《规划》中提出了“十三五”期间我国旅游业发展要实现的四大目标，涵盖旅游业规模的增长、旅游业经济效益的提升、旅游业社会效益的提升、旅游业国际竞争力、影响力的提升等方面。中国—东盟这一海上丝绸之路旅游发展的重要区域无疑是规划涉及的重点区域，无疑是国家旅游业“一带一路”倡议和蓝图的重要部分。

从旅游经济的长远发展来看，中国与东盟在旅游业尤其是海洋旅游业上的合作是未来双边贸易可期待的亮点。在上文的分析中可以看出，中国与东盟地区各国在竞合关系上的特征是合作性远大于竞争性。尤其是双方在资源层面互补性很大，几乎不存在资源性的竞争；同时，从自由贸易区的发展来看，在中国与东盟区域经济合作逐步走向成熟的过程中，海洋旅游经济圈将为世界旅游市场增添更加新颖和富有活力的发展样式。这一圈域的参与国及地区不断协调合作步伐，从规划和基础设施建设入手整合海洋旅游资源，在营销活动中重视旅游圈内宣传的关联度与延展性，致力于以整体形象出现在世界旅游市场，在经过行业的合作与产业的磨合之后，以资源的差异性作为解决竞争性的主要途径，不断拓展和细分旅游市场，争取更多的国际旅游客源和海洋旅游活动空间，从而促使双边海洋旅游合作提升到更高的层次。

自 1991 年中国和东盟开启对话以来，旅游合作在中国与东盟关系中的表现可圈可点。随着中国—东盟双边政治经济关系的进一步改善，为旅游业的发展提供的空间也更为广大。虽然近几年双方存在的一些问题，尤其是与东盟个别国家在南海的领土问题上存在争议，甚至一度成为舆论的热点，但正如中国驻东盟使团团长、特命全权大使所说，南海问题是中国同个别东盟国家间的主权争议，不是中国和东盟之间的争议。中国与东盟国家之间在各个层面进行对话合作的渠道是畅通的。2017 年是联合国确定的“国际可持续旅游发展年”，也是“中国—东盟旅游合作年”，双方将以此为契机，在市场宣传、产品开发、旅游投资、人才培训、服务质量、互联互通等方面进一步加强合作，高质量地实现“2020 年，中国—东盟双向交流达 3000 万人次”的宏伟目标。

21 世纪海上丝绸之路作为国家“一带一路”倡议的重要部分，给中国与东盟的经济贸易发展带来了广阔的、可供想象的空间。旅游作为这一发展版图中最为活跃因素，将在未来中国与东盟国家合作中扮演不可替代的角色。

参考文献

［1］（日）大前研一著，黄柏棋译．无国界的世界［M］．北京：中信出版社，2007.

［2］（英）D．G．E．霍尔．东南亚史［M］．北京：商务印书馆，1982.

［3］（德）斐迪南·滕尼斯，林荣远译．共同体与社会［M］．北京：商务印书馆．1999．201.

［4］SharonFoo．东南亚主要出境旅游市场［J］．社会科学家，2013（S1）：62－63.

［5］阿通．东南亚旅游百有禁忌［J］．广东大经贸，1998（3）：84－85.

［6］曹丽，刘治福．加强中国与东盟旅游产业合作对策研究——基于当前国际背景下旅游合作在区域经济一体化中的重要性视角［J］．东南亚纵横，2012（10）：63－66.

［7］曾启鸿，蔡文静．海上丝绸之路区域旅游合作研究［J］．经济研究导刊，2008，9：167－168.

［8］曾昭璇，曾新，曾宪珊．论中国古代以广州为起点的“海上丝绸之路”的发展［J］．中国历史地理论丛，2003，2：67－78＋160－161.

［9］陈柏坚．广州是“海上丝绸之路”的始发港［J］．岭南文史，1992，2：46.

［10］陈秀莲．中国—东盟自由贸易区背景下中国国际旅游产业竞争力分析——以泛珠三角为例［J］．学术交流，2010（11）：119－121.

［11］陈秀莲．中国—东盟自由贸易区背景下中国国际旅游产业竞争力分析——以泛珠三角为例［J］．学术交流，2010（11）：119－121.

[12] 陈秀山，张可云. 区域经济理论. 商务印书馆，2003.

[13] 陈炎. 古代浙江在海上“丝绸之路”中的地位——兼论浙江历代的海外丝绸贸易［J］. 杭州商学院学报，1982，4：46－53＋76.

[14] 陈炎. 略论海上“丝绸之路”［J］. 历史研究，1982，3：161－177.

[15] 邓家倍，任建芬. 广州不是中国汉代海上丝绸之路始发港［J］. 广州社会主义学院学报，2004，1：59－64.

[16] 邓其生，曹劲. 广州古代建筑与海上“丝绸之路”［J］. 广东经济，2003，1：35－37.

[17] 邓珊. 完善中国旅游业立法发展中国—东盟旅游服务贸易［J］. 学术论坛，2008（6）：94－98.

[18] 董海伟. 东盟区域旅游竞争力分析：优势、劣势及提升策略［J］. 东南亚纵横，2015（4）：35－40.

[19] 董玉明. 海洋旅游学［M］. 北京：海洋出版社，2003.

[20] 杜靖川，张学琼，李娟. 区域跨境旅游的经济分析——我国云南省与东南亚地区区域跨境旅游的形成与发展［J］. 思想战线，1997（5）：46－52.

[21] 范纯. 中国—东盟自由贸易与广西民族体育旅游资源开发［J］. 体育学刊，2006（3）：29－31.

[22] 冯承钧. 中国南洋交通史［M］. 上海：三联书店，2014.

[23] 高乔子. 南海神庙：广州海上丝绸之路的重要载体［J］. 广州航海学院学报，2013，3：48－50.

[24] 高伟雯，陈金华，李秋璞. 东南亚海岛旅游安全管理研究［J］. 东南亚纵横，2014（9）：22－27.

[25] 宫斐. 基于PEST分析的“广西北部湾—东盟”邮轮旅游发展研究［J］. 东南亚纵横，2015（5）：16－19.

[26] 古小松. 东南亚文化［M］. 北京：中国社会科学出版社，2016.

[27] 何国卫. 论中国古代“海上丝绸之路”的技术基础［J］. 南海学刊，2015（3）：8－13.

[28] 何战，张宁. 伊洛瓦底江·吴哥——东南亚旅游资源两则 [J]. 东南亚纵横，2008 (12)：32 -34.

[29] 贺圣达，王文良. 战后东南亚历史发展 [M]. 昆明：云南大学出版社，1995.

[30] 贺圣达，王学鸿，宫占奎. 中国—东盟自由贸易区建设与云南面向东南亚开放 [M]. 昆明：云南人民出版社，2003.

[31] 贺圣达. 东南亚文化发展史 [M]. 云南人民出版社，1996.

[32] 胡爱清. 东盟区域旅游竞争力分析 [J]. 东南亚研究，2014 (5)：35 -44.

[33] 胡爱清. 区域公共产品视角下的东盟旅游合作研究 [J]. 东南亚纵横，2015 (4)：41 -47.

[34] 胡爱清. 高职教育服务“一带一路”倡议社会功能探析——以中国—东盟农业互联互通为例 [J]. 东南亚纵横，2015 (8)：49 -54.

[35] 黄爱莲. 东盟旅游合作：动力、障碍及机制研究 [J]. 改革与战略，2011 (10)：109 -111 +130.

[36] 黄爱莲. 东南亚滨海旅游发展的经验与启示 [J]. 东南亚纵横，2010 (3)：89 -92.

[37] 姜永仁，傅增有. 东南亚宗教与社会 [M]. 北京：国际文化出版公司，2012.

[38] 杰弗里·帕克著，刘从德译. 地缘政治学：过去、现在和未来 [M]. 北京：新华出版社，2003.

[39] 李军. 宋元“海上丝绸之路”繁荣时期广州、明州（宁波）、泉州三大港口发展之比较研究 [J]. 南方文物，2005，1：76 -82.

[40] 李灵稚，林宁. 东南亚跨国旅游利益分配模式探析 [J]. 国际经济合作，2009 (11)：87 -90.

[41] 李萍. 明代海上“丝绸之路”与广州对外贸易 [J]. 岭南文史，2000，1：15 -20.

[42] 李馨. 中国—东盟自贸区旅游服务贸易壁垒研究——基于对 CAFTA 服

务贸易第二批承诺表的观察［J］. 山东社会科学，2014（5）：131－135＋169.

［43］李馨. 中国—东盟自由贸易区旅游合作探析［J］. 经济纵横，2012（4）：34－36＋92.

［44］李永芬，冯勇. 云南旅游东南亚客源市场开发研究［J］. 经济问题探索，2009（10）：152－156.

［45］梁志明，李谋，吴杰伟. 多元 交汇 共生［M］. 北京：人民出版社，2011.

［46］梁涛. 论广西跨文化旅游发展的符号化诉求——基于东盟游客感知的视角［J］. 广西民族大学学报（哲学社会科学版），2011（1）：109－113.

［47］梁英明. 东南亚史［M］. 北京：人民出版社，2010.

［48］廖万红. 服务创新视角的中国—东盟旅游服务贸易研究［J］. 广西民族大学学报（哲学社会科学版），2011（5）：132－136.

［49］林德荣. 浅析福建对东南亚华侨华人旅游市场的拓展［J］. 华侨华人历史研究，1998（2）：76－81.

［50］林轶. 东南亚养生旅游客源市场开发研究［J］. 东南亚纵横，2010（7）：39－42.

［51］刘宏盈，张娟. 广西东盟主要旅游客源市场演变特征及预测［J］. 广西民族大学学报（哲学社会科学版），2010（5）：107－110.

［52］刘林智. 海上丝绸之路及其特色旅游资源开发［J］. 资源开发与市场，2004，2：139－140.

［53］刘思敏. 把握构建中国—东盟自由贸易区契机对症下药全面提升广西旅游形象与地位［J］. 社会科学家，2004（1）：68－70.

［54］刘松竹，吴尔江. 海上丝绸之路建设背景下广西与东盟经济合作深化问题研究［J］. 广西财经学院学报，2014，3：44－47.

［55］刘延超主编. 东南亚国家社会与文化导论［M］. 北京：中国社会科学出版社，2012.

［56］刘亦文. 海上丝绸之路与广州十三行［J］. 广东蚕业，2002，1：46.

[57] 刘稚. 东南亚概论 [M]. 昆明：云南大学出版社，2007.

[58] 柳姣羽. 分析广州海上丝绸之路的海洋文化遗产保护——以广州对外贸易机构为例 [J]. 旅游纵览（下半月），2015，10：154.

[59] 卢小金. 广西如何拓展东盟旅游服务出口市场的探讨 [J]. 对外经贸实务，2013 (2)：86 - 88.

[60] 罗文标. 中国与东盟开展区域旅游合作的发展建议 [J]. 湖北社会科学，2012 (12)：103 - 106.

[61] 吕本勋. 东盟五国赴中国大陆旅游市场分析与开拓研究 [J]. 广西民族大学学报（哲学社会科学版），2013 (6)：108 - 111.

[62] 马勇. 东南亚与海上丝绸之路 [J]. 云南社会科学，2001，6：77 - 81.

[63] 毛艳华，杨思维. 21 世纪海上丝绸之路贸易便利化合作与能力建设 [J]. 国际经贸探索，2015，4：101 - 112.

[64] 莫任南. 关于汉代“丝绸之路”中段路线问题——与李约瑟、齐思和等专家商榷 [J]. 世界历史，1979，5：45 - 49.

[65] 莫谚珉. 论中国—东盟博览会与南宁城市旅游的发展 [J]. 广西民族学院学报（哲学社会科学版），2004 (S2)：134 - 136.

[66] 彭穗华. 海上丝绸之路与广东海洋旅游 [J]. 新经济，2014，16：26 - 31.

[67] 荣新江. 丝绸之路与东西文化交流 [M]. 北京：北京大学出版社，2015.

[68] 司徒尚纪. 海上丝绸之路与我国在南海传统疆域的形成 [J]. 云南社会科学，2001，6：72 - 76.

[69] 宋一兵. 中国—东盟海洋旅游经济圈研究初探 [J]. 东南亚纵横，2010，7：16 - 19.

[70] 宋一兵，温志洪. 旅游视域的广州海上丝绸之路研究评述——兼论中国南向地缘旅游战略的历史渊源 [J]. 南海学刊，2016 (4)：90 - 97.

[71] 苏科五，李明星. 中国与东盟旅游服务贸易国际竞争力比较——基于面板数据的分析：1990～2006 [J]. 河南师范大学学报（哲学社会科学版），2008 (6)：74 - 78.

[72] 孙大英，李伟山. 东南亚旅游业务纵深发展论［J］. 广西民族学院学报（哲学社会科学版），2006（4）：102－106.

[73] 孙根年，周露. 日韩东盟 8 国入境我国旅游与进出口贸易关系的研究［J］. 人文地理，2012（6）：87－94.

[74] 孙天胜，王欣. 面向东南亚华侨华人的中医药旅游开发研究［J］. 东南亚纵横，2010（2）：51－54.

[75] 覃小华，甘永萍. 新丝绸之路建设背景下广西与东盟旅游合作发展研究［J］. 东南亚纵横，2014（8）：9－12.

[76] 谭秀杰，周茂荣. 21 世纪“海上丝绸之路”贸易潜力及其影响因素——基于随机前沿引力模型的实证研究［J］. 国际贸易问题，2015，2：3－12.

[77] 唐亚林. “海上丝绸之路”与中国古代圆形方孔钱在东南亚的传播［J］. 东南亚纵横，2008，1：83－86.

[78] 王柏松. 中国—东盟经济安全合作的障碍及动力分析［J］. 探索，2013（5）：75－80.

[79] 王路平，宋太庆. 论南海国际文化旅游圈［J］. 中国边疆史地研究，1994，2：82－87.

[80] 韦焕贤，刘宏盈. 东盟旅游管理学的建构实践与展望——东盟旅游管理学座谈会议纪要［J］. 广西民族大学学报（哲学社会科学版），2010（3）：119－125.

[81] 吴大伟. 东盟与中国之间旅游的新机遇［J］. 社会科学家，2013（S1）：25－26.

[82] 徐杰舜. 海洋文化理论构架散论［A］. 岭峤春秋·海洋文化论文集［C］. 广州：广东人民出版社，1997.

[83] 徐进. 东南亚旅游的安全评估［J］. 瞭望新闻周刊，2006（4）：19.

[84] 徐俊鸣，郭培忠. 略论古代广州在海上“丝绸之路”的地位［J］. 热带地理，1983，3：49－56.

[85] 徐桑奕. 明清时期中央政权南海管制式微与海上丝绸之路的衰落［J］. 历史教学（下半月刊），2014，6：9－13.

[86] 闫红霞. 跨界旅游：文化共生视野下的中国与东南亚 [J]. 社会科学家，2012 (8)：72－75.
[87] 杨福泉. 以文化学术交流促进中国与东盟的旅游深度合作——从一些实例看学术文化交流与促进东盟旅游发展之间的关系 [J]. 云南社会科学，2010 (6)：127－132.
[88] 杨宏恩. 中国—东盟经济合作与东亚金融危机后的东盟经济增长 [J]. 财贸经济，2011 (12)：89－96.
[89] 杨宏烈. "海上丝绸之路"上的保护神——广州南海神庙旅游景区规划的几点想法 [J]. 广州城市职业学院学报，2014，2：19－24.
[90] 叶建平，赵文，张晓博. 中国与东盟的旅游合作开发 [J]. 瞭望新闻周刊，2006 (44)：25.
[91] 叶莉，陈修谦. 基于旅游竞争力评价的中国与东盟国家旅游贸易互动分析 [J]. 经济地理，2013 (12)：177－181. 201
[92] 叶莉，陈修谦. 基于旅游竞争力评价的中国与东盟国家旅游贸易互动分析 [J]. 经济地理，2013 (12)：177－181.
[93] 易丰，程道品，张丹辉. 泛北—东盟背景下的广西高端旅游市场开发探析 [J]. 旅游论坛，2009 (5)：756－760.
[94] 易西兵. 广州海上丝绸之路史迹的文化内涵与遗产价值 [J]. 岭南文史，2016，2：20－25.
[95] 余思伟. 清代前期广州与东南亚的贸易关系 [J]. 中山大学学报（哲学社会科学版)，1983，2：73－83.
[96] 张峰. 二十一世纪海上丝绸之路的政治经济学分析 [J]. 青海社会科学，2015，2：66－71＋85.
[97] 张汉林，梁丹. 东盟地区的国际旅游贸易及有关政策措施 [J]. 国际经济合作，1994 (11)：40－42.
[98] 张难生，叶显恩. 海上丝绸之路与广州 [J]. 中国社会科学，1992，1：207－223.
[99] 赵焕庭. 广州是华南海上丝绸之路最早的始发港（Ⅰ）[J]. 热带地理，2003，3：294－298.

[100] 赵焕庭. 广州是华南海上丝绸之路最早的始发港（Ⅱ）[J]. 热带地理，2003，4：394－400.

[101] 钟珂. 中国—东盟自由贸易区建立背景下的广西与越南旅游发展机遇与展望 [J]. 东南亚纵横，2013（6）：35－39.

[102] 钟智全. 新形势下广西与东盟旅游合作路径探析 [J]. 东南亚纵横，2015（3）：48－52.

[103] 周江林. 广西与东盟旅游人力资源开发合作探讨 [J]. 旅游论坛，2008（6）：462－465.

[104] 朱环. "丝绸之路经济带"旅游发展对策——基于中国—东盟无障碍旅游区构建视野 [J]. 开发研究，2014，3：46－49.

[105] 朱环. 中国—东盟无障碍旅游区旅游人才培养策略探讨 [J]. 广西师范大学学报（哲学社会科学版），2014（3）：146－150.

[106] 邹春萌. 东盟区域旅游一体化策略与效应分析 [J]. 亚太经济，2007（2）：49－52.

[107] 邹蓉，明俣. 海南与东盟热带海滨旅游竞争力比较研究——基于中国客源市场的视角 [J]. 宏观经济研究，2012（7）：87－92＋100.

[108] 邹忠全. 中国—东盟旅游合作的现状与对策思考——基于中国—东盟《服务贸易协议》视角的分析 [J]. 广西社会科学，2011（8）：64－67.